"十三五"职业教育国家规划教材

传统文化与人生

主编
陈引驰　王希明

华东师范大学出版社
·上海·

图书在版编目(CIP)数据

传统文化与人生/陈引驰,王希明主编.—上海:华东师范大学出版社,2019

"中华优秀传统文化"一体化教材
ISBN 978-7-5675-8688-8

Ⅰ.①传… Ⅱ.①陈…②王… Ⅲ.①中华文化-中等专业学校-教材 Ⅳ.①G634.301

中国版本图书馆 CIP 数据核字(2019)第 033836 号

传统文化与人生

主　　编　陈引驰　王希明
项目编辑　范耀华
特约审读　韩　蓉
责任校对　罗　丹
版式设计　庄玉侠
封面设计　卢晓红

出版发行　华东师范大学出版社
社　　址　上海市中山北路 3663 号　邮编 200062
网　　址　www.ecnupress.com.cn
电　　话　021-60821666　行政传真 021-62572105
客服电话　021-62865537　门市(邮购)电话 021-62869887
地　　址　上海市中山北路 3663 号华东师范大学校内先锋路口
网　　店　http://hdsdcbs.tmall.com

印 刷 者　常熟市大宏印刷有限公司
开　　本　787 毫米×1092 毫米　1/16
印　　张　15.75
字　　数　250 千字
版　　次　2019 年 4 月第 1 版
印　　次　2024 年 1 月第 4 次
书　　号　ISBN 978-7-5675-8688-8/I·1994
定　　价　38.00 元

出 版 人　王　焰

(如发现本版图书有印订质量问题,请寄回本社客服中心调换或电话 021-62865537 联系)

导言

人生的路可以说很漫长,但关键的也就几步。

在你一生最美好的青少年时代,一切都刚刚展开,一切都有可能,一切都饱含着希望;你将选择走什么样的道路,你将成为什么样的人,你将如何勾画你的未来?

这些,每一个人都会面对,每一个人的回应不尽相同,但每一个人绝不可能一无依傍地做出自己的回应。

我们当然得站在现代的文化立场,汲取当代的精神资源,塑造当下自己的人格,来直面眼前和将来纷繁复杂的生活。但现代也不是悬空的,现代是从传统中变迁、生发出来的。曾经人们固执地截然对立"传统"与"现代",这早已被证明是谬见:当今世界的多姿多彩,在很大程度上,是过去多元多样的文化传统所引致的。

在这个意义上,传统文化不是我们今天的负担,而是今天我们的资源,我们每一个人的资源。我们的生活理想、伦理观念、审美情趣,在很大程度上还与传统相关联,影响着我们如何界定幸福美满,影响着我们如何待人接物,影响着我们如何愉悦身心。

这么说,认识传统文化也是认识我们自身的一部分。因而,我们是不是应该更好、更充分地认识传统文化?

认识传统文化,当然可以有许多的方式。可以通过高头讲章,把握大概;可以追索精微细节,沉迷趣味。我们的设想,是由经典的文本,拼接组构,形成图景——远观,块面格局宛在;近窥,各色姿容纷纭。

当然,我们最后并不是要仅仅认识传统文化而已,我们要以之为依傍,以之为资源,在人生刚刚展开的时候,在一切都有可能和希望的时候,努力构想和描绘出我们自己生动而精彩的未来画卷。

陈引驰

2019 年 2 月 20 日

目录

第一单元 哲学与人生 ———————————— 1

  人生故事 / 2
  文化原典 / 4
    一、《论语》六则 / 4
    二、爱人者人恒爱之 / 7
    三、牛山之木尝美 / 9
    四、《老子》六则 / 11
    五、庖丁解牛 / 14
    六、无用之用 / 17
    七、扁鹊见蔡桓公 / 21
    八、察今 / 23
    九、赤壁赋 / 27
    十、童心说 / 32
  内容概要 / 37
  文化链接 / 39
  思考探究 / 41

第二单元 科技与人生 ———————————— 43

  人生故事 / 44
  文化原典 / 46
    一、造纸术 / 46
    二、活字印刷术 / 49
    三、指南针 / 52
    四、火药 / 54
    五、地动仪 / 57

六、二十四节气并戏文名 / 59

　　七、蚕赋 / 61

　　八、织机赋 / 63

　　九、马钧传 / 66

　　十、华佗传 / 70

内容概要 / 74

文化链接 / 75

思考探究 / 77

第三单元　文学与人生 ——— 79

人生故事 / 80

文化原典 / 82

　　一、采薇 / 82

　　二、西洲曲 / 85

　　三、春江花月夜 / 87

　　四、诗九首 / 90

　　五、词曲九首 / 97

　　六、兰亭集序 / 104

　　七、伶官传序 / 107

　　八、杜平章刁打状元郎 / 110

　　九、李寄斩蛇 / 116

　　十、宝玉挨打 / 119

内容概要 / 130

文化链接 / 132

思考探究 / 133

第四单元　艺术与人生 ———————— 135

人生故事 / 136

文化原典 / 138

　　一、张旭传 / 138

　　二、顾恺之传 / 140

　　三、文与可画筼筜谷偃竹记 / 144

　　四、龙仲房学画 / 148

　　五、蔡邕闻琴 / 151

　　六、琵琶行(并序) / 153

　　七、《世说新语》二则 / 158

　　八、观公孙大娘弟子舞剑器行(并序) / 160

　　九、评《棋鬼》 / 163

　　十、核工记 / 165

内容概要 / 169

文化链接 / 170

思考探究 / 172

第五单元　日常生活与人生 ———————— 173

人生故事 / 174

文化原典 / 176

　　一、笋 / 176

　　二、饮中八仙歌 / 179

　　三、煎茶七类 / 181

　　四、王子猷爱竹 / 184

　　五、养兰说 / 186

六、梅妻鹤子 / 189

　　七、看花听鸟 / 192

　　八、幼时记趣 / 194

　　九、可楼记 / 196

　　十、岁时节令 / 199

内容概要 / 205

文化链接 / 206

思考探究 / 208

第六单元　政治经济与人生 —— 209

人生故事 / 210

文化原典 / 212

　　一、渔父 / 212

　　二、五羖大夫 / 214

　　三、梦游天姥吟留别 / 217

　　四、赚得英雄尽白头 / 220

　　五、孟郊诗三首 / 222

　　六、忧中有喜 / 224

　　七、请君入瓮 / 226

　　八、包拯传 / 228

　　九、聂以道断钞 / 231

　　十、黄英 / 233

内容概要 / 239

文化链接 / 241

思考探究 / 242

第一单元

哲学与人生

ZHE XUE YU REN SHENG

【人生故事】

　　传统文化融入每一个中国人的血脉，作为一种文化基因指导着现实人生。一个典型的中国人，身上总是有着以儒家、道家为代表的诸子百家思想，以及来自异域又融入本民族文化的佛教思想的影子。宋代大文学家苏轼就是典型的例子。

　　据记载，有一天午后，苏轼捧着肚子，开玩笑地问家中妇女自己的肚子里有什么。有人说是文章，有人说是见识，最后侍妾朝云说："学士一肚子不合时宜。"苏轼大笑称是。

　　苏轼一生屡遭贬谪，就是这种"不合时宜"的结果。王安石变法的时候，苏轼因为有不同意见，自请外放，先后在杭州、密州、徐州、湖州任职。之后又被认为以诗文讥讽新法，遭遇乌台诗案，被贬黄州。神宗去世后，哲宗即位，高太后掌权，起用司马光，全面废除新法。苏轼被召回京城，几十天连升数级，任翰林学士，参与朝廷机密。这时他又提出"新法不可尽废"，与旧党产生矛盾，先后外任杭州、颍州、扬州、定州和知州。后来高太后去世，哲宗起用新党，苏轼再遭贬谪，先后任职惠州、儋州。无论新党旧党，都不把他作为同道看待，他身上丝毫不沾染官场的世故圆滑，也不管个人进退得失，总是忍不住说真话，为民请命。这也就是他的"不合时宜"之处。苏轼是个勤政为民的好官，例如在密州应对蝗灾，收养孤儿；在徐州筑堤治水，挖掘煤矿；在杭州疏浚西湖，建造苏堤，所到之处深受百姓爱戴，留下了数不胜数的奇闻异事。从这些作为中可以看出他具有儒家仁政爱民兼济天下的情怀。

　　提到苏轼，人们又往往称赞他的旷达与洒脱，这种品格深受道家思想的影响。从他的作品中，读者常能感受到一股乘风归去、羽化登仙的冲动。他以"心似已灰之木，身如不系之舟。问汝平生功业，黄州惠州儋州"总结自己的一生。前两句典出《庄子·逍遥游》，用"形如槁木，心如死灰"来描述"坐忘"的状态；用《列御寇》"泛若不系之舟"来描述任运自然、自由超脱的境界。可见老庄思想是苏轼用来面对现实磨难的有力武器，使他每到一处都能调整自我，随遇而安。

　　苏轼的旷达还与佛教思想有关。他从少年起就读佛书，习禅定，中年遭遇乌台诗案后，对佛教的兴趣更浓厚。他虽然不戒吃肉，甚至还发明了"东坡肉"，但主张戒杀生，不仅自己遵守，还时常劝朋友也不要杀生。他参禅作偈，与许多佛教人物交往甚密。其中最著名的是佛印禅师。二人间的逸闻趣事流传很广，成为后世一些戏曲小说的题材。

当然，苏轼也没有因此变成彻底的佛教信徒，他吸纳了儒释道各家的思想，以此建立了自己独特的人生哲学。

【文化原典】

一、《论语》六则①

【原文】

子曰②："学而时习③之，不亦说④乎？有朋自远方来，不亦乐乎？人不知而不愠⑤，不亦君子乎？"(《学而》)

子曰："君子食无求饱，居无求安，敏于事而慎于言，就⑥有道⑦而正⑧焉，可谓好学也已。"(《学而》)

叶公⑨问孔子于子路⑩，子路不对⑪。子曰："女奚不曰⑫：'其为人也，发愤⑬忘食，乐以忘忧，不知老之将至云尔⑭。'"(《述而》)

子曰："君子不重则不威⑮，学则不固。主忠信。无友不如己者；过则勿惮⑯改。"(《学而》)

曾子⑰曰："君子以文会友，以友辅仁。"(《颜渊》)

---

① 选自杨伯峻《论语译注》，中华书局2007年版。《论语》约编订于春秋末期至战国初期，是记载孔子及学生言行的儒家典籍。孔子，名丘，字仲尼，春秋时鲁国人，儒家学派的创始人。
② 子曰：孔子说。
③ 时：在适当的时候。习：复习、温习，一说实践。
④ 说：通"悦"，快乐。
⑤ 愠(yùn)：怨恨。
⑥ 就：去，到。
⑦ 有道：有学问、有道德的人。
⑧ 正：匡正。
⑨ 叶(shè)公：指当时的楚国人沈诸梁。
⑩ 子路：仲由，字子路，鲁国人，孔子的学生。
⑪ 对：回答。
⑫ 女奚不曰：你为什么不说。女，通"汝"，你。奚，为什么。
⑬ 发愤：决心努力。
⑭ 云尔：如此罢了。
⑮ 不重则不威：不庄重就没有威严。
⑯ 惮：害怕。
⑰ 曾子：即曾参，鲁国人，孔子的学生。

孔子曰："益者三友，损者三友。友直，友谅①，友多闻，益矣。友便辟②，友善柔③，友便佞④，损矣。"（《季氏》）

【释义】

孔子说："学了在适当的时候去实行，不也很快乐吗？有志同道合的友人从远方来，不也很快乐吗？别人不能理解自己，却不因此而怨恨，不也是君子吗？"

孔子说："君子饮食不要求饱足，居住不要求舒适，在做事方面勤劳敏捷，在说话方面小心谨慎，到有学问、有道德的人那里去匡正自己，这样就可以称得上是好学了。"

叶公向子路问孔子是什么样的人，子路没有回答。孔子对子路说："你为什么不回复叶公说：'他的为人，下定决心努力就忘掉了吃饭，高兴起来就忘掉了忧愁，不知道衰老就要到来了，如此而已。'"

孔子说："君子不庄重就没有威严，所学就无法巩固。要以忠诚和守信两种品德为主。不结交不如自己的朋友。有了过错不要害怕改正。"

曾子说："君子用文章学问来结交朋友，用朋友来辅助仁德的培养。"

孔子说："有益的朋友有三种，有害的朋友也有三种。朋友正直、诚信、博学多闻，这是有益的朋友。朋友谄媚、假装和颜悦色、花言巧语，这是有害的朋友。"

【简析】

君子学习的根本目的是求"道"，像饮食、居处这样的享受，君子不会极力去谋求。学习的乐趣也就是追求真理的乐趣，可以让人忘掉忧愁，忘掉时间的流逝。而真正的好学者往往态度庄重，少说多做，巩固学业，并能运用于实践，又能不断匡正自己。

君子交友，需要志同道合，切磋学问，砥砺品行，互相促进。要结交超过自己的朋友，结交正直、诚信、见闻广博的益友，远离巧言令色、谄媚逢迎的损友。对待朋友，最重要的是真诚守信，以心换心。

【思辨】

1. 孔子非常强调"乐学"，称"知之者不如好之者，好之者不如乐之者"。假如

---

① 谅：诚信。
② 便(pián)辟(pì)：谄媚逢迎。
③ 善柔：和颜悦色，取悦别人。
④ 便(pián)佞(nìng)：巧言善辩以逢迎。

面对自己不感兴趣的学习任务,如何调整心态,使自己能够"乐学"?

2. 如果每个人交友都秉持"无友不如己者"的原则,结果就是谁都交不到朋友。那么《论语》中这句话的合理性何在?

二、爱人者人恒爱之①

《孟子》

【原文】

孟子曰:"君子所以异于人者,以其存心也。君子以仁存心,以礼存心。仁者爱人,有礼者敬人。爱人者,人恒爱之;敬人者,人恒敬之。有人于此,其待我以横逆②,则君子必自反③也:我必不仁也,必无礼也,此物④奚宜至⑤哉?其自反而仁矣,自反而有礼矣,其横逆由是也,君子必自反也:我必不忠。自反而忠矣,其横逆由是也,君子曰:'此亦妄人⑥也已矣!如此,则与禽兽奚择⑦哉?于禽兽又何难⑧焉?'是故君子有终身之忧,无一朝之患⑨也。乃若⑩所忧则有之:舜,人也;我,亦人也。舜为法⑪于天下,可传于后世,我由⑫未免为乡人⑬也,是则可忧也。忧之如何?如舜而已矣。若夫君子所患则亡⑭矣。非仁无为也,非礼无行也。如有一朝之患,则君子不患矣。"

【释义】

孟子说:"君子和一般人不一样的地方,在于他心中怀有的意念。君子把仁放

---

① 选自《孟子·离娄下》,见杨伯峻《孟子译注》,中华书局1960年版。孟子,名轲,战国时期邹国人,继承发扬孔子的学说,成为儒家的代表人物。《孟子》一书一般认为由孟子和他的弟子共同写定。
② 横(hèng)逆:蛮横无理。
③ 自反:自我反省。
④ 物:事。
⑤ 奚宜至:怎么会来。奚宜,相当于"何为"。
⑥ 妄人:狂人。
⑦ 奚择:有什么区别。
⑧ 难(nàn):责备。
⑨ 患:忧虑,担心。
⑩ 乃若:至于。
⑪ 为法:成为法则,成为效法对象。
⑫ 由:同"犹",还。
⑬ 乡人:俗人,此指平庸无成就的人。
⑭ 亡(wú):无。

在心上，把礼放在心上。仁者爱别人，有礼的人尊敬别人。爱别人的，别人总会爱他。尊敬别人的，别人总会尊敬他。假设在这里有这么一个人，他用蛮横无理的态度对待我，那么君子一定自我自省：我一定是不仁，一定是无礼，不然这个人对我的态度从何而来呢？自我反省觉得自己确实是仁的，确实是有礼的，但是那个人还是那样蛮横无理，君子一定又会自我反省：我一定是不忠。自我反省发现自己确实是忠诚的，但是那个人还是那样蛮横无理。君子就会说：'这不过是个狂人罢了。这样的人和禽兽又有什么区别呢？对于禽兽我又能责难什么呢？'因此君子有毕生忧虑的事，却不会有一时的担忧。至于这样的担忧是有的：舜是人，我也是人。舜成为天下的楷模，名声可以传扬后世，我还是不免成为一个俗人，这是值得忧愁的。忧愁了又怎么样呢？尽力使自己像舜那样罢了。至于君子的别的忧愁那是没有的。不合于仁的不做，不合于礼的不做。即使有短暂的祸患，君子也不会为此忧虑。"

【简析】

"自反"，就是遇事不怨天尤人，能"反求诸己"。自省的前提是先有正确的"存心"，也就是儒家所说的仁、义、礼、智、信等原则。以此衡量自己的所作所为，找出自己的不足之处，这才是真正的自我反省。对于蛮横无理的狂人，只要自己确实没有过错，就可不加理睬。能做到这样，是因为君子以圣贤的标准要求自己，站得高，看得远，就不会陷于眼前微小的忧患。

【思辨】

1. 在遇到不利的局面时，为何君子首先要自我反省，而非先从外部环境或从他人身上找原因？

2. 君子以舜为标杆进行自我激励，对你有何启发？

三、牛山之木尝美①

《孟子》

【原文】

孟子曰:"牛山②之木尝美矣,以其郊③于大国也,斧斤④伐之,可以为美乎?是其日夜之所息⑤,雨露之所润,非无萌蘖⑥之生焉,牛羊又从而牧之,是以若彼濯濯⑦也。人见其濯濯也,以为未尝有材焉,此岂山之性也哉?虽存乎人⑧者,岂无仁义之心哉?其所以放⑨其良心者,亦犹斧斤之于木也。旦旦⑩而伐之,可以为美乎?其日夜之所息,平旦⑪之气,其好恶与人相近也者几希⑫,则其旦昼之所为,有梏亡⑬之矣。梏之反覆,则其夜气不足以存;夜气不足以存,则其违⑭禽兽不远矣。人见其禽兽也,而以为未尝有才焉者,是岂人之情也哉?故苟得其养,无物不长;苟失其养,无物不消。孔子曰:'操⑮则存,舍则亡;出入无时,莫知其乡⑯。'惟心之谓与?"

【释义】

孟子说:"牛山上的树曾经很茂盛,只是因为它长在大都的郊外,树木常遭斧

---

① 选自《孟子·告子上》,见杨伯峻《孟子译注》,中华书局1960年版。
② 牛山:山名,在齐国都城临淄之南。
③ 郊:处于郊外。
④ 斤:斧头。
⑤ 息:生长。
⑥ 萌蘖(niè):萌发的新芽。
⑦ 濯濯:山上没有草木,光秃秃的样子。
⑧ 存乎人:在人的天性当中。存,在。
⑨ 放:丧失。
⑩ 旦旦:天天。
⑪ 平旦:清晨。
⑫ 几希:不远。
⑬ 梏(gù)亡:桎梏束缚,使之消亡。
⑭ 违:距离。
⑮ 操:持,拿在手里。
⑯ 乡:乡里,居住的地方。

子砍伐,还能再茂盛吗?山上的树日夜生长,雨露滋润,不是没有长出新芽,但是又被放牧的牛羊吃了,因此牛山就那样光秃秃的了。人们见到它光秃秃的,就认为牛山从来没有过高大成材的树木,这难道是这座山的本性吗?在某些人的天性之中,难道就没有仁义之心吗?他们之所以丧失了自己的仁义之心,道理也像用斧头砍伐树木一样。天天砍伐,还能保持茂盛吗?他们的善心日夜生长,在清晨的时候,呼吸到清新的气息,他们的好恶和一般人相差不远,然而到了白天,他们的所作所为,又把积累的这点善心桎梏给消灭了。因受桎梏而消灭,夜晚生长出的善心就无法存在;夜晚生长出的善心无法存在,那么他们距离禽兽就不远了。人们见这些人像禽兽一样,还以为他们从来就没有过善良的天性,这难道是这些人的真实情况吗?所以,假如得到滋养,没有什么东西不生长;假如丧失滋养,没有什么东西不消亡。孔子说:'抓紧它就存在,松手它就失去;出出进进没有一定的时候,也不知道它居于什么地方。'这说的就是人心吧?"

【简析】

牛山上的树木原本郁郁葱葱,好比人的天性中原本有着仁义的端源。生长的速度比不上破坏的速度,牛山也就光秃秃的了。人本有的善心,因被反复桎梏而消亡,人也就变得和禽兽差不多了。反过来讲,只有不砍伐,好好养护,树木才能重新生长;只有秉持正念,一心修养自我,不被外界扰乱,人才能恢复本性的善。从这一则可以看出孟子持"性善"论。

【思辨】

1. 查找资料,了解孟子的性善论与荀子的性恶论,并谈谈你对这个问题的看法。
2. 假如性善论成立,如何才能培养本性中的善念?

四、《老子》六则①

【原文】

　　道可道②，非常③道。名可名④，非常名。无，名天地之始；有，名万物之母⑤。故常无⑥，欲以观其妙；常有，欲以观其徼⑦。此两者，同出⑧而异名，同谓之玄。玄之又玄，众妙之门。

　　天之道，其犹张弓⑨欤？高者抑⑩之，下者举⑪之；有余者损之，不足者补之。天之道，损有余而补不足。人之道，则不然，损不足以奉⑫有余。孰⑬能有余以奉天下，唯有道者。是以圣人为而不恃⑭，功成而不处，其不欲见⑮贤。

　　持而盈⑯之，不如其已⑰；揣⑱而锐之，不可长保。金玉满堂，莫之能守⑲；富贵而骄，自遗其咎⑳。功遂㉑身退，天之道也。

---

① 选自陈鼓应《老子今注今译》，商务印书馆 2003 年版。老子，姓李名耳，字聃，春秋时期楚国人，约与孔子同时。《老子》又名《道德经》，传说是老子去周西行过函谷关时，应关令尹喜的请求而写。
② 道可道：可以用语言表达的"道"。第一个"道"是专有名词，指天地宇宙的终极道理。第二个"道"是动词，指用语言表达。
③ 常：恒，永恒。
④ 名可名：可以说出来的"名"。第一个"名"是专有名词，指普遍常在的"名"，是可以传达"道"的。第二个"名"是动词，是称谓的意思，即用言辞表达。
⑤ 母：根源。
⑥ 常无：常体察"无"的道理。
⑦ 徼(jiào)：边界，即道的边际之处。
⑧ 同出：有相同的来源。
⑨ 张弓：拉弓。
⑩ 抑：压低。
⑪ 举：抬高。
⑫ 奉：进献。
⑬ 孰：谁。
⑭ 恃：倚仗。
⑮ 见(xiàn)：显示，表示，"现"的古字。
⑯ 盈：满。
⑰ 已：停止。
⑱ 揣：捶打，敲打。
⑲ 莫之能守：即"莫能守之"的倒装，没有人能守住它。
⑳ 咎(jiù)：祸患。
㉑ 遂：成功。

第一单元　哲学与人生

祸兮,福之所倚①;福兮,祸之所伏。孰知其极?其无正②也。正复为奇③,善复为妖。人之迷,其日固久。

五色④令人目盲;五音⑤令人耳聋;五味⑥令人口爽⑦;驰骋畋猎⑧,令人心发狂;难得之货,令人行妨⑨。是以圣人为腹⑩不为目⑪,故去彼取此⑫。

小国寡民。使有什伯人之器⑬而不用;使民重死而不远徙。虽有舟舆⑭,无所乘之;虽有甲兵⑮,无所陈之。使民复结绳⑯而用之。甘其食,美其服,安其居,乐其俗。邻国相望,鸡犬之声相闻,民至老死,不相往来。

【释义】

可以用语言表达的"道",就不再是那永恒的"道"。可以说出来的"名",就不再是那永恒的"名"。"无",是天地的初始状态;"有",是万物创生的本源。所以常体察"无"的道理,想要用来观察道的玄妙;常体察"有"的道理,想要用来观察"道"的边界。"无"和"有"两者有共同的来源,但是名称不同,都可以叫做"玄"。玄妙又玄妙,是洞察所有奥妙的门径。

自然的规律,难道不是像拉弓一样吗?弦位高的把它压低,弦位低的把它抬高;有余的减损它,不足的补充它。自然的规律,削减有余的来补充不足的。人类社会的法则却不是这样,是削减不足的来献给有余的。谁能把多余的拿来献给天下呢?只有有道的人才能做到。因此有道的人作育万物但是不自恃其能,大功告成但是不居功,他不想显示自己的贤能。

保持着让它满盈,不如适可而止;捶打着让它锐利,不能长久保持。金玉堆满房屋,没人能够一直守住;富贵了变得骄横,自己会招来祸患。功业成就,自身隐

---

① 倚:依傍,依靠。
② 正:定准。
③ 奇:邪。
④ 五色:指青、赤、黄、白、黑。
⑤ 五音:指宫、商、角、徵(zhǐ)、羽。
⑥ 五味:指酸、苦、甘、辛、咸。
⑦ 口爽:口伤而失去辨别味道的能力。
⑧ 畋(tián)猎:打猎。
⑨ 行妨:德行受伤害。
⑩ 为腹:只求填饱肚子。
⑪ 为目:追求耳目声色。
⑫ 去彼取此:舍弃"为目",选择"为腹"。
⑬ 什伯人之器:可以起到十倍百倍胜于人工作用的器械。
⑭ 舆:车子。
⑮ 甲兵:铠甲和兵器。
⑯ 结绳:上古没有文字,人们结绳来记事,相传用绳结的大小来代表事情的大小。

退,这是符合天道的。

　　祸,依傍着福;福,潜藏着祸。谁知道它们的最终结果?福祸并没有定准。正的又会转变为邪的,善的又会转变为恶的。人们对此的迷惑,时间确实已经很久了。

　　青、赤、黄、白、黑五色让人眼花;宫、商、角、徵、羽五音让人耳聋;酸、苦、甘、辛、咸五味让人失去辨味能力;纵情打猎让人内心狂乱;稀有的财货,让人德行不保。因此圣人只求填饱肚子,不追求耳目声色的娱乐,就是要这样取舍。

　　国家小,人民少。即使有能起到十倍百倍胜于人工作用的器械,也不会用它;让人民看重生命,不向远方迁徙。虽然有船和车子,也没人用;虽然有铠甲和兵器,也没有机会去陈列。让老百姓回到用结绳的办法记事的状态。让老百姓觉得食物甜美,衣服美观,居所舒适,习俗可乐。相邻的国家互相可以看得到,鸡鸣狗吠的声音互相可以听得见,但是人们直到老死也不会互相往来。

【简析】

　　老子的学说是以玄妙的"道"为理论基础的。这最高的"道"无法命名,无法称说。因为一旦说了"道",就意味着有对立的"非道"存在。而"道"又涵盖一切,不可能有"非道"的。"名"也是如此。而"有"和"无"这两个概念,是由道而生的,意味着"道"是从无形落实为有形的二元对立概念。所有的具体事物,都可以从"有"和"无"的角度考察,所以说它是"众妙之门"。

　　老子认识到自然规律和现实社会不同,自然会平衡多与少,而现实中富者更富,贫者愈贫。他又观察到满盈则损、福祸相依的道理。所以对于现实生活,老子持有一种隐退的态度,主张不居功。他又强调寡欲,主张"见素抱朴,少私寡欲",抵制外界让人内心不宁的色、声、味的诱惑,不贪图财宝,不沉溺娱乐,只有这样才能返璞归真。他对理想社会的想象是小国寡民,人们不相往来,这样方可永葆天性的真淳。老子的人生哲学可以概括为自然、无为、虚静。

【思辨】

1. "功成身退"这一观念的合理性和缺陷各是什么?
2. 你如何看待老子"小国寡民"的理想?

五、庖丁解牛①

《庄子》

【原文】

庖丁为文惠君解牛②,手之所触,肩之所倚,足之所履,膝之所踦③,砉然④响然,奏刀騞然⑤,莫不中音⑥。合于《桑林》之舞⑦,乃中《经首》之会⑧。

文惠君曰:"嘻⑨,善哉!技盖⑩至此乎?"

庖丁释刀⑪对曰:"臣之所好者道也,进乎技⑫矣。始臣之解牛之时,所见无非全牛者。三年之后,未尝见全牛也。方今之时,臣以神遇⑬而不以目视,官知⑭止而神欲⑮行。依乎天理⑯,批大郤⑰,导大窾⑱,因其固然⑲。技经肯綮之未尝⑳,而况大軱㉑乎!良庖岁更㉒刀,割也;族㉓庖月更刀,折也。今

---

① 选自《庄子·养生主》,见郭庆藩《庄子集释》,中华书局1961年版。题目为编者所加。庄子名周,战国时期宋国人,他发展了老子的哲学思想,是继老子之后道家的代表人物。今本《庄子》三十三篇,一般认为并非都是庄子所著,但是基本反映了庄子的思想。
② 庖(páo)丁为文惠君解牛:庖丁替梁惠王宰牛。庖丁,厨师。文惠君,梁惠王。解,分解,指宰杀。
③ 踦(yǐ):抵住。
④ 砉(huā)然:声音细小的样子。"砉"是象声词。
⑤ 奏刀騞(huō)然:进刀时发出的騞騞粗声。"騞"是象声词。
⑥ 中(zhòng)音:合于乐音。
⑦ 《桑林》之舞:用商汤时乐曲《桑林》伴奏的舞蹈。
⑧ 《经首》之会:尧时乐曲《经首》的节奏。会,节奏。
⑨ 嘻(xī):"嘻"的异体字,指发出惊叹的声音。
⑩ 盖:通"盍(hé)",怎么,为什么。
⑪ 释刀:放下刀。
⑫ 进乎技:超过技艺。进,超出。乎,于。
⑬ 以神遇:用心神去接触要分解的牛。
⑭ 官知:感器的认知。
⑮ 神欲:内在的心神。
⑯ 天理:牛天生的身体构造。
⑰ 批大郤(xì):劈开牛骨节间的空隙。
⑱ 导大窾(kuǎn):引导刀进入牛筋节之间的空隙。导,引导。窾,空。
⑲ 固然:固有的构造。
⑳ 技经肯綮(qìng)之未尝:从来没有碰到骨节筋肉纠结之处。技,应该是"枝"的错字。技经,经脉相连处。肯綮,筋骨结合的地方。
㉑ 大軱(gū):大骨头。
㉒ 更:换。
㉓ 族:一般的。

臣之刀十九年矣,所解数千牛矣,而刀刃若新发于硎①。彼节者有间②,而刀刃者无厚;以无厚入有间,恢恢乎③其于游刃④必有余地矣,是以十九年而刀刃若新发于硎。虽然,每至于族⑤,吾见其难为,怵然⑥为戒,视为止⑦,行为迟⑧。动刀甚微,謋⑨然已解,如土委⑩地。提刀而立,为之四顾,为之踌躇满志⑪,善⑫刀而藏之。"

文惠君曰:"善哉!吾闻庖丁之言,得养生焉。"

【释义】

庖丁替文惠君宰牛,手所碰的,肩所倚的,脚所踩的,膝所抵的,都砉砉地响着,刀切入时发出騞騞的粗声,没有不符合音律的。合乎商汤时乐曲《桑林》的舞步,又合乎尧时乐曲《经首》的节奏。

文惠君说:"哎呀,真好啊!技艺怎么会到这种程度呢?"

庖丁放下刀回答说:"我所喜好的是道啊,已经超出对技术的追求了。我最初宰牛的时候,眼中所看到的是一整头牛。三年之后,就看不到整头牛了。到了现在,我是用心神去接触要分解的牛而不是用眼睛去看,感官认识停止了而内在的心神在活动。依照牛天生的身体构造,劈开骨节间的空隙,引导刀进入筋节之间,顺着它固有的构造。从来没有硬碰过骨节筋肉纠结之处,更何况是砍大骨头呢!好的厨师每年换刀,因为他们用刀切割;一般的厨师每月就要更换一把刀,因为他们用刀劈砍。现在我的这把刀已经用了十九年,所宰杀的牛有几千头,而刀刃还像刚在磨刀石上磨出来的一样。牛的骨节之间有缝隙,而我的刀刃薄得像没有厚度,拿没有厚度的刀刃切入有缝隙的骨节,对于运转刀刃必定是宽绰有余的,因此这把刀用了十九年,还像刚在磨刀石上磨出来的一样。即使这样,每当碰到筋骨聚合的地方,我见那里很难处理,也会小心警惕,目光因此停留,动作因此放缓。刀的动作很轻,牛却哗啦一声已经解体,犹如土散落到地上。这时,我提刀站着,

---

① 新发于硎:刚在磨刀石上磨出来。
② 间(jiàn):间隙,空隙。
③ 恢恢乎:宽绰有余的样子。
④ 游刃:运转的刀刃。
⑤ 族:筋骨聚合之处。
⑥ 怵(chù)然:小心警惕的样子。
⑦ 视为止:目光因之停留。
⑧ 行为迟:动作为之放缓。
⑨ 謋(huò):象声词,指骨肉相离发出的声音。
⑩ 委:掉落。
⑪ 踌(chóu)躇(chú)满志:从容自得,对自己的成就心满意足的样子。
⑫ 善:相当于"拭",擦。

环视四周,从容自得,心满意足,擦拭干净我的刀好好地收藏起来。"

文惠君说:"真好啊!我听了庖丁的话,明白养生的道理了。"

【简析】

上面的选段出自《养生主》,但这里的"养生"并不等同于今天"养生"的概念。庄子所说的"养生"包括"保身"、"全生"、"养亲"、"尽年"几个层次。也就是说,如何在纷扰的现实生活中保全自我,再进一步按自己的天然本性生活。庖丁解牛的故事告诉我们,在现实生活中,面对如同牛骨头一样的障碍,硬碰硬地去砍斫是下策,寻找事件的理路,巧妙地避实击虚才是智者所为。无论生活多么艰难,总是留有许多的缝隙,顺应自然,游走于其中,才能达到避祸的目的。

【思辨】

1. 庖丁的解牛之道与养生之道有何相通之处?
2. 造就庖丁高超技艺的是哪些因素?

六、无用之用①

《庄子》

【原文】

惠子②谓庄子曰:"魏王③贻我大瓠④之种,我树⑤之成而实五石⑥。以盛水浆,其坚不能自举⑦也。剖之以为瓢,则瓠落⑧无所容⑨。非不呺然⑩大也,吾为其无用而掊⑪之。"

庄子曰:"夫子⑫固拙于用大矣。宋人有善为不龟⑬手之药者,世世以洴澼絖⑭为事⑮。客闻之,请买其方百金⑯。聚族而谋曰:'我世世为洴澼絖,不过数金。今一朝而鬻⑰技百金,请与之。'客得之,以说⑱吴王。越有难⑲,吴王使之将⑳。冬与越人水战,大败越人,裂地㉑而封之。能不龟手,一也㉒;或以封㉓,或不免于洴澼絖,则所用之异也。今子有五石之瓠,何不

---

① 选自《庄子·逍遥游》,见郭庆藩《庄子集释》,中华书局1961年版。题目为编者所加。
② 惠子:惠施,战国时期名家学派的代表人物。
③ 魏王:指魏惠王,魏国定都大梁,因此又称梁惠王。
④ 瓠(hù):葫芦。
⑤ 树:种植。
⑥ 实五石:装得下五石东西。石,容量单位,十斗为一石。
⑦ 举:承受自己的重量。
⑧ 瓠落:大的样子。
⑨ 无所容:没有东西可装。
⑩ 呺(xiāo)然:大而空的样子。
⑪ 掊(pǒu):砸破。
⑫ 夫子:古代对男子的敬称。
⑬ 龟(jūn):通"皲",皮肤因受冻而开裂。
⑭ 洴(píng)澼(pì)絖(kuàng):在水里漂洗丝絮。絖,通"纩",丝絮。
⑮ 事:谋生的职业。
⑯ 金:货币单位。
⑰ 鬻(yù):卖。
⑱ 说(shuì):游说。
⑲ 难:指军事行动。
⑳ 将(jiàng):做将军率领军队。
㉑ 裂地:分封土地。
㉒ 一也:药方是一样的。
㉓ 或以封:有的凭借这一技术得到封赏。

虑以为大樽①而浮乎江湖，而忧其瓠落无所容？则夫子犹有蓬之心②也夫！"

惠子谓庄子曰："吾有大树，人谓之樗③。其大本擁肿④而不中绳墨⑤，其小枝卷曲而不中规矩⑥。立之涂⑦，匠者不顾⑧。今子之言，大而无用，众所同去⑨也。"

庄子曰："子独⑩不见狸狌⑪乎？卑身⑫而伏，以候敖者⑬；东西跳梁⑭，不辟⑮高下；中于机辟⑯，死于罔罟⑰。今夫斄牛⑱，其大若垂天⑲之云。此能为大矣，而不能执⑳鼠。今子有大树，患其无用，何不树之于无何有之乡㉑，广莫㉒之野，彷徨㉓乎无为其侧，逍遥㉔乎寝卧其下。不夭㉕斤斧，物无害者㉖，无所可用，安所困苦哉！"

【释义】

惠子对庄子说："魏王送给我大葫芦的种子，我种它结出葫芦，能装五石东西。拿来装水，它硬度不够，无法承受自己的重量。破开做瓢，又太大了，没有东西可

---

① 大樽：腰舟，像酒樽一样形状的葫芦，绑在腰上，可以帮助人浮在水上渡河。
② 蓬之心：像被蓬草塞住一样的心，茅塞不通。
③ 樗(chū)：臭椿，是一种木质很差的树。
④ 大本擁肿：大的树干疙瘩盘结。擁肿，树上有很多赘瘤的样子。
⑤ 不中(zhòng)绳墨：不合于木匠用于画直线的墨线。
⑥ 规矩：规用来划圆，矩用来画方，都是木匠常用的工具。
⑦ 涂：通"途"，路。
⑧ 顾：回头看。
⑨ 去：抛弃。
⑩ 独：难道。
⑪ 狸狌：野猫和黄鼠狼。
⑫ 卑身：屈身。
⑬ 敖者：指来往的可以作为猎物的小动物。敖，游。
⑭ 梁：通"踉(liáng)"，跳跃。
⑮ 辟：通"避"，避开。
⑯ 机辟：弩机和陷阱，用来捕捉禽兽的器具。
⑰ 罟(gǔ)：网的通称。
⑱ 斄(lí)牛：牦(máo)牛。
⑲ 垂天：天边。垂，通"陲(chuí)"，边。
⑳ 执：抓。
㉑ 无何有之乡：虚无的地方。乡，地方。
㉒ 广莫：辽阔空旷。
㉓ 彷徨：悠游自得的样子。
㉔ 逍遥：悠闲自在的样子。
㉕ 夭：夭折。
㉖ 物无害者：没有什么侵害它的东西。

装。这个葫芦又大又空，我因为它无用，就把它砸破了。"

庄子说："先生真是不善于用大东西啊。宋国有人善于制造让手冬天浸水也不开裂的药，世世代代以在水里漂洗丝絮作为职业。有一个人听说了这事，请求拿百金来买药方。宋人聚集全家人商量说：'我家世世代代漂洗丝絮，得到的钱不过几金，现在一旦卖出药方就可以得到百金，我们卖给他吧。'那人得到药方，拿它去游说吴王。吴越之间发动战争，吴王让他做将军率领军队。冬天和越军在水上作战，因为己方士兵不怕浸水而大败越军，吴国分封土地给他。同样是不皲手的药方，有人凭借它取得封赏，有人却无法免除在水中漂洗丝絮的命运，这就是使用上的不同。现在你有五石容量的大葫芦，为什么不考虑把它做成腰舟，系上它就可以在江湖之中浮游，却要发愁它太大没有东西可装，可见先生还是有一颗茅塞不通的心啊！"

惠子对庄子说："我有一棵大树，人们叫它樗。它的大树干疙瘩盘结，不合于木匠用于画直线的墨线，它的小枝条又弯弯曲曲的，不合于木匠画圆的规和画方的矩，长在路上，木匠都不看。你现在说的话，虽然宏大却不切实用，大家都不会听。"

庄子说："你难道没看到那野猫和黄鼠狼吗？屈身伏在地上，等着捕捉来往的小动物。东跳西跳，不管高低，碰到弩机和陷阱，死在罗网里。现在再看那牦牛，身体大得像天边的云。它的本领很大了，它能做大的用处，但是却不会捉老鼠。现在你有这样一棵大树，忧虑它无用，为什么不把它栽到虚无的地方，辽阔无人的旷野，悠游自得地在树边徘徊，逍遥自在地在树下躺卧呢？树不会因遭斧头砍伐而夭折，没有什么侵害它的东西。既然没有地方可用，又哪里会有什么困苦呢？"

【简析】

《庄子》一书中的"有用"往往指事物在现实社会中的实际效用。而"无用"则是超出日常生活一般意义的非功利的"大用"。"大用"与"小用"则在世俗与超越世俗两个层面上都起作用。"不龟手之药"用于"洴澼絖"中，是世俗层面的"小用"；用于战争以博取"裂地而封之"的功名是世俗层面的"大用"。大葫芦用于装水、做瓢是世俗层面的"小用"；用于做腰舟是世俗层面的"大用"。在这一层面上，惠子只看到了"小用"，看不到"大用"。不同于"狸狌"捕鼠的现实功用，"斄牛"徜徉于山林，是超越世俗层面上的"大用"。大樗树没有实际功利的用，然而可以栽种在现实世界之外的"无何有之乡"、"广莫之野"，使人在无为无害的状态中做一番精神上的逍遥之游，这才是超越世俗层面的最大的"用"。惠子不懂"用"的大小之分，所以庄子说他"拙于用大"。

【思辨】

1. 有人认为庄子"无用为大用"的理论是消极的,是逃避现实的哲学,你怎么看?

2. 庄子关于"用"的理论,在现实生活中有适用性吗?

七、扁鹊见蔡桓公①

《韩非子》

【原文】

扁鹊②见蔡桓公③,立有间④,扁鹊曰:"君有疾在腠理⑤,不治将恐深⑥。"桓侯曰:"寡人⑦无。"扁鹊出。桓侯曰:"医之好治不病⑧以为功。"

居⑨十日,扁鹊复见曰:"君之病在肌肤⑩,不治将益深。"桓侯不应⑪。扁鹊出,桓侯又不悦。

居十日,扁鹊复见曰:"君之病在肠胃,不治将益深。"桓侯又不应。扁鹊出,桓侯又不悦。

居十日,扁鹊望桓侯而还走⑫。桓侯故使人问之,扁鹊曰:"疾在腠理,汤熨⑬之所及也;在肌肤,针石⑭之所及也;在肠胃,火齐⑮之所及也;在骨髓,司命⑯之所属,无奈何也。今在骨髓,臣是以无请⑰也。"

居五日,桓侯体痛,使人索⑱扁鹊,已逃秦矣,桓侯遂死。

---

① 选自《韩非子·喻老》,见陈奇猷《韩非子新校注》,上海古籍出版社2000年版。题目为编者所加。作者韩非,战国晚期韩国人,法家代表人物。《韩非子》大部分为韩非自著,总结了前期法家的学说。
② 扁鹊:战国名医,姓秦名缓,字越人,医术高明,所以人们用传说中黄帝时期的名医扁鹊来称呼他。
③ 蔡桓公:即蔡桓侯,春秋时蔡国君主,在位时间比扁鹊早近两百年,此记载疑有错误。
④ 有间:有一会儿。
⑤ 腠(còu)理:中医指表皮的纹理。
⑥ 深:指病情加重。
⑦ 寡人:古代君主谦称。
⑧ 不病:没病的人。
⑨ 居:过了。
⑩ 肌肤:肌肉和皮肤。
⑪ 应:回答,理睬。
⑫ 还(xuán)走:掉头跑。还,通"旋",回转。
⑬ 汤(tàng)熨(wèi):用药物熏洗和热敷。汤,通"烫",用热水洗。
⑭ 针石:针灸。古代针灸是用砭石制成的石针,后世才用金针。
⑮ 火齐(jì):清火去热的汤剂。齐通"剂"。
⑯ 司命:传说中主管人生命的神。
⑰ 请:拜见。
⑱ 索:寻找。

【释义】

扁鹊去拜见蔡桓侯,站了一会儿,说:"您有病在表皮的纹理中,不治疗的话恐怕会加重。"蔡桓侯说:"我没有病。"扁鹊出去后,蔡桓侯说:"医生总是喜欢治没病的人,好当成自己的功劳。"

过了十天,扁鹊又拜见蔡桓侯,说:"您的病在皮肤肌肉间了,不治疗的话会加重。"蔡桓侯不理睬他。扁鹊出去后,蔡桓公又不高兴。

过了十天,扁鹊又拜见蔡桓侯,说:"您的病在肠胃中了,不治疗的话会加重。"蔡桓侯又不理睬他。扁鹊出去后,蔡桓公又不高兴。

过了十天,扁鹊远远看到了蔡桓侯,掉转身子就跑。蔡桓侯特意派人去问他为何这样。扁鹊说:"病在表皮的纹理,是可以用药物熏洗和热敷治疗的;病在皮肤肌肉间,是可以用针灸治疗的;病在肠胃,是可以用清火去热的汤剂治疗的;病在骨髓间,是由司命神掌管的,没有治疗的办法了。现在国君的病已经在骨髓了,所以我不再见他了。"

过了五天,蔡桓侯身体疼痛,派人去找扁鹊,扁鹊已经逃到秦国去了,蔡桓侯于是就病死了。

【简析】

韩非子有意识地整理或创作了一些寓言故事,用来表达自己对于社会人生的思考。这些故事虽然未必符合史实,但是往往寓意深刻,能给人以启发。上面的选段生动地刻画了扁鹊和蔡桓公的形象。扁鹊"立有间"就判断出了蔡桓侯的病情,并且建议治疗;后来又几次三番地提醒;最后见桓侯而"还走",还跑到秦国去。足见他医术高明,医德高尚,并且机警果断。而蔡桓侯不承认自己的病情,无视扁鹊的良言,误解扁鹊的用意,最终身体疼痛,再派人寻找扁鹊为时已晚。足见他多疑自欺,讳疾忌医,刚愎自用。聪明者应该正视和承认自身存在的问题,防微杜渐,正如司马迁所说:"愚者暗于成事,智者见于未萌。"①

【思辨】

1. 作者为何要安排扁鹊对蔡桓公的使者解释缘由的情节?

2. 多疑会导致听不进他人的良言,而轻信又会导致上当受骗,如何平衡两者?

---

① 语见《史记·商君列传》,意思是愚昧的人在事情已经发生时还看不清楚,而智慧的人在事情还没有显露前就已经察觉。

八、察今①

《吕氏春秋》

【原文】

上胡不法②先王之法?非不贤也,为其不可得而法。先王之法,经乎上世③而来者也,人或益④之,人或损之,胡可得而法?虽人弗损益,犹若不可得而法。

凡先王之法,有要于时⑤也。时不与法俱至⑥,法虽今而至,犹若不可法。故择⑦先王之成法,而法其所以⑧为法。先王之所以为法者,何也?先王之所以为法者,人也,而己亦人也。故察己则可以知人,察今则可以知古。古今一也,人与我同耳。有道之士,贵以近知远,以今知古,以所见知所不见。故审⑨堂下之阴⑩,而知日月之行,阴阳之变;见瓶水之冰,而知天下之寒,鱼鳖之藏也;尝一脔⑪肉,而知一镬⑫之味、一鼎之调⑬。

荆人⑭欲袭宋,使人先表澭水⑮。澭水暴益⑯,荆人弗知,循⑰表而夜涉,

---

① 节选自《吕氏春秋·慎大览第三》,见许维遹《吕氏春秋集释》,中华书局 2016 年版。《吕氏春秋》是战国后期秦王嬴政(即后来的秦始皇)的相国吕不韦召集门客集体编写的一部杂家著作,以易学、阴阳五行理论为纲,融合了儒家、道家、墨家、法家各派学说。
② 法:效法。
③ 上世:上古时代。
④ 益:增添,增加。
⑤ 要于时:切合当时的情况。
⑥ 俱至:一起保持到现在。
⑦ 择:通"释",舍弃。
⑧ 所以:……的依据。
⑨ 审:观察。
⑩ 阴:日影。
⑪ 脔(luán):切成块状的肉。
⑫ 镬(huò):古代煮食物的一种大锅。
⑬ 调(tiáo):味道的调和情况。
⑭ 荆人:楚国人。
⑮ 表澭(yōng)水:在澭水中设置渡河的标记。表,做标记。澭水,古河流名。
⑯ 暴益:突然满溢。益,同"溢",水涨满溢出来。
⑰ 循:顺着,沿着。

溺死者千有余人，军惊而坏都舍①。向②其先表之时可导③也，今水已变而益多矣，荆人尚犹循表而导之，此其所以败也。今世之主法先王之法也，有似于此。其时已与先王之法亏④矣，而曰此先王之法也而法之以为治，岂不悲哉？

故治国无法则乱，守法而弗变则悖⑤，悖乱不可以持国⑥。世易时移，变法宜矣。譬之若良医，病万变，药亦万变。病变而药不变，向之寿民，今为殇子⑦矣。故凡举事⑧必循法以动，变法者因时而化。

楚人有涉江者，其剑自舟中坠于水，遽契⑨其舟，曰："是吾剑之所从坠。"舟止，从其所契者入水求之。舟已行矣，而剑不行，求剑若此，不亦惑⑩乎？以此故法为⑪其国，与此同。时已徙⑫矣，而法不徙。以此为治，岂不难哉？

有过于江上者，见人方引⑬婴儿而欲投之江中，婴儿啼。人问其故。曰："此其父善游。"其父虽善游，其子岂遽⑭善游哉？以此任物⑮，亦必悖矣。荆国之为政，有似于此。

【释义】

国君为什么不效法古代圣王的法令制度呢？不是法令不够好，而是因为根本不可能效法。古代圣王的法令制度，是经历了上古时代流传而来，其间有人增补过，有人删减过，又怎么能效法呢？即使没有人增加或删减它，也无法效法。

大凡古代圣王的法令制度，是切合当时情况的。而古时候的时代状况不会和法令一起保持到现在，所以即使法令存留至今，也还是不能效法。所以要舍弃古代圣王现成的法令制度，而去效法他制定法令的依据。古代圣王制定法令的依据

---

① 而坏都舍：如同城中房屋崩坏一样。而，如。
② 向：先前。
③ 导：沿着标记渡过去。
④ 亏：通"诡"，不一样。
⑤ 悖(bèi)：悖谬，行不通。
⑥ 持国：保住国家。
⑦ 殇(shāng)子：未成年就夭折的孩子。
⑧ 举事：做事情。
⑨ 遽契(qiè)：急忙刻。契，同"锲"，用刀刻。
⑩ 惑：糊涂。
⑪ 为：治理。
⑫ 徙：迁移，变动。
⑬ 引：拉着。
⑭ 遽：就。
⑮ 任物：处理事务。

是什么呢？古代圣王制定法令的依据是人。而我们自己也是人。所以观察自己就可以推知别人，观察现在就可推知古代。古代和现在的道理是一样的，别人和自己是相同的。有道之士的可贵之处在于能够根据近的推知远的，根据现在推知古代，根据见到的推知没有见到的。所以观察厅堂台阶下的日影，就能知道太阳、月亮运行的情况以及早晚和季节的变化；看到瓶中水结成的冰，就能知道天气已经寒冷，鱼鳖已经潜藏；尝一块肉，就能知道整个锅中肉的味道，了解整个鼎中味道的调和状况。

楚国人想要偷袭宋国，派人先在澭水中设置渡河的标记。澭水突然水涨满溢，楚国人不知道，沿着做好的标记在夜里渡过，淹死的人有一千多，士兵惊恐的状况如同城中房屋崩坏一样。先前他们设置标记的时候，是可以沿着标记渡水的，现在河水变化涨高了，楚国人却还是沿着原先的标记渡河，这是他们失败的原因。现在的国君效法古代圣王的法令制度，和这种情况有相似之处。现在的时代已经与古代圣王的法令适合的时代不一致了，却要说这是古代圣王的法令所以就效法，用这种做法治理国家，难道不是很可悲吗？

所以治理国家没有法令制度就混乱，守着法令制度不改变是行不通的。悖谬混乱都无法保住国家。世事变迁，时代改换，改变法令是应该的。这就好比良医，病情有各种变化，药也随之有各种变化。病症改变而药不改变，原本能长寿的，现在也要变成短命夭折的人。所以凡是做事情一定要遵循法令来行动，更改法令制度则要随时代的变化而变化。

楚国有个渡江的人，他的剑从船上掉到水里去了，他急忙在船上刻了个记号，说："这里就是我的剑掉下去的地方。"等船停下来，他再从刻记号的地方下水去找宝剑。船已经走了一段路了，但剑没有动过，像这样寻找他的剑，不是很糊涂吗？用旧的法令制度来治理他的国家，和这个人的举动是一样的。时代已经改变，法令却没有改变，用来治理国家，难道不是很困难吗？

有个路过江边的人，看见有人正拉着一个婴儿，要投到江里去，婴儿在啼哭。路过的人问这人为什么这么做。他说："这孩子的父亲很擅长游泳。"即使孩子的父亲擅长游泳，孩子难道就一定擅长游泳吗？用这种方法处理事务，必然是悖谬的啊。楚国治理国家的情况，和这有相似之处。

【简析】

中国古代社会有"崇古"传统，在治理国家方面，往往以传说中的古圣先贤为榜样，有"祖宗之法不可变"的观念。上述选段则论述了盲目效法先王法度的不可取，提出了察今而变法的主张。古之法与古之时代相应，今之法须与今之时代相应,既然时代改变,法令制度就必须跟着改变。如果固守先王成法,就会犯循表夜涉、刻舟求剑一样的错误。而"察令",主要是体察"人",也就是社会中的普遍人情。可以从自己出发,以己度人,窥一斑而知全豹,进而了解整个时代,为制定合适的法令提供依据。

【思辨】
1. "引婴投江"的故事,是否与"循表夜涉"、"刻舟求剑"具有同样的寓意?
2. 如何评价中国古代社会的"崇古"传统?

九、赤壁赋①

苏轼

【原文】

　　壬戌②之秋，七月既望③，苏子与客泛舟④游于赤壁之下。清风徐来，水波不兴。举酒属⑤客，诵明月之诗⑥，歌窈窕之章。少焉⑦，月出于东山之上，徘徊于斗牛⑧之间。白露⑨横江，水光接天。纵一苇之所如⑩，凌⑪万顷之茫然⑫。浩浩乎如冯虚御风⑬，而不知其所止；飘飘乎如遗世⑭独立，羽化⑮而登仙。

　　于是饮酒乐甚，扣舷⑯而歌之。歌曰："桂棹⑰兮兰桨，击空明⑱兮溯流

---

① 选自《苏轼文集》，中华书局1986年版。苏轼（1037—1101），字子瞻，号东坡居士，眉山（今属四川）人，北宋文学家。1079年，苏轼遭遇乌台诗案被贬为黄州团练副使。1082年秋冬，苏轼先后两次游览黄州的赤鼻矶，写下了两篇《赤壁赋》。本文是第一篇，又称《前赤壁赋》。
② 壬戌：宋神宗元丰五年，即1082年。
③ 既望：望日的次日，一般指农历每月的十六日。
④ 泛舟：使船漂浮行进在水上，即坐船游玩。
⑤ 属（zhǔ）：劝请别人喝酒。
⑥ 明月之诗：指《诗经·陈风·月出》。诗歌写出对一个月下美丽女子的思念。下文所指"窈窕之章"指此诗的第一章："月出皎兮，佼（jiāo）人僚兮。舒窈纠兮，劳心悄兮。"意思是：月亮出来了，皎洁的月光下，有位女子真美丽，她从容娴雅地漫步，让我因为思念而忧愁。
⑦ 少焉：一会儿。
⑧ 斗（dǒu）牛：斗、牛都是星宿名。
⑨ 白露：白茫茫的水汽。
⑩ 纵一苇之所如：任凭小船漂去哪里。纵，放任。一苇，像一片苇叶的船，指船很小。如，往，去。
⑪ 凌：越过。
⑫ 茫然：旷远的样子。
⑬ 冯（píng）虚御风：驾长风凌空而行。冯，通"凭"。冯虚，凌空。
⑭ 遗世：离开人世。
⑮ 羽化：飞升变化，指成仙。
⑯ 扣舷：敲击船舷来打节拍。扣，敲。
⑰ 桂棹（zhào）：桂木做的棹。棹，船桨。
⑱ 空明：月光下澄明的水波。

光①。渺渺②兮予怀,望美人兮天一方。"客有吹洞箫③者,倚歌④而和之。其声呜呜然,如怨如慕⑤,如泣如诉,余音袅袅⑥,不绝如缕⑦。舞⑧幽壑之潜蛟,泣⑨孤舟之嫠妇⑩。

苏子愀然⑪,正襟危坐⑫而问客曰:"何为其然⑬也?"客曰:"'月明星稀,乌鹊南飞',此非曹孟德之诗⑭乎?西望夏口⑮,东望武昌⑯,山川相缪⑰,郁乎苍苍,此非孟德之困于周郎⑱者乎?方⑲其破荆州⑳,下江陵㉑,顺流而东也,舳舻㉒千里,旌旗蔽空,酾酒㉓临江,横槊赋诗㉔,固一世之雄也,而今安在哉?况吾与子渔樵㉕于江渚之上,侣㉖鱼虾而友麋鹿,驾一叶之扁舟㉗,举匏樽㉘以相属。寄蜉蝣㉙于天地,渺沧海之一粟。哀吾生之须臾㉚,羡长江

---

① 溯(sù)流光:在水波上浮动的月光中逆流而上。溯,逆流而上。
② 渺渺:悠远的样子。
③ 洞箫:管乐器的一种,单管直吹,正面五个孔,背面一个孔。
④ 倚歌:按照歌曲声调节拍。倚,循着,依照。
⑤ 如怨如慕:如哀怨,如恋慕。
⑥ 余音袅袅:尾音婉转悠长。
⑦ 缕:细丝。
⑧ 舞:使……起舞。
⑨ 泣:使……落泪。
⑩ 嫠(lí)妇:寡妇。
⑪ 愀(qiǎo)然:容色改变的样子。
⑫ 正襟危坐:整理好衣襟端坐。
⑬ 其然:箫的曲调这样(悲凉)。
⑭ 曹孟德之诗:指曹操的《短歌行》,其中有"月明星稀,乌鹊南飞。绕树三匝,何枝可依?山不厌高,海不厌深。周公吐哺,天下归心"这样的诗句。孟德,曹操字孟德。
⑮ 夏口:地名,在今湖北武昌西面。
⑯ 武昌:地名,今湖北鄂州。
⑰ 缪(liáo):通"缭",盘绕。
⑱ 周郎:三国时吴国名将周瑜,在赤壁之战中率吴军与刘备联军,击溃曹操大军。
⑲ 方:当。
⑳ 破荆州:攻下荆州。破,攻下。荆州,今湖南湖北一带。208年荆州刺史刘表的儿子刘琮率众投降曹操,曹军占领荆州。
㉑ 下江陵:攻下江陵。江陵是荆州的首府。在刘琮投降后,曹操又在当阳长坂击败刘备,进军江陵。
㉒ 舳(zhú)舻(lú):船头船尾的并称,泛指前后首尾相接的船。
㉓ 酾(shī)酒:斟酒。
㉔ 横槊(shuò)赋诗:横拿长矛吟诗。诗,即前文所引《短歌行》。
㉕ 渔樵:捕鱼砍柴。
㉖ 侣:意动用法,以……为伴侣。
㉗ 扁舟:小船。
㉘ 匏(páo)樽:用葫芦做成的酒器。
㉙ 蜉(fú)蝣(yóu):一种飞虫,幼虫生活在水中,成虫褐绿色,有四翅,生存期极短,古人认为它朝生暮死。
㉚ 须臾:片刻,形容生命短暂。

之无穷。挟飞仙以遨游,抱明月而长终。知不可乎骤得①,托遗响②于悲风。"

苏子曰:"客亦知夫水与月乎?逝者③如斯,而未尝往也;盈虚者如彼,而卒莫消长④也。盖将自其变者而观之,则天地曾不能⑤以一瞬;自其不变者而观之,则物与我皆无尽也,而又何羡乎!且夫天地之间,物各有主,苟非吾之所有,虽一毫而莫取。惟江上之清风,与山间之明月,耳得之而为声,目遇之而成色,取之无禁,用之不竭,是造物者⑥之无尽藏⑦也,而吾与子之所共适⑧。"

客喜而笑,洗盏更酌⑨。肴核⑩既尽,杯盘狼籍⑪。相与枕藉⑫乎舟中,不知东方之既白。

【释义】

壬戌年秋天,农历七月十六日,苏先生和客人,坐着船在赤壁之下游玩。清风缓缓吹拂而来,水面上波澜不起。举起酒杯劝客人喝酒,吟诵《诗经·陈风·月出》中"窈窕"一章。一会儿,明月从东山上升起来,在斗宿与牛宿之间徘徊。白茫茫的雾气横贯江面,水光连着天空。任凭一片苇叶似的小船漂去哪里,越过旷远的万顷江面。浩浩森森好像驾长风凌空而行,不知道要停留在何处;飘飘荡荡好像要离开人世超然独立,飞升变化,进入仙境。

在这时喝着酒喝高兴极了,敲着船舷打节拍唱歌。歌词是:"桂木做的棹啊兰木做的桨,击打着月光下澄明的水波啊,在水波浮动的月光中逆流而上。我的情怀啊多么悠远,眺望美人啊,她却在天的另一方。"有个吹洞箫的客人,按照歌曲的声调节拍来伴奏,箫声呜呜,如哀怨,如恋慕,如哭泣,如倾诉,尾音婉转悠长,连续不断,就像一根细丝。这声音能使深谷中的蛟龙起舞,能使孤舟上的寡妇落泪。

---

① 骤得:突然得到,一下子得到。
② 遗响:余音。
③ 逝者:流逝的水。《论语·子罕》:"子在川上曰:'逝者如斯夫,不舍昼夜。'"
④ 卒莫消长:最终没有增减。
⑤ 曾(zēng)不能:连……都不够。
⑥ 造物者:指天地自然。
⑦ 无尽藏(zàng):无穷无尽的宝藏。
⑧ 适:享用。
⑨ 更酌:再酌酒。
⑩ 肴核:菜肴果品。
⑪ 狼籍:纵横散乱的样子。
⑫ 枕藉:枕着靠着。

苏先生也改变了容色，整理好衣襟端坐，而问客人说："箫的曲调为什么这样悲凉呢？"客人说："'月明星稀，乌鹊南飞'，这不是曹孟德的诗句么？这里向西望是夏口，向东望是武昌，山河互相盘绕，一片苍翠，这不是曹孟德被周瑜围困的地方么？当他夺取荆州，攻下江陵，顺着长江东下的时候，战船首尾相连延绵千里，旌旗遮蔽了天空，他面对大江斟酒，横拿长矛吟诗，确实是一代的英雄啊，然而现在又在哪里呢？何况我与你在江中的小洲捕鱼砍柴，把鱼虾当作伴侣，把麋鹿当作朋友，驾着一叶小舟，举起葫芦做的酒器来相互劝酒。如同蜉蝣一样寄居在天地之间，渺小的像沧海中的一粒米。哀叹我们的一生只是片刻，羡慕长江的无穷无尽。希望携同仙人遨游，与明月一起永存世间。知道这些不能一下子得到，只能用箫声的语音寄托心情在悲凉的秋风中。"

苏先生说："你可也知道水与月的道理？流逝的水就像这样，虽然看上去一直在流而实际上并没有真正逝去；时圆时缺的的月亮就像那样，虽然看上去不断变化而实际上最终没有增减。从变化的一面来看，天地间万事万物时刻在变动，连一眨眼的工夫都不停止；而从不变的一面看来，万物同我们一样都是永恒的，而又何必羡慕长江呢？何况天地之间，万物各有主人，假如不是自己所拥有的，即使一毫也不能求取。只有江上的清风，山间的明月，耳朵听到便成了"声"，眼睛看到就成为"色"，取得它们不会有人禁止，使用它们不会用完。这是天地自然无穷无尽的宝藏，而我和你可以共同享受。"

客人高兴地笑了，洗净酒杯再次斟酒。菜肴果品已经吃完了，杯子盘子纵横散乱。大家互相枕着靠着睡在船中，不知不觉东方已经天色发白。

【简析】

这篇赋设为主客问答，体现了苏轼历经波折后对于人生的体悟。初秋时分，泛舟夜游，面对大江明月，沐浴白露清风，主人不由生出遗世独立的超脱之乐。但是，悲切的箫声引出了主客关于"人生短暂"这一命题的探讨，文章由写景而到抒情，人物情感也由乐转悲。最终，主人以水与月为譬喻，说明只要转换视角，从"不变"的角度着眼，短暂也可以成为永恒，而有清风明月可以享受，人间足以为乐。这一道理使"客"折服，主客因此重新欢然饮酒，醉卧舟中。这种乐，是一种建立在对忘怀得失的人生哲理深层感悟基础上的旷达之乐，是对最初基于美景的"乐"的升华。全赋景、情、理融合，以理化情，优美隽永。

【思辨】

1. 实际上，三国时赤壁之战的地点一般认为是在今天湖北省武汉市的赤矶山，并不是苏轼所游览的黄州赤鼻矶。这一事实是否削弱了本文的价值？

2. 想一想：本文写苏轼遭到贬谪之后，文中传达的"悲"，其缘由为什么不是个人的荣辱，而是"人生短暂"这一哲学命题？

3. 根据你的积累，你觉得本文传达的哲学思想属于儒释道中的哪一家？

十、童心说①

李贽

【原文】

　　龙洞山农②叙《西厢》③，末语云："知者④勿谓我尚有童心可也。"夫童心者，真心也。若以童心为不可，是以真心为不可也。夫童心者，绝假⑤纯真，最初一念之本心也。若失却童心，便失却真心；失却真心，便失却真人。人而非真，全不复有初⑥矣。

　　童子者，人之初也；童心者，心之初也。夫心之初曷⑦可失也！然童心胡然而遽失⑧也？盖方其始⑨也，有闻见从耳目而入，而以为主⑩于其内而童心失。其长也，有道理从闻见而入，而以为主于其内而童心失。其久也，道理闻见日以益多，则所知所觉日以益广，于是焉又知美名之可好⑪也，而务欲以扬⑫之而童心失；知不美之名之可丑也，而务欲以掩⑬之而童心失。夫道理闻见，皆自多读书识义理而来也。古之圣人，曷尝不读书哉！然纵不读书，童心固⑭自在也；纵多读书，亦以护此童心而使之勿失焉耳，非若学者反以多读书识义理而反障之⑮也。夫学者既以多读书识义理障其童心

---

① 选自《焚书 续焚书》，中华书局1975年版。李贽（1527—1602），原名载贽，号卓吾、宏甫，别号温陵居士、龙湖叟等，泉州晋江人，明代思想家、文学评论家，著作有《焚书》《续焚书》《藏书》《续藏书》等。
② 龙洞山农：不详何人，有焦竑、颜钧以及作者自指几种说法。
③ 《西厢》：元代王实甫所作《西厢记》，写书生张君瑞与相国小姐崔莺莺的爱情故事。
④ 知者：理解我的人。
⑤ 绝假：没有任何虚假。
⑥ 初：最初的本性。
⑦ 曷(hé)：怎么。
⑧ 遽(jù)失：突然失去。
⑨ 方其始：在那开始的时候。方，正当。
⑩ 以为主：把它作为主宰。
⑪ 可好：值得崇尚。
⑫ 扬：传扬。
⑬ 掩：掩饰。
⑭ 固：原本。
⑮ 反障之：反而遮蔽了童心。

矣，圣人又何用①多著书立言以障学人为耶？童心既障，于是发而为言语，则言语不由衷②；见③而为政事，则政事无根柢④；著⑤而为文辞，则文辞不能达。非内含⑥于章美⑦也，非笃实⑧生辉光也，欲求一句有德之言，卒⑨不可得，所以者何⑩？以童心既障，而以从外入者闻见道理为之心也。

夫既以闻见道理为心矣，则所言者皆闻见道理之言，非童心自出之言也。言虽工，于我何与⑪？岂非以假人言假言，而事假事、文假文⑫乎？盖其人既假，则无所不假矣。由是而以假言与假人言，则假人喜；以假事与假人道，则假人喜；以假文与假人谈，则假人喜。无所不假，则无所不喜。满场是假，矮人何辩⑬也？然则虽有天下之至文，其湮灭⑭于假人而不尽见于后世者，又岂少哉！何也？天下之至文，未有不出于童心焉者也。苟童心常存，则道理不行，闻见不立，无时不文，无人不文，无一样创制体格文字而非文者。诗何必古《选》⑮，文何必先秦，降而为六朝，变而为近体⑯，又变而为传奇⑰，变而为院本⑱，为杂剧⑲，为《西厢曲》⑳，为《水浒传》，为今之举子业㉑，皆古今至文㉒，不可得而时势先后论也。故吾因是而有感于童心者之自文也，更说什么六经㉓，更说什么《语》、《孟》㉔乎！

---

① 何用：为什么。
② 由衷：发自内心。
③ 见：通"现"，体现。
④ 根柢(dǐ)：根基，基础。
⑤ 著：显现。
⑥ 内含：内心具有。
⑦ 章美：彰显美好。章，同"彰"。
⑧ 笃实：诚实真挚。
⑨ 卒：最终。
⑩ 所以者何：原因是什么呢？
⑪ 何与(yù)：何干，有什么关系。
⑫ 文假文：写假文章。
⑬ 矮人何辩：个子矮的人看戏又怎能分辨清楚。辩，通"辨"。
⑭ 湮(yān)灭：埋没，磨灭。
⑮ 《选》：南朝梁萧统所编的《文选》。
⑯ 近体：近体诗，又称今体诗，即隋唐之际定型的格律诗。
⑰ 传奇：始于唐代的传奇小说。
⑱ 院本：金代戏剧的脚本。
⑲ 杂剧：元代戏曲。
⑳ 《西厢曲》：即《西厢记》。
㉑ 举子业：科举考试的八股文。举子，应试的士子。
㉒ 至文：极好的文章。
㉓ 六经：指儒家的经典《诗》、《书》、《礼》、《乐》、《易》、《春秋》。
㉔ 《语》、《孟》：《论语》和《孟子》。

夫六经、《语》、《孟》，非其史官过为褒崇①之词，则其臣子极为赞美之语。又不然，则其迂阔②门徒、懵懂③弟子，记忆师说，有头无尾，得后遗前，随其所见，笔之于书。后学不察，便谓出自圣人之口也，决定④目之为经矣，孰知其大半非圣人之言乎？纵出自圣人，要亦有为⑤而发，不过因病发药，随时⑥处方，以救此一等⑦懵懂弟子、迂阔门徒云耳。医药假病，方难定执⑧，是岂可遽⑨以为万世之至论乎？然则六经、《语》、《孟》，乃道学之口实⑩，假人之渊薮⑪也，断断乎其不可以语于童心之言明矣。呜呼！吾又安得真正大圣人童心未曾失者而与之一言文⑫哉！

【释义】

龙洞山农为《西厢记》写序，文末说："理解我的人不认为我还有童心的话就可以了。"童心就是真心。如果认为童心是不该有的，那就是认为真心是不该有的。童心，是没有任何虚假的、纯朴真挚的、人最初一念的本真之心。如果失掉了童心，就是失掉了真心；失掉了真心，就不再是纯真的人。作为人而不能做到纯真，就完全不再具有最初的本性了。

儿童，是人生的本原状态；童心，是心灵的本原状态。心灵的本原怎么可以遗失呢！那么，童心为什么会突然失去？这是因为，在那开始的时候，从耳目获得了一些见闻，就把它作为自己内心的主宰，这样童心就失去了；长大之后，又从见闻中学到了一些道理，就把它作为自己内心的主宰，这样童心就失去了。这种情况持续久了，道理见闻一天天增多，那么所能感知体察的也一天天变广，于是又知道了美名值得崇尚，就想要致力于传扬名声，这样童心就失去了；知道不好的名声是可耻的，就想要致力于掩饰恶名，这样童心就失去了。由此，童心也就不复存在了。道理闻见都是通过多读书明白义理而得来的。古代的圣人又何尝不读书呢！但是他们即使不读书，童心原本就自然存在；即使多读书，也用来守护这种童心而

---

① 过为褒崇：过分地褒扬推崇。
② 迂阔：不切合实际。
③ 懵(měng)懂：糊涂。
④ 决定：坚定。
⑤ 有为：有所指，有所针对。
⑥ 随时：随着具体的时势。
⑦ 一等：一种，一类。
⑧ 定执：固定不变。
⑨ 遽(jù)：就。
⑩ 口实：经常议论、诵读的内容。
⑪ 渊薮(sǒu)：聚集的地方。渊，鱼聚集的地方。薮，兽聚集的地方。
⑫ 一言文：谈一谈写文章的道理。

不使之失落，不像那些读书人反会因为多读书明白义理遮蔽了童心。既然学习的人会因多读书明白义理而遮蔽童心，圣人又为什么要多著书来为读书人设置障碍呢？童心已经被遮蔽了，于是说出话来，就不会发自内心；体现为处理政事，那么政事就没有根基；写成文章，那么文辞就不能畅达。不是内心具有的就不能彰显美好，不是诚实真挚的就无法发出光辉。这样想要找到一句有道德的真话，最终也做不到。原因是什么呢？是因为童心已被蒙蔽，而把从外部得到的闻见道理当成了自己的心。

既然已经把闻见道理当成了自己的心，那么说的话就都是闻见道理的一类，而不是自然而然出自童心的话。即使说得漂亮，和我又有什么关系？这难道不是虚假的人在说假话，而办假事、写假文章吗？因为这个人虚假，那么所做的一切就无不虚假了。由此去跟假人说假话，那么假人就会高兴；跟假人说假事，那么假人就会高兴；跟假人谈假文章，那么假人就会高兴。无所不假，就会无所不喜呀。满戏场里全是虚假，个子矮的人看戏又怎能分辨清楚。这样一来那么即使有天下极好的文章，在假人手里遭到埋没而不能全被后世见到的，又哪里少得了呢！为什么？因为天下极好的文章，没有不是从童心生发出的。假如童心一直葆有，那么道理就难以推行，闻见就无法立足，就没有哪个时代不能写出好文章，没有哪个人不能写出好文章，没有哪一种创制的文体不能写出好文章了。诗歌何必一定推崇古诗、《文选》，散文何必一定推崇先秦古文，演变为六朝诗体，发展成近体诗，成为唐朝传奇，成为金代院本，成为元杂剧，成为《西厢记》，成为《水浒传》，成为当今应科举的八股文，这些都是古今极好的文章，不能以时代先后为标准论断优劣。所以我有感于发自童心自然成文的道理，还要说什么六经，说什么《论语》、《孟子》呢！

六经、《论语》、《孟子》，不是史官过分褒扬推崇的文字，就是臣下极端赞美的话。再不然，就是哪些不切实际的门徒、稀里糊涂的弟子，回忆老师的言语，有头无尾，记住了后面忘了前面，根据自己的见闻，写下来编成书。后代学习的人不能明察，就认为这是圣人说的话，坚定地看作经书了，哪里知道其中大半不是圣人的话呢？就算真是圣人说的，应该也是有所针对而发，不过是根据病情下药，随着具体的时势提出解决方法，来救助这一帮子稀里糊涂的弟子、不合时宜的门徒罢了。对症下药，药方原本难以固定不变，难道就可以当成万古不变的真理了吗？这么说来，那么六经、《论语》、《孟子》，是道学家整体念叨的东西，变成假人汇集的渊薮了，绝对没办法和他们讨论发自童心的话，这是是明明白白的。唉！我又到哪里去寻找未曾失去童心的真正大圣人，来和他谈一谈写文章的道理呢！

【简析】

在李贽看来,童心就是真心。他反对"假"提倡真,热情赞美通俗文学,引领了明末思想界和文学界个性解放的潮流。他认为,当人在成长过程中学到的"闻见道理"主宰了自我,就会失去童心。"闻见道理"主要指已经僵化的那些儒家教条。李贽甚至否定六经、《论语》《孟子》的神圣性,说出了六经是"假人之渊薮"这样"大逆不道"的话,在对僵化的道学的嘲讽中显示出离经叛道的异端色彩和抗争的勇气。

【思辨】

1. 李贽说"多读书识义理而反障之",所掌握的知识反而成为认知障碍的情况确实存在,试探讨原因及应对措施。

2. 李贽反对程朱理学,自居"异端",最后被以"敢倡乱道,惑世诬民"罪下狱,自刎死于狱中。联系时代,分析是什么导致了他的悲剧结局。

【内容概要】

本单元讨论的是中国传统哲学与人生的问题。哲学是关于世界观的学说,是人们对于自然、社会以及自身的精神世界认识的概括和总结。不同民族的哲学呈现出的思维方式上的不同特性,是文化差异的根源所在。中国哲学对于本民族的精神起到了模铸作用,对传统社会中的个体的人生起到了指导作用,对于当代社会中的我们,也具有重要的借鉴意义。

传统哲学最重要的流派,是先秦诸子以及后来传入的佛教,后者经历了本土化的过程,成为中国文化的有机组成部分,以致有称儒释道为"三教"的说法。后世的玄学、理学、新儒学等,都是在这些学说的基础上发展起来的。限于篇幅,本单元仅仅选取了儒家、道家、法家、杂家以及佛学中与现实人生关系比较紧密的十篇,以期起到抛砖引玉的作用,有余力的读者可以自行查找原著,进行拓展阅读。

本单元所选的儒家相关篇目,集中于自我修养与交友两个方面。在儒家"修身、齐家、治国、平天下"的人生追求中,修身既是起点,又是持续一生的根本功夫。修身先要勤学,通行本《论语》首句就是"学而时习之",可谓意味深长。对于学习,勤学、乐学、改过,这些方面都在儒家的典籍中都有充分的讨论。而学习的根本目的不是获得生活技能,而是成为符合儒家之道的"君子"。在主张性善说的孟子看来,人人都有"恻隐之心"、"羞恶之心"、"辞让之心"、"是非之心";人性之美如同牛山上本有的树木,如果不通过自我的修养来护持,结果就会像树木遭到砍伐一样,丧失自己的本心。儒家把人放置在社会关系中,是一种伦理道德哲学。因而,对于家庭、社会成员间的相互关系非常看重。孟子"君子必自反"的内省方式,启发人们"反求诸己",多检讨自己;"爱人者人恒爱之",启发人们互敬互爱,以心换心。

不同于儒家专注于社会中的人,道家关注的是自然中的人。故而现存通行本的《老子》以"道可道,非常道"为开端,而《庄子》则以北冥的鲲鹏之变起笔,呈现出天地宇宙的宏大图景。

老子看到了对物质及功业的追求可能会障蔽人的灵明,所以主张"见素抱朴,少私寡欲",赞美功遂身退。老子对于理想社会的想象是小国寡民,人们老死不相往来,即使有生产工具和战争器械也无所可用,主张回归朴素自然的生活方式。

在这一点上,庄子也继承了老子的观点。《庄子·天地》中有一个故事,说一个抱瓮浇园的老人拒绝使用一种名为"桔(jié)槔(gāo)"的灌溉工具,这种工具利用杠杆原理,一头系着水桶,一头系着重物,上下交替,非常省力。拒绝的理由是

"有机械者必有机事,有机事者必有机心",也就是说利用这种省力的工具,就违背了自然纯朴之心。乍一看,这种说法与常理违背,带有反科学的色彩。但是联系近代以来机械文明对人性的压制乃至摧残,就会发现这一理论自有其道理。早在20世纪初,英国哲学家罗素就曾经对比西方将人视为物的反自然的"机械的人生观",赞美老、庄尊重自然的哲学。①

基于同样的理由,庄子还猛烈抨击儒家的礼乐仁义,认为这些人为的规定是对人本性的束缚。他还将名利看作枷锁,不屑出仕为官,这就为后世的隐者提供了理论支撑。在儒家和道家思想的作用下,后世的知识分子往往在出仕与隐居的矛盾心态中,寻找着适合自己的平衡点。我们所熟知的古代重要文学家,如陶渊明、李白、苏轼、黄庭坚、辛弃疾等莫不如此。

庄子真正赞美的是顺应自然的人为,如庖丁解牛一般依乎天理,以求得在现实人生中的游刃有余。庄子的哲学蕴含着对现实人生功利的超越之道。只有像任公子垂钓一般抛弃急功近利,才能不陷入蝇营狗苟一般丑恶的现实之中,不被蜗角虚名、蝇头微利诱惑,才能达到人生的大境界。他对"无用之用"的赞美,不但突破了视角的局限,启发人们换个思路看待问题,更重要的是以精神之用超越了现实功利的世俗之用,从"道"的层面上提出了非功利的符合万物本性的"用"。这使得深谙庄子学说三昧的中国人,能够进入审美的层面,在"无何有之乡"、"广莫之野"作一番精神意义上的逍遥之游。

先秦诸子而下,至汉代先是黄老之学兴起,然后是"罢黜百家,独尊儒术",儒学成为中央集权政府的意识形态。此时的儒学掺杂了阴阳五行以及法家的观念。魏晋时期,又受异域传入的佛教的影响,出现了玄学的热潮。唐代韩愈重整儒家"道统"。宋明儒释道三教并存,互相渗透,出现了以儒为主兼取佛道的宋明理学。理学"为天地立心、为生民立道,为去圣继绝学,为万世开天平"的精神鼓舞了一代代读书人。但是"存天理,灭人欲"的道德自律一旦与官方的专制结合,就成为钳制思想扼杀人性的工具。明代后期著名的异端李贽肯定"人欲",提倡"童心",直指道学家的虚伪。本单元选了他《焚书》中的"童心说"。

中国传统哲学的一个重要特点是直觉体验较多,而逻辑分析较少。哲学著作往往非常生动,喜欢用故事来说明哲理。《庄子》"寓言十九",文风汪洋恣肆,富有文学色彩,本单元所选的篇目都有这一特点。韩非子为了说明防微杜渐的道理,不是空发议论,而是讲了一个蔡桓公讳疾忌医而死的故事。《吕氏春秋》中的《察今》一篇要传达不能墨守成规的观点,就用循表夜涉、刻舟求剑、引婴投江来说明。

不同于西方古代哲学由柏拉图、亚里士多德等人开创的"静观的"传统,中国

---

① (英)伯特兰·罗素(Bertrand Russell).中国问题[M].秦悦,译.上海:学林出版社,1996:63—64.

传统的哲学具有强烈的"行动"的色彩,各派学说都关注现实,致力于解决人生的实际问题,而非仅仅探究永恒的真理世界①。苏轼就是一个熔铸各家思想,以此来解决人生问题的典型。《赤壁赋》主要以释、道两家的思想来开解自己。"水"与"月"原本就是禅宗的重要命题,所谓"千江有水千江月,万里无云万里天",世间荣辱如水中月,原本就有不变的天上明月存在。而庄子的"齐物"思想则致力于打破二元对立的刻板思维模式,以相对性来看待世间万物,这也为苏轼思考"变"与"不变"问题提供了思想武器。苏轼对二家思想的熔铸,成就了一篇千古名文,更重要的是,这不仅有助于帮助他自己走出人生的困境,更为同样陷入人生困厄的后人提供了脱困的路径。

传统文化是宝贵的精神资源。我们今天学习传统哲学,也要继承这一关注现实的传统,对各家的思想既不简单否定,又不全盘接受,择善而从,运用到自己的人生中去。只有做到知行合一,才不至于入宝山却空手而归,才算得上充分利用了传统文化的宝藏。

【文化链接】

阅读材料一

二十大报告指出,要"坚守中华文化立场,提炼展示中华文明的精神标识和文化精髓","传承中华优秀传统文化"。那么,对于21世纪的中国,传统文化的意义何在呢?中国知识界一直在探索。

19世纪末20世纪初,当时的中国处在亡国灭种的边缘,学习西方成了自救的一种策略。从洋务运动学习技术,到戊戌变法试图模仿政治制度,再到新文化运动学习西方的思想文化,对于本民族文化的否定不断升级。

在当时,中国文化缺乏科学精神和民主思想,几乎成为共识。在进化论盛行的背景下,中国文化似乎变成了落后的文化,而西方文化意味着更高的进化阶段,西方文化的优点被无限放大,中国似乎只有认同西方文化才有出路。

在这一问题上,知识界分化成壁垒分明的几种人。一类人倾向于学习西方,

---

① 余英时.士在中国文化史上的地位——《士与中国文化》自序[M]//余英时文集:第4卷.桂林:广西师范大学出版社,2004:116.

甚至主张全盘西化。比如傅斯年说："觉得欧美的东西都是好的，固然是荒谬极了，但是极端的崇外却未尝不可。"①陈独秀曾提出"欧化"，钱玄同甚至提出要废除汉文。比较复杂的是胡适，他一面赞成全盘西化，一面又说只有全盘西化才能得到折衷调和的中国本位文化，这样看来，全盘西化似乎只是一个策略。一类人倾向于传统文化，如提倡古文的林纾，拖着长辫子的旧派人物辜鸿铭，提倡国粹的刘师培等人；还有一类是主张兼收并蓄，融合东西方的中间派，以梅光迪、吴宓等人为骨干的学衡派为代表。

值得注意的是，有的人后来观点发生了改变。比如傅斯年晚年主张青年学生读孟子，回归到他年轻时批判的传统文化。再如梁启超曾极力鼓吹西方文化，但是第一次世界大战后他漫游满目疮痍的欧洲，心灵受到极大震撼，写下了《欧游心影录》。他认为欧洲的战乱，是过分崇拜科学、只重视物质的恶果，应该向西方推广重视精神生活的中国传统文化。他还明确提出了中西文化融合的主张。

20世纪末以来，文化多元论得到了广泛的接受，各个民族无不一面注重吸纳外来文化，一面强调本民族文化的独特价值，以便本民族成员确立文化身份和文化认同。"文化认同"，也就是对"我们是谁"这一问题的回答。哈佛大学学者塞缪尔·亨廷顿曾指出，文化认同"是一个人或一个群体的自我认识，它是自我意识的产物"②。不同民族的人们有各自的文化认同，借以区别于其他民族，回答"我们是谁"的正是民族文化中的基本价值和基本精神。

德国哲学家卡尔·雅斯贝尔斯在1949年出版的《历史的起源与目标》中说，大约公元前800至公元前200年之间，是人类文明的"轴心时代"。这一时期不同地区

---

① 张允侯，等. 五四时期的社团(二)[M]. 北京：生活·读书·新知三联书店，1979：76.
② (美)亨廷顿. 谁是美国人？——美国国民特性面临的挑战[M]. 程克雄，译. 北京：新华出版社，2010：17.

的不同文明中不约而同地出现了伟大的精神导师,这些思想家塑造了不同的文化传统。直到今天,每当遇到困难的时候,我们还需要一次次地从这些思想中汲取力量。

【思考探究】

1. 你认为在今天,传统文化的意义何在?如何看待本民族文化与外来文化的关系?

2. 当前,有许多与复兴传统文化有关的现象。比如诗词大会、古诗文大赛、提倡读四书五经、祭祀孔子、行跪拜礼、穿汉服……如何看待这些现象?试组织一次讨论会或者辩论赛。

第二单元

科技与人生

KE JI YU REN SHENG

【人生故事】

科学技术能够推动生产力的发展，各种发明极大地便利了人们的生活。在古代，基于对这一力量的崇拜，产生了一些有关能工巧匠的神奇传说。鲁班是其中典型的一个，其形象活跃在各种民间传说、文学作品中，寄托着人们利用智慧改造世界、改善生活的理想。

鲁班确有其人，在先秦被称为"公输班"、"公输盘"等。他的事迹散见于《孟子》、《战国策》、《墨子》等典籍中。其中，《墨子》中有关的记载体现了墨家对科学功用以及科学伦理的思考。

《墨子》中有"公输为鹊"的故事，是说公输班削竹木做成了一只喜鹊，在天上飞了三天都不落下来，公输班觉得非常精巧，为自己高超的技艺而得意。但是墨子却评价说，做这只喜鹊还不如做固定车子轮轴的插销，因为后者能够承重，对人有用。墨子的观点是"利于人谓之巧，不利于人谓之拙"，就是说，对人有用才叫"巧"，对人没用的东西再精巧都是"拙"。

又据《墨子》记载，这位巧匠从鲁国赶到南方的楚国去，竟然是要利用自己的技术帮楚王做战争工具，预备去打宋国。于是墨子走了十天十夜跑到楚国去说服公输班。

公输班说："先生远道而来，有什么指教？"

墨子说："北方有人侮辱了我，希望借你的手杀掉他。"

公输班不高兴了。

墨子说："我给你十金作为报酬！"

公输班说："不杀人，这是我的道义。"

墨子起身，拜了两次，说："让我跟你探讨一下这个问题。我在北方听说你帮楚王造了云梯，要去攻打宋国。宋国有什么罪过？楚国地方广大，百姓不足，利用会减少人口的战争手段，去抢夺本就有余的土地，这可算不上智。宋国无罪却要遭受攻打，这可算不上仁。你要是明白这个道理，不和楚王争辩，这可算不上忠诚。要是争辩了却没有结果，这可算不上强。你刚才跟我说不杀人是你的道义，不杀一个人，却要帮助开战去杀千千万万人，这可算不上懂得类比推理。"

公输班服气了，但是表示无法制止战争，因为这是由楚王决定的。不过他同意介绍墨子去见楚王。

墨子见了楚王说："现在有这么个人：他不要自己华美的车子，想偷邻居的破车子;不要自己锦绣的衣服,想偷邻居家的粗布衣服;不要自己的米肉,想偷邻居家的糟糠。大王觉得这是什么样的人?"

楚王说:"他一定是生了偷窃病。"

墨子说:"楚国的国土方圆千里,而宋国只有五百里,就好比华美车子与破车子的区别;楚国有出产犀牛麋鹿的云梦大泽以及盛产鱼鳖鳄鱼的长江、汉水,宋国连野鸡、兔子、狐狸都没有,就好比米肉与糟糠的区别;楚国有松树、梓树、樟树、楠木等,宋国没有大树,就好比锦绣衣服与粗布衣服的区别。大王去攻打宋国,类似于前面所说的那个人的行为,违背道义,是不会有好结果。"

楚王说:"说得好!但是公输班给我做了云梯,我一定能攻打下宋国,所以我还是要出兵。"

墨子请求和公输班来一次模拟战争。楚王答应了。墨子拿腰带围成城墙的样子,拿木片代表守御的器械。公输班九次用不同的策略进攻,墨子九次成功地防御了。

公输班黔驴技穷,说:"我知道怎么对付你,但是我不说。"

墨子说:"我也知道你想怎么对付我,但是我也不说。"

楚王问到底怎么回事。

墨子说:"公输班的意思是,只要杀掉我,宋国就无法防御了。但是我的守城技艺早就传给了弟子,他们三百个人已经拿着守城器械等在宋国的城墙上了。就算杀了我,也没用。"

楚王说:"好啊!那我就不去攻打宋国了。"

如果仔细阅读上面的故事,会发现墨子的类比其实是有漏洞的,但是道理却不错。科学技术可以有益于社会,也可能有害于社会。技术本身是一种工具,关键在于使用的目的及方式。一个像故事中的鲁班这样的科学家,纵使技艺高超,也是不值得效仿的。一直到科技高度发达的今天,科学的伦理问题也始终是人类必须面对的。所以这个故事,至今仍有启发意义。

【文化原典】

一、造纸术

【原文】

蔡伦造纸[①]

《后汉书》

自古书契[②]多编以竹简，其用缣帛[③]者谓之为纸。缣贵而简重，并[④]不便于人。伦乃造意[⑤]，用树肤、麻头[⑥]及敝[⑦]布、渔网以为纸。元兴元年[⑧]奏上之，帝善其能。自是莫不从用焉，故天下咸称"蔡侯纸"。

永叔寄澄心堂纸二幅[⑨]

梅尧臣

昨朝人自东郡来，古纸两轴缄縢[⑩]开。

滑如春冰密如茧，把玩惊喜心徘徊。

蜀笺[⑪]蠹[⑫]脆不禁久，剡楮[⑬]薄慢还可咍[⑭]。

---

① 节选自《后汉书·宦者列传》，中华书局1965年版。题目为编者所加。《后汉书》是由范晔撰写的一部纪传体史书，记载了东汉从光武帝到汉献帝近二百年的历史。范晔（398—445），字蔚宗，顺阳（今河南淅川东）人，南朝历史学家。蔡伦（？—121），字敬仲，东汉桂阳郡人，东汉明帝时期入宫为太监，历任中常侍、尚方令等，汉安帝时期被封为龙亭侯。
② 书契：文字，此指记载文字的典籍。
③ 缣（jiān）帛：古代一种细薄的丝织品。
④ 并：全都。
⑤ 造意：首创。
⑥ 麻头：碎麻。
⑦ 敝：破。
⑧ 元兴元年：公元105年，元兴为汉和帝年号。
⑨ 选自朱东润《梅尧臣集编年校注》，上海古籍出版社1980年版。梅尧臣（1002—1060），字圣俞，宋代诗人，与欧阳修同时。永叔，欧阳修的字。
⑩ 缄（jiān）縢（téng）：绳索，这里是指捆扎纸轴的绳子。
⑪ 蜀笺：蜀地所产纸，以精致华美著称。
⑫ 蠹（dù）：蛀虫。
⑬ 剡（shàn）楮（chǔ）：用剡地所产的藤造的纸。唐代顾况曾写《剡纸歌》，称"剡溪剡纸生剡藤"。
⑭ 咍（hāi）：嘲笑，讥笑。

书言寄去当宝惜，慎勿乱与人蒯裁。
　江南李氏①有国日，百金不许市一枚。
　澄心堂中唯此物，静几铺写无尘埃。
　当时国破何所有，帑②藏空竭生莓苔③。
　但存图书及此纸，辇④大都府非珍瑰⑤。
　于今已逾六十载，弃置大屋墙角堆。
　幅狭不堪作诏命⑥，聊备粗使供鸾台⑦。
　鸾台天官或好事⑧，持归秘惜何嫌猜。
　君今转遗⑨重增愧，无君笔札⑩无君才。
　心烦收拾乏匮椟⑪，日畏撦⑫裂防婴孩。
　不忍挥毫徒有思，依依⑬还起子山⑭哀。

【释义】

蔡伦造纸

《后汉书》

　　自古书籍大多用竹简编成，用缣帛这种丝织品编成的叫纸。缣帛昂贵，而竹简笨重，人们使用起来都不方便。蔡伦首创，用树皮、碎麻以及破布、渔网来造纸。元兴元年献给皇帝，皇帝很赞赏他的才能，从此人们无不跟风使用，所以天下人都称这种纸为"蔡侯纸"。

永叔寄澄心堂纸二幅

梅尧臣

　　昨天东郡有人送来欧阳修转赠的两轴澄心堂古纸。我打开捆扎的绳索，露出

---

① 南唐李氏：五代时期的南唐由李氏建立,公元975年被宋太祖赵匡胤所灭,末代君王李煜被俘虏。
② 帑(tǎng)：藏金帛的府库。
③ 莓苔：青苔。
④ 辇(niǎn)：用车子运送。
⑤ 珍瑰：珍宝。
⑥ 诏命：皇帝的命令。
⑦ 鸾台：唐代武后时期,改门下省为鸾台。
⑧ 好事：喜欢多事。
⑨ 遗(wèi)：赠送。
⑩ 笔札：笔和纸,指文章。
⑪ 匮(guì)椟(dú)：柜子、箱子。
⑫ 撦(chě)：同"扯"。
⑬ 依依：隐隐约约。
⑭ 子山：南朝庾信,字子山,流落北朝,作《哀江南赋》,怀念灭亡的梁朝。这里的"子山哀"指由南唐灭亡引发的历史兴亡之叹。

的纸张光滑得如同春天的冰,细密得如同洁白的茧。不由内心惊喜,把玩之下,思绪难平。与这两张澄心堂纸相比,精致的蜀地纸张容易生虫,难以长时间保存;著名的剡纸又太薄也值得嘲笑。欧阳修的信中叮嘱要好好爱惜,不要随便给别人裁剪使用。南唐李氏统治的时期,百金都买不到一张。只有澄心堂中的这种纸,铺在几案上书写,可以做到纤尘不染。当时南唐亡国的时候,国库里面长了青苔,都没剩下什么东西。只有图书和这种纸,送到府库里,不被看作珍宝。到现在已经超过六十年了,丢在大屋的墙角堆成一堆。纸张太小,没法用来书写皇帝的命令,就姑且供给门下省做粗重的用途。有的官员喜欢多事,拿回去当宝贝藏着,也没什么可猜忌的。你现在转送给我,又增加了我的惭愧,没有你的才华,也写不出你那样出色的诗文。因为找不到合适的箱子珍藏这两轴纸而心烦,又天天害怕被小孩撕扯而开裂。不忍心提笔在上面写字画画,而只能想想前面所述的这些事情,隐隐约约间又泛起了历史兴亡的哀伤情绪。

【简析】

记录文字的载体,对文化的传播起到至关重要的作用。竹简太笨重,而丝织品又太昂贵,都无法广泛使用。蔡伦改进的造纸技术,关键点是成本低,物美价廉。造纸术在后世不断进步,出现了一些制作精美的名贵纸张,不仅具有实用价值,更具有收藏价值,成为文人墨客的爱物。五代时期最著名的澄心堂纸细薄光润,一幅价值百金。宋代梅尧臣得到欧阳修送的两幅,非常高兴,写诗来记录此事,喜爱到了不舍得使用的程度。可见纸张已经不仅仅是日常中实用的工具,而是作为文房四宝之一,成为文化的一种象征物。

【思辨】

在当今信息时代,无纸化在某些行业成为趋势,纸张还有存在的必要吗?

二、活字印刷术①

沈 括

【原文】

　　板印②书籍，唐人尚未盛为之。自冯瀛王③始印五经，已后④典籍皆为板本。

　　庆历⑤中，有布衣⑥毕昇，又为活板。其法用胶泥刻字，薄如钱唇⑦，每字为一印，火烧令坚。先设一铁板，其上以松脂、蜡和纸灰之类冒⑧之。欲印，则以一铁范⑨置铁板上，乃密布字印。满铁范为一板，持就火炀之⑩，药稍熔，则以一平板按其面，则字平如砥⑪。若止印三、二本，未为简易；若印数十百千本，则极为神速。常作二铁板，一板印刷，一板已自布字。此印者才毕，则第二板已具。更互用之，瞬息可就⑫。每一字皆有数印，如"之"、"也"等字，每字有二十余印，以备一板内有重复者。不用则以纸帖⑬之，每韵⑭为一帖，木格贮之。有奇字素无备者，旋⑮刻之，以草火烧，瞬息可成。

---

① 选自沈括《梦溪笔谈》，《四部丛刊续编》本，题目为编者所加。沈括（1031—1095），字存中，钱塘（今浙江杭州）人，北宋杰出的科学家。《梦溪笔谈》是古代最著名的笔记体科学著作之一，涉及天文、地理、数学、物理、化学、生物、医药等各个领域。
② 板印：雕版印刷。板，同"版"。
③ 冯瀛（yíng）王：即冯道，五代人，死后追封瀛王。他曾在后唐明宗时期组织官府刊印经籍。
④ 已后：同"以后"。
⑤ 庆历：宋仁宗年号。
⑥ 布衣：平民。
⑦ 钱唇：铜钱边缘。
⑧ 冒：覆盖。
⑨ 铁范：铁制的框子。
⑩ 就火炀（yáng）之：靠近火去烤它。
⑪ 砥（dǐ）：质地细的磨刀石。
⑫ 就：完成。
⑬ 帖：贴标签。
⑭ 韵：韵部，古代根据语音对字进行的分类。
⑮ 旋：立刻。

不以木为之者，木理①有疏密，沾水则高下不平，兼与药相粘，不可取。不若燔②土，用讫③再火令药熔，以手拂之，其印自落，殊④不沾污。

昇死，其印为予群从⑤所得，至今宝藏。

【释义】

用雕版印刷书籍，唐代人还没有广泛进行。自五代时期冯道开始印刷五经，以后的典籍都是板印本。

庆历年间，有个平民毕昇，又发明了活版印刷的方法。他的办法是用胶泥刻字，字的本身薄得像铜钱的边缘一样。每个字刻成一印，用火烧让它变硬。先设置一个铁板，里面用松脂、蜡混合纸灰之类的药物覆盖着。想印刷的时候就拿一个铁框子放在铁板上，在铁框子里面密密麻麻地排列好字印。排满了就做成一板，拿着靠近火来烧，等到下面的药物略微融化，就拿一个平板按压字印表面，那么就会平得像细磨刀石一样。如果只印三两本算不上简便，但是如果要印几十、几百乃至上千本，就非常神速。通常要制作两块铁板，一块在印刷，另外一块已经在排字。这块板刚刚印完，第二块板又已经准备好了。交替使用，很快就可以印好。每个字都有二十多个印，以防同一板内有重复使用的情况。不用时，就用纸做好标签贴上，每一个韵部的字写一个标签，拿木格子储藏着。碰到生僻的字，平时没有准备的，立即刻好，用草火烧，马上就能够做成字印。不用木头做字印，是因为木料的纹理有疏有密，沾了水高低不平，又会和药物粘在一起，拿都拿不下来。所以不如用土烧，等字印用完了用火烤一烤，让药物融化，用手拂拭，这些胶泥字印就落下来，一点都不会沾药弄脏。

毕昇死了之后，他的字印被我的子侄辈们得到，到现在还珍藏着。

【简析】

印刷术发明前，书籍的流传基本靠手抄，费时费力。受篆刻印章以及石碑拓印技术的启发，在公元7世纪的唐代初期，世界上最早的雕版印刷技术出现了。其方法是先刻好繁体字的雕版，在版上刷墨，铺上纸用刷子刷平，揭下来就印好了。优点是效率高，印刷量大，缺点是雕版造价昂贵，出现错误难以修改，无法重复使用。宋代毕昇发明的活字印刷术，很好地解决了这些问题。重点是字印可以

---

① 木理：木头的纹理。
② 燔（fán）：烧。
③ 讫：完。
④ 殊：很，非常。
⑤ 群从（zòng）：子侄们。

自由组合，印好后活字可以取下，便于重新组合使用。这就提高了工作效率，使印刷大部头的书籍成为可能，极大地促进了文化事业的发展。毕昇使用的是胶泥活字，明清时期又有木活字、铜活字等。活字印刷术的出现早于欧洲四百年，是印刷史上的一项重大革命。

【思辨】
　　唐代已经出现了雕版印刷，为何迟至宋代才由毕昇发明了活字印刷？查阅相关资料，试作探讨。

三、指南针[1]

沈 括

【原文】

方家[2]以磁石磨针锋,则能指南,然常微偏东,不全南也。水浮多荡摇,指爪及碗唇[3]上皆可为之,运转尤速,但坚滑易坠,不若缕悬[4]为最善。其法:取新纩[5]中独茧[6]缕,以芥子许[7]蜡,缀[8]于针腰,无风处悬之,则针常指南。其中有磨而指北者。予家指南、北者皆有之。磁石之指南,犹柏[9]之指西,莫可原其理。

【释义】

懂得利用磁石特性的人,拿磁石来磨针尖,针尖就能够指向南方,但是常常略微偏向东方,不是完全指向正南。把磁针漂浮在水上,大多数情况下会动荡摇晃;放在指甲上或碗沿上都可以,但是磁针会转得很快,这些东西又很坚硬光滑,针就很容易掉下来;不如拿丝线悬挂着,这才是最好的方法。具体的做法是:选择新丝,用个头大的蚕茧的单独一根丝,拿大约芥子大小的蜡把丝粘接在磁针的中间部位。然后将磁针挂在没有风的地方,针往往就能指向南方。其中也有磨了而指向北方的。我家里指向南方的、北方的针都有。磁石指南,就好像侧柏指西一样,没有人能够明白其中的道理。

---

[1] 选自选自沈括《梦溪笔谈》,《四部丛刊续编》本,题目为编者所加。
[2] 方家:精通某种技艺的人。
[3] 碗唇:碗的边沿。
[4] 缕悬:用丝线悬挂。
[5] 纩(kuàng):新丝棉絮。
[6] 独茧:个头大、丝长的蚕茧。
[7] 许:表示约数。
[8] 缀(zhuì):连接。
[9] 柏:这里说的是侧柏,枝叶倾向西方生长。

【简析】

在古代，无论是农耕文明还是海洋文明，人受自然的影响都很大，在夜晚或雾天，辨认方向就成为至关重要的技能。我国古代很早就发现了磁石指南的特性，选文中沈括对于指南针和磁偏角的描述，也比西方人早一百多年。

【思辨】

为何磁石能指南？为何有的磁石又会指北？

四、火药

【原文】

火药料[1]

宋应星

火药、火器，今时妄想进身博官[2]者，人人张目而道，著书以献，未必尽由试验。然亦粗载[3]数页，附于卷内。凡火药以硝石[4]、硫黄为主，草木灰为铺。硝性至阴，硫性至阳，阴阳两神物相遇于无隙可容之中。其出也，人物膺[5]之，魂散惊而魄齑粉[6]。凡硝性主直[7]，直击者硝九而硫一。硫性主横[8]，爆击者硝七而硫三。其佐使[9]之灰，则青杨、枯杉、桦根、箬[10]叶、蜀葵、毛竹根、茄秸之类，烧使存性，而其中箬叶为最燥也。

赠放烟火者[11]

赵孟頫

人间巧艺夺[12]天工，炼药燃灯清昼[13]同。

柳絮飞残铺地白，桃花落尽满阶红。

---

[1] 选自宋应星《天工开物》，见潘吉星《天工开物译注》，上海古籍出版社2016年版。宋应星（1587—?），字长庚，奉新（今江西奉新）人，明末杰出的科学家。《天工开物》是一部总结明代工农业技术的书籍，涉及种植养殖、日用品生产、军备制造等领域。

[2] 进身博官：升迁做官。进身，提高地位。

[3] 粗载：略写。

[4] 硝石：矿物名，主要成分是硝酸钾，可以制造火药。

[5] 膺（yīng）：承受，接受。

[6] 齑（jī）粉：细粉，碎屑。

[7] 直：纵向爆炸。

[8] 横：横向爆炸。

[9] 佐使：起辅助作用的。

[10] 箬（ruò）：竹子的一种。

[11] 选自《赵孟頫集》，浙江古籍出版社2016年版。赵孟頫（fǔ）（1254—1322），字子昂，湖州吴兴（今属浙江）人，元代著名书法家、画家。

[12] 夺：胜过。

[13] 清昼：白天。

纷纷灿烂如星陨,霍霍①喧豗②似火攻。
后夜再翻③花上锦,不愁零乱向东风。

【释义】

火药料

宋应星

对于火药、火器,当今一心想要做官升迁的人,个个都睁着眼睛夸夸其谈,写了书献给朝廷,他们所说所写的却未必真的经过试验。但是我在这里也还是要粗略地记上几页,附于本卷。大凡火药的配方是以硝石和硫磺为主,草木灰为辅。硝石性属至阴,硫磺性属至阳,至阴至阳的两种奇特物品在没有空隙的密闭空间中相遇,一旦爆发出来,承受的人就会魂魄惊散,化为齑粉。大凡硝石的性质倾向于纵向爆炸,所以想要达到直射效果,硝石与硫磺的比例应该是九比一。硫磺的性质倾向于横向爆炸,所以想要达到横射效果,硝石与硫磺的比例要设置为七比三。那起辅助作用的草木灰,要用青杨、枯杉、桦根、箬叶、蜀葵、毛竹根、茄秸之类的东西,要烧成灰而保存它们的特性,其中箬竹叶的药性最烈。

赠放烟火者

赵孟頫

制作烟火是人为的技艺,可是精巧程度超过了天然。烟火由火药制成,放起来就像灯烛,照得天空如同白昼。白色的烟花就像柳絮飞落,残屑铺在地上。红色的烟花就像桃花落尽,花瓣铺满了台阶。又像流星纷纷坠落,灿烂辉煌,发出霍霍的轰响,这情形就像在战争中使用火攻。过了半夜还不停歇,就像锦绣上的花朵绽放,但不会像真的花朵那样,面对春风要发愁自己的凋零。

【简析】

作为中国古代四大发明之一的火药,约在晚唐时期(10世纪初)出现,并应用于军事。之后先传入阿拉伯国家,接着传入欧洲。宋代的《武经总要》中已经记载有三种不同的火药配方。上面的《天工开物》选段,记录了制作火药的简单配方,而且指出了如果硝石、硫黄的比例不同,则爆炸的效果也不一样。其指导理论是阴阳学说,体现了炼丹术的渊源。除了军事用途,火药还广泛运用于民俗庆典中,

---

① 霍霍:拟声词。
② 喧豗(huī):发出轰响。
③ 翻:飞舞飘动。

爆竹、烟火就是代表。赵孟頫用"巧夺天工"来赞美这一技艺,笔下的烟花有各种颜色,白的如柳絮,红的像桃花,纷纷扬扬落下如同流星雨,夜晚的天空被照亮如同白昼,可见宋代的烟火制造工艺已经非常精湛。

【思辨】
　　一般认为,火药是在炼丹中发明的。查找资料,探讨其原因。

五、地动仪①

《后汉书》

【原文】

阳嘉②元年,复造候风地动仪。以精铜铸成,员③径八尺,合盖④隆起,形似酒尊⑤,饰以篆文山龟鸟兽之形。中有都⑥柱,傍⑦行八道,施关发机⑧。外有八龙,首衔铜丸,下有蟾蜍,张口承⑨之。其牙机⑩巧制,皆隐在尊中,覆盖周密无际⑪。如有地动,尊则振龙,机发吐丸,而蟾蜍衔之。振声激扬⑫,伺者⑬因此觉知。虽一龙发机,而七首不动,寻其方面,乃知震之所在。验之以事,合契若神。自书典所记,未之有⑭也。尝一龙机发而地不觉动,京师学者咸怪其无征⑮,后数日驿至⑯,果地震陇西,于是皆服其妙。自此以后,乃令史官记地动所从方起⑰。

【释义】

阳嘉元年,张衡又制作了候风地动仪。仪器用纯铜铸成,直径有八尺,上下相

---

① 选自《后汉书·张衡列传》,中华书局 1965 年版。题目为编者所加。张衡(78—139),字平子,南阳(今河南南阳)人,东汉科学家,文学家。
② 阳嘉:东汉顺帝年号,元年为公元 132 年。
③ 员:通"圆"。
④ 合盖:上下相合盖住。
⑤ 尊:同"樽",盛酒的器具。
⑥ 都:大。
⑦ 傍:旁边。
⑧ 施关发机:安置机关。
⑨ 承:接。
⑩ 牙机:互相拨动的齿轮构件。
⑪ 际:边缝。
⑫ 激扬:激奋昂扬。
⑬ 伺者:负责观察的人。
⑭ 未之有:"未有之"的倒装,从来没有这种仪器。
⑮ 征:效验,征效。
⑯ 驿至:从驿站送来了消息。
⑰ 所从方起:所发生的方位。

合盖住,中间隆起,形状像个酒樽。外面用篆字和山、龟、鸟、兽的图形来装饰。中间有个大柱子,旁边有八条滑道伸出来,安置着机关。外面有八条龙,龙的嘴里含着铜丸,每条龙下面各对应着一只蟾蜍,张着嘴巴准备接住掉下来的铜丸。互相拨动的齿轮构件制作得非常精巧,全部都隐藏在樽形的肚子里。仪器外面覆盖严密,没有一点儿边缝。如果有地震,就会震动外面的龙,机关发动,龙嘴里吐出铜丸,下面的蟾蜍就接住。碰撞震击发出的声音激奋昂扬,负责观察的人因此能够发觉。虽然有一条龙的机关发动,而另外七条龙的脑袋却不动。观察是哪一个方向的龙震动,就能知道地震发生的方位。拿实际情况来检验它,彼此完全相符,真是灵验如神。从典籍的记载来看,从来没有过这种仪器。曾经有一次龙的机关发动,但是京城洛阳没有感到地震,所以京城的学者都奇怪地动仪没有应验。几天之后从驿站送来消息,果然陇西地区发生了地震,于是大家都很佩服它的神妙。从这之后,朝廷就命令史官根据地动仪的反应记载地震发生的方位。

【简析】

张衡制造的候风地动仪,其特点一是设计精妙,八条龙对应着八个方位,里面有感应地震的装置,经由齿轮传动,引发龙嘴吐出铜丸,下面的蟾蜍承接发出声音示警;特点二是外表美观,状如酒樽,严密无缝,所有机关都隐藏在内部;特点三是检测效果很好,实践证明,连远在陇西的地震都能检测到。候风地动仪是世界上最早的检测地震的仪器,被称为"地震仪的鼻祖"。

【思辨】

张衡所造的地动仪的工作原理是什么?

六、二十四节气并戏文名①

马如飞

【原文】

西园梅放立春先,云镇霄光②雨水连。
惊蛰初交③河跃鲤,春分蝴蝶梦花间。
清明时放风筝误,谷雨西厢好养蚕。
牡丹亭立夏花零落,玉簪④小满布庭前。
隔溪芒种渔家乐,义侠⑤同耘夏至田。
小暑白罗衫着体,望江亭大暑对风眠。
立秋向日葵花放,处暑西楼听晚蝉。
翡翠园中零白露,秋分折桂月华天。
烂柯山⑥寒露惊鸿雁,霜降芦花红蓼⑦滩。
立冬畅饮麒麟阁⑧,绣襦⑨小雪咏诗篇。
幽闺大雪红炉暖,冬至琵琶懒去弹。
小寒高卧邯郸梦⑩,一捧雪飘交大寒。
转眼秣陵⑪春又到,白兔乌飞⑫又一年。

---

① 选自任国玉等编著《中华气象谚语大观》,气象出版社2012年版,有改动。马如飞,清末同治、光绪年间苏州著名弹词艺人。
② 霄光:月光,此处又指传说中的宝剑名,明传奇有《霄光记》,又名《霄光剑》。
③ 初交:初至。
④ 玉簪:一种草本植物,此处又指传奇《玉簪记》。
⑤ 义侠:明代有敷演武松故事的戏曲《义侠记》。
⑥ 烂柯山:相传晋朝樵夫王质遇到神仙的地方。据说他入山见仙人下棋,观棋入迷,回过神来斧子柄都烂了,回到家中同代人都已经老死了。
⑦ 红蓼(liǎo):一种草本植物,花红色。
⑧ 麒麟阁:汉代阁名,里面供奉功臣画像。
⑨ 襦(rú):袄。
⑩ 邯郸梦:即"黄粱一梦"的故事,卢生在邯郸旅店住宿,梦见享受荣华富贵,醒来黄米饭还没煮熟。
⑪ 秣(mò)陵:古地名,在今江苏省南京市。此处又指传奇《秣陵春》。
⑫ 白兔乌飞:日月轮转,时间流逝。传说月亮中有玉兔,太阳中有三足乌,因此常以白兔指月亮,金乌代指太阳。

【释义】

　　立春之前,西边园子里的梅花开了。黑云盖住了月光,小雨连连下着。刚刚到了惊蛰时节,鲤鱼就在河中跳跃。春分时节,蝴蝶在花间做着好梦。清明时节放风筝,经常会失误。谷雨时节,西边的房子里正好养蚕。牡丹亭上,到了立夏,花儿零落。厅堂前面,到了小满,玉簪花铺成一片。芒种时,隔着小溪都能感受到渔家的乐趣。夏至时,连义侠武松这样的人都得一起耕田。小暑时,身上穿着白罗衫。大暑时,在望江亭上对着风睡觉。立秋时,向日葵开花。处暑时,在西楼听傍晚的蝉鸣。翡翠园中,白露降落。秋分时节,在月色中攀折桂枝。烂柯山上,寒露降下惊扰了鸿雁。红蓼滩上,霜降染白了芦花。立冬时在麒麟阁畅饮。小雪时穿着锦绣短袄,吟咏诗篇。大雪时幽闺中红炉烧得暖融融,冬至时琵琶放着懒得弹。小寒时高枕而卧,做一场邯郸梦。雪花飘荡,大寒来临。转眼春天又来到秣陵,日月轮转,光阴飞逝,又是一年。

【简析】

　　对于农耕文明来说,节气规律关系到作物栽种、培植、收获的时机。远在战国时期,我国就确立了二十四节气,即立春、雨水、惊蛰、春分、清明、谷雨、立夏、小满、芒种、夏至、小暑、大暑、立秋、处暑、白露、秋分、寒露、霜降、立冬、小雪、大雪、冬至、小寒、大寒。这对指导农业生产意义重大。例如"清明前后,种瓜种豆"之类的农谚,就反映了节气与农时的紧密关系。清代苏州弹词艺人马如飞独出心裁,将当时流传的戏文名嵌入节气歌中,正好对应各个节气的物候。这些戏曲分别是:《西园记》、《霄光剑》、《跃鲤记》、《蝴蝶梦》、《风筝误》、《西厢记》、《牡丹亭》、《玉簪记》、《渔家乐》、《义侠记》、《白罗衫》、《望江亭》、《葵花记》、《西楼记》、《翡翠园》、《折桂记》、《烂柯山》、《惊鸿记》、《芦花记》、《麒麟阁》、《绣襦记》、《幽闺记》、《琵琶记》、《邯郸梦》、《一捧雪》、《秣陵春》、《白兔记》。虽然这些戏文在今天大部分已少有人知,但当时这首弹词的听众却非常熟悉,表演效果可想而知。

【思辨】

　　为何现代社会中,人们对二十四节气的重视程度有所下降?

七、蚕赋①

《荀子》

【原文】

　　有物于此,㒩㒩②兮其状,屡化③如神。功被④天下,为万世文⑤。礼乐以成,贵贱以分。养老长幼,待之而后存。名号不美,与暴为邻⑥。功立而身废⑦,事成而家败⑧。弃其耆老⑨,收其后世⑩。人属⑪所利,飞鸟所害。臣愚而不识,请占之五泰⑫。

　　五泰占之曰:此夫身女好⑬而头马首⑭者与⑮?屡化而不寿⑯者与?善壮⑰而拙老⑱者与?有父母而无牝牡⑲者与?冬伏而夏游,食桑而吐丝,前乱而后治⑳,夏生而恶暑,喜湿㉑而恶雨。蛹以为母,蛾以为父。三俯㉒三

---

① 选自《荀子·赋篇》,见王先谦《荀子集解》,中华书局 1988 年版。《荀子》一书集中体现了荀子的学说。荀子,名况,字卿,又称孙卿,战国时期赵国人,儒家学派的代表人物之一。
② 㒩(luǒ)㒩:光秃秃没有羽毛的样子。
③ 屡化:多次变化,指蚕多次蜕皮,最后成蛹,又变成蛾。
④ 被:遍布。
⑤ 文:装饰。
⑥ 与暴为邻:与暴虐邻近,这是说,因为发音相似,很容易让人想起"残"、"惨"之类的词。
⑦ 身废:指蚕蛹被毁弃。
⑧ 家败:指蚕茧的丝被抽出用来纺织丝绸等。
⑨ 耆(qí)老:老人,这里指蚕蛾。
⑩ 后世:后代子孙,这里指蚕种。
⑪ 人属:人类。
⑫ 五泰:传说中的五帝,有不同说法,此处指少昊(hào)、颛(zhuān)顼(xū)、帝喾(kù)、唐尧、虞舜。
⑬ 女好:柔软的样子。
⑭ 头马首:脑袋像马头。
⑮ 与:同"欤(yú)",句末语气词。
⑯ 不寿:不长寿。
⑰ 善壮:年轻时受到善待。
⑱ 拙老:年老时处境恶劣。
⑲ 牝(pìn)牡:雌雄。
⑳ 治:有条理。
㉑ 喜湿:蚕种孵化时要用水打湿,所以说"喜湿"。
㉒ 俯:俯身休眠。

起,事乃大已①,夫是之谓蚕理。蚕。

【释义】

　　这里有这么一种东西,外表光秃秃的不生毛羽,多次变化非常神奇。它的功绩布满天下,万世的人们都靠它来装饰。礼乐凭借它得以完成,贵贱凭借它得以区分。奉养老人、抚养小孩,要靠它才能够做到。它的名字不好听,与暴虐的意思相近。它建立了功德,可是自己被毁弃;事情做完了,可是连房屋都被拆毁。它的老人被抛弃,它的后代被留下。人类利用它,飞鸟残害它。我很愚笨,不知道它是什么,请允许我向传说中的五帝占卜求证。

　　占验的结果是:这是身子很柔软而脑袋像马头的东西吧?是多次变化,却不能长寿的东西吧?是年轻时受到善待,年老时处境恶劣的东西吧?是有父母却分不出雌雄的东西吧?它冬天潜伏夏天出游;吃桑叶吐丝,结茧的丝前面乱而后面有条理;生在夏天,却厌恶暑热;喜欢潮湿,却厌恶下雨。它把蛹和蛾当做父母。它三次俯身休眠,又三次苏醒生长,之后事情才全部做完,这就是蚕的天性。谜底就是蚕。

【简析】

　　考古证明,中国早在新石器时代就已经养蚕。周代已经有了专用的蚕室。这篇赋以隐语的形式,概括了当时人们对于蚕的习性的认识,体现了战国时期养蚕技术的发展。在荀子的笔下,蚕的形象是柔弱而又坚强的,它多次变化,逐渐成人,寿命很短,却吐丝成茧。它为人类做出贡献,然而下场悲惨,蚕蛹被杀,蚕茧被拿去缫丝。难道它的天性就是为人类奉献吗?这一点引人深思。

【思辨】

　　"春蚕到死丝方尽",如何理解蚕的奉献精神?脱离人类中心主义的视角来看,会有何不同的认识?

---

① 大已:全部完成。

八、织机赋①

杨　泉

【原文】

伊②百工之为伎③，莫机巧④之最长。似人君之列位⑤，象⑥百官之设张⑦。立匡郭⑧之制度，如城隅⑨之员⑩方。应万机⑪以布错⑫，实变态⑬之有章⑭。

是以孟秋⑮之月，首杀庶物⑯，工民呈材⑰，取彼椅梓⑱，贞⑲干修⑳枝，名匠骋工，美乎利器。心畅体通，肤合理同㉑。规矩尽法㉒，因事作容。好无不媚㉓，事无不供㉔。

---

① 选自《艺文类聚》，明嘉靖七年胡缵宗刻本。《艺文类聚》由唐代初年欧阳询等人奉敕编纂，是中国最早的一部类书，分门别类摘录汇编资料，征引古籍1400余种。杨泉，生卒年不详，字德渊，梁国（今河南商丘）人，西晋时期文学家、哲学家。
② 伊：发语词。
③ 伎：各种技艺。
④ 机巧：织布机的工巧。
⑤ 列位：排列位次。
⑥ 象：比拟。
⑦ 设张：陈设铺排。张，铺。
⑧ 匡郭（kuò）：轮廓，一作"匡廓"。
⑨ 城隅：城角。原为"城隔"，据《历代赋汇》改。
⑩ 员：通"圆"。
⑪ 万机：千变万化的事物。
⑫ 布错：交错布置。
⑬ 变态：变化形态。
⑭ 有章：有条理。
⑮ 孟秋：初秋，农历七月。
⑯ 首杀庶物：天气开始肃杀，使得万物凋零。庶物，万物。
⑰ 呈材：施展才能。
⑱ 椅（yī）梓（zǐ）：椅和梓都是树名。
⑲ 贞：直。
⑳ 修：长。
㉑ 肤合理同：外在的皮肤与内在的神理一致。
㉒ 法：取法，效法，这里指遵守。
㉓ 好无不媚：喜好的无不取悦。
㉔ 事无不供：事情所需无不供应。

于是乎女工就①，素丝轻，贯综纪②，简奸清③。织女扬翚④，美乎如芒⑤；丽姿妍雅，动有令⑥光。足闲⑦蹈躞，手习槛匡⑧。节奏相应，五声⑨激扬。浊者含宫，清者应商。和声成柔，慷慨成刚。屈申⑩舒缩，沉浮抑扬。开以厌间⑪，阆以高梁⑫。进以悬鱼⑬，退以侠强⑭。气变相应，阴感乎阳。僶⑮俛不及，进却⑯颉颃⑰。事物之宜，法天之常⑱。既合利用，得道之方。

【释义】

论到各种工艺的技巧，织布机最高，其余没有比得上它的。它有条不紊，就像国君在安排位次，文武百官全都按序排列。有制度，框定了轮廓；有规矩，好比设置了城角是圆是方。交错陈设，适应千变万化的事物，变化中却还能做到井井有条。

所以制作就必须精良。在初秋七月，天气开始肃杀，万物凋零，工人们施展才能，选取修长挺直的枝干。有名的工匠施展自己的技艺，拿出自己精美的工具。这时候身心通畅，外在内在互相契合。制作完全符合规矩，根据实际的需求，做出了应有的外形。人们的喜好无不取悦，现实所需无不供应。

于是纺织的女工就位了，素色的丝线轻盈地穿过了综，使得经线和纬线交织。织布女子的动作，如同鸟儿展翅飞翔，姿态美丽优雅，举动间似乎闪耀着光芒。脚娴熟地踩踏，手熟练地在边框移动。节奏互相应和，五音激荡高扬。低沉的音蕴含着宫，清脆的音应和着商。和谐的声音很柔婉，慷慨的声音很刚强。有时曲折收缩，有时伸展舒张。有时低沉压抑，有时上浮高扬。声音放开，充满了屋子；声

---

① 就：就位。
② 贯综(zèng)纪：丝头穿过综，使经线和纬线交织。综，织布机上的一种装置，使经线交错以接受纬线。
③ 简奸清：挑选区分不好的和好的。简，挑选。清，指好的丝帛，与"奸"相对。
④ 扬翚(huī)：展开翅膀飞。翚，拍动翅膀疾飞。
⑤ 芒：光芒。
⑥ 令：美好。
⑦ 闲：通"娴"，娴熟。
⑧ 槛匡：织布机的边框。匡，"框"的古字。
⑨ 五声：指宫、商、角、徵(zhǐ)、羽。
⑩ 屈申：即"屈伸"。
⑪ 厌间：满间，指声音充满屋子。
⑫ 高梁：高扬到屋梁上。
⑬ 以(sì)悬鱼：好似上钩的鱼。以，通"似"。
⑭ 侠强：任侠豪强的人。
⑮ 僶(mǐn)俛(miǎn)：努力。
⑯ 却：后退。
⑰ 颉(xié)颃(háng)：鸟上下飞。
⑱ 常：恒常不变的规律。

音闭合，似乎声在屋梁。声音往前，感觉如同上钩的鱼儿；声音往后，风格类似任侠豪强的人。阴和阳互相感应，又和人精神的变化相呼应。这些女子努力工作，生怕赶不及；她们前进后退，好像鸟儿在上下翻飞。织布机是适宜的事物，合乎自然的规律。既有实用的意义，又合乎大道之方。

【简析】

纺织是技巧性非常强的一门工艺。纺织工具的变革，能对人类的基本生活造成重大的影响。杨泉的这篇赋，写出了三国两晋时期织布机从选材到制作的过程，并且绘声绘色地描摹了织布女工们劳动的场景，使得读者如见其形，如闻其声。

【思辨】

根据本文的描述，作者所理解的工艺之巧与自然之道的关系如何？

九、马钧传①

傅 玄

【原文】

马先生钧,字德衡,天下之名巧②也。少而游豫③,不自知其为巧也。当此之时,言不及巧,焉可以言知④乎?

为博士⑤,居贫,乃思绫机⑥之变,不言而世人知其巧矣。旧绫机五十综者五十蹑⑦,六十综者六十蹑。先生患其丧功费日,乃皆易以十二蹑。其奇文⑧异变因感而作⑨者,犹自然之成形,阴阳之无穷。此轮扁之对⑩,不可以言言⑪者,又焉可以言校⑫也?

先生为给事中⑬,与常侍⑭高堂隆、骁骑将军秦朗争论于朝,言及指南车。二子谓古无指南车,记⑮言之虚也。先生曰:"古有之。未之思⑯耳,夫

---

① 节选自严可均校辑《全上古三代秦汉三国两晋南北朝文》,中华书局1958年版。傅玄(217—278),字休奕,北地泥阳县(今属陕西铜川市)人,西晋文学家、思想家。马钧,生卒年不详,字德衡,扶风(今陕西兴平市东南)人,三国时期魏国著名的机械发明家。
② 名巧:著名的精通工艺的人。
③ 游豫:游乐。
④ 言知:称得上知名。
⑤ 博士:官名,是学有专长的顾问人员。
⑥ 绫(líng)机:织绫的纺织机。绫,一种细薄而有花纹的丝织品。
⑦ 蹑(niè):织机的脚踏板。
⑧ 奇文:奇特花纹。
⑨ 因感而作:根据人们的想法而自由制作。
⑩ 轮扁之对:《庄子·天运》中的典故,制作车轮的巧匠轮扁回答齐桓公的问话,称真正高超的技艺是无法用语言传达的。
⑪ 言言:用语言表达。
⑫ 言校:用语言来校验、验证。
⑬ 给事中:官名,掌顾问应对。
⑭ 常侍:官名,此处是散骑常侍的简称。
⑮ 记:典籍的记载。
⑯ 未之思:"未思之"的倒装,没有好好去思考它。

何远之有①?"二子哂②之曰:"先生名钧,字德衡。钧者器之模③,而衡者所以定物之轻重,轻重无准而莫不模哉!"先生曰:"虚争空言,不如试之易效也。"于是二子遂以白④明帝⑤,诏先生作之,而指南车成。此一异也,又不可以言者也。从是,天下服其巧矣。

居京师,都城内有地可以为园,患无水以溉。先生乃作翻车⑥,令童儿转之,而灌水自覆⑦,更入更出⑧,其功百倍于常。此二异也。

其后有人上百戏⑨者,能设而不能动也。帝以问先生:"可动否?"对曰:"可动。"帝曰:"其巧可益⑩否?"对曰:"可益。"受诏作之。以大木雕构,使其形若轮,平地施之,潜以水发⑪焉。设为女乐⑫舞象⑬,至令木人击鼓吹箫;作山岳,使木人跳丸⑭、掷剑⑮、缘絙⑯、倒立,出入自在,百官行署⑰,舂磨⑱、斗鸡,变化百端。此三异也。

先生见诸葛亮连弩,曰:"巧则巧矣,未尽善也。"言作之可令加五倍。又患发石车,敌人于楼边县⑲湿牛皮,中之则堕,石不能连属⑳而至。欲作一轮,县大石数十,以机鼓轮㉑,为常㉒则以断县石㉓,飞击敌城,使首尾电至㉔。尝试以车轮县瓴甓㉕数十,飞之数百步矣。

---

① 何远之有,"有何远"的倒装,哪里是什么遥远的事。
② 哂(shěn):讥笑。下面是这两个人拿马钧的名和字做文章,嘲笑马钧似乎觉得自己能模铸一切。
③ 模:模型。
④ 白:禀告。
⑤ 明帝:魏明帝曹叡(ruì)。
⑥ 翻车:龙骨水车。
⑦ 自覆:自己倒出来。
⑧ 更入更出:装进去再倒出来,循环往复。
⑨ 百戏:各种杂艺的总称,这里指木偶。
⑩ 益:增益,改进。
⑪ 潜以水发:暗中以水力推动。
⑫ 女乐:歌舞伎。
⑬ 舞象:武舞,拿着兵器舞蹈。
⑭ 跳丸:抛球。
⑮ 掷剑:抛接剑。
⑯ 缘絙(gēng):走绳索。
⑰ 百官行署:扮演百官在官署办公。
⑱ 舂(chōng)磨:舂米磨面。舂,用杵臼捣米去皮。
⑲ 县(xuán):通"悬",悬挂。
⑳ 连属(zhǔ):接连,连续。
㉑ 以机鼓轮:用机械的力量转动轮子。
㉒ 为常:形成恒定的节奏。
㉓ 断县石:断开连接的绳索,使轮子上悬挂的石头向着目标飞出去。
㉔ 首尾电至:石头一块块首尾相接,像闪电一样击中。
㉕ 瓴(líng)甓(pì):砖块。

马先生之巧,虽古公输般、墨翟、王尔①,近汉世张平子,不能过也。公输般、墨翟皆见用②于时,乃有益于世。平子虽为侍中③,马先生虽给事省中,俱不典工官④,巧无益于世,用人不当其才,闻贤不试以事,良可恨⑤也。

【释义】

马钧先生,字德衡,是天下著名的精通工艺的人。年轻的时候,过着游乐的日子,自己也没有认识到自己技艺高超。这时候,他自己从来不谈与工巧有关的话题,又哪里谈得上因技艺高超而知名呢?

马钧做博士的时候,生活穷困,于是就想改造绫机,这时候他即使自己不说,天下人也知道他技艺高超了。旧有的绫机,五十综的有五十个脚踏板,六十综的有六十个脚踏板。马钧嫌这样费工费力,全部换成十二个脚踏板。经过他改造的绫机,能够根据人们的想法,自由制作出变化多端的奇特花纹,就好像自然生成形态,阴阳二气变化无穷一样。这样的创造发明,如同轮扁回答齐桓公时所说的,是不能够用语言来表达的,又怎么可以用语言来校验呢?

马钧先生做给事中的时候,和常侍高堂隆、骁骑将军秦朗在朝廷中争论,说到了指南车。这两个人说古时候根本没有指南车,典籍的记载是靠不住的。马钧先生说:"古时候是有指南车的,你们没有好好去思考它。制造指南车,哪里是什么遥不可及的事呢?"这两个人讥笑他说:"先生你的名是'钧',你的字是'德衡'。'钧'的意思是器具的模型,'衡'的意思是称量事物的轻重。你连准确判断事物轻重都做不到,难道还真以为没有什么是你不能做的模型吗?"马钧先生说:"在这里说空话争论没用,不如试一试,就很容易验证了。"于是这两个人就去禀告魏明帝,魏明帝下诏让马钧制作。结果指南车真的做成了。这是一件奇异的事,又是难以用语言形容的。从这之后,天下的人都佩服他高超的技艺。

马钧先生住在京城时,城中有一块地可以做园子,只愁没有水来灌溉。他于是就做了翻车,让儿童转动,灌溉的水就自己倒出来。水进去再出来,循环往复,效率是普通灌溉方法的百倍。这是第二件奇异的事情。

这之后有人献给朝廷木偶人,然而只能作为摆设,不会动。皇帝拿这个问马钧先生:"可以让它动吗?"回答说:"可以。"皇帝说:"技艺可以改进吗?"回答说:"可以改进。"于是马钧受命制作。他拿大木头雕刻构造,让它的形状像轮子一样,

---

① 王尔:战国时巧匠。
② 见用:被重用。见,表被动。
③ 侍中:官名,皇帝左右的高级顾问官。张衡曾做侍中。
④ 典工官:掌管工程巧艺的官职。
⑤ 良可恨:实在遗憾。良,实在。恨,遗憾。

在平地上放着,暗中用水力推动。又做成歌舞伎的样子,让她们拿着兵器跳舞,又让木偶敲鼓吹箫。又做了山岳,让木偶在上面抛球、抛接剑、走绳索、倒立,进进出出自由自在。又有木偶扮演百官在官署办公,还有的在舂米、磨面、斗鸡等等,千变万化。这是第三桩奇异的事情。

马钧先生见到了诸葛亮发明的连弩,说:"巧妙是巧妙的,但是还没有尽善尽美。"他说自己改进一下可以让效率提高五倍。当时的发石车有一个令人忧虑的缺点:如果敌人在城楼边上悬挂湿牛皮,石块打中了就会掉下来,而且石头不能连续发射。马先生打算做一个转轮,挂着几十块大石头,用机械的力量推动轮子,等到轮子的转动形成恒定的节奏,就可以断开连接的绳索,让挂着的石头飞去击中敌人的城墙。块块石头首尾相接,像闪电一样,造成连续打击。他曾经尝试拿车轮悬挂几十块砖头,一发射能够飞出去几百步远。

马钧先生技艺的精巧程度,即使是古时候的公输班、墨子、王尔,近代汉朝的张衡,也不能超过他。公输班和墨子都在当时受到重用,所以对当时的社会有帮助。张衡虽然做过侍中,马钧虽然做过给事中,却都不是掌管工程巧艺的官员,以至于他们的高超技艺对社会都没有起到应有的助益作用。任用人才却不能做到让他们施展特长,知道人的贤德,却不拿实际的事情来检验他们的才能,这实在是一种遗憾呀。

【简析】

傅玄写了马钧的种种巧事:改造绫机、做出古籍记载的指南车、制作龙骨水车、改进百戏偶人使之能自动表演、改进连弩和发石车,这些都体现了马钧的高超技艺。而马钧与高堂隆、秦朗的争论,又体现了他重视实践的精神。但是这样一位发明家,却没有专才专用,没有机会掌管工程巧艺。高堂隆等人的"空言",实际上代表了当时社会不重科学的倾向。傅玄对马钧怀才不遇的感慨,已经触及到科学家在社会中的定位以及科学发展需要怎样的社会环境等问题。

【思辨】

如何评价马钧不尚空谈而重视实践的精神?

十、华佗传[①]

《三国志》

【原文】

华佗字元化,沛国谯[②]人也,一名旉[③]。游学徐土[④],兼通数经。沛相陈珪举孝廉[⑤],太尉黄琬辟[⑥],皆不就[⑦]。

晓养性之术,时人以为年且百岁而貌有壮容。又精方药,其疗疾,合汤[⑧]不过数种,心解分剂[⑨],不复称量,煮熟便饮,语其节度[⑩],舍去[⑪]辄愈。若当灸[⑫],不过一两处,每处不过七八壮[⑬],病亦应除[⑭]。若当针[⑮],亦不过一两处,下针言:"当引某许,若至,语人。"病者言"已到",应[⑯]便拔针,病亦行差[⑰]。若病结积在内,针药所不能及,当须刳[⑱]割者,便饮其麻沸散,须臾[⑲]便如醉死,无所知,因破取。病若在肠中,便断肠湔洗[⑳],缝腹膏摩,四五日,

---

[①] 节选自《三国志·魏书·方技传》,中华书局1999年版。题目为作者所加。《三国志》由西晋史学家陈寿撰写,是一部纪传体国别史书,记载了三国时期魏、蜀、吴的历史。华佗,东汉末年杰出的医学家,与张仲景齐名。
[②] 谯(qiáo):地名,在今安徽亳州市。
[③] 旉(fū):华佗的本名,因其医术高超,民间比附佛教中神医的故事,称他为"华佗"。
[④] 徐土:徐州。
[⑤] 孝廉:汉代选拔推荐官员的科目,以孝顺廉正为标准。
[⑥] 辟(bì):征召,举荐。
[⑦] 就:就职,接受任职。
[⑧] 合汤:调和制作汤药。
[⑨] 心解分剂:内心清楚分量和药剂的比例。
[⑩] 节度:节制约束,指服药的注意事项。
[⑪] 舍去:看完病离开。
[⑫] 灸:中医用艾绒燃烧熏灸人体穴位的治疗方法。
[⑬] 壮:量词,每灸一个艾柱为一壮。
[⑭] 应除:随着艾灸而疾病得以解除。
[⑮] 针:中医用针刺穴位的治疗方法。
[⑯] 应:应声。
[⑰] 差(chài):通"瘥",痊愈。
[⑱] 刳(kū):剖。
[⑲] 须臾:片刻。
[⑳] 湔(jiān)洗:洗涤。

差,不痛,人亦不自寤,一月之间,即平复矣。

府吏兒①寻、李延共止②,俱头痛身热,所苦正同。佗曰:"寻当下③之,延当发汗。"或难④其异,佗曰:"寻外实⑤,延内实,故治之宜殊。"即各与药,明旦⑥并起。

又有一郡守病,佗以为其人盛怒则差,乃多受其货⑦而不加治,无何弃去,留书骂之。郡守果大怒,令人追捉杀佗。郡守子知之,属⑧使勿逐。守嗔恚⑨既甚,吐黑血数升而愈。

太祖⑩闻而召佗,佗常在左右。太祖苦头风⑪,每发,心乱目眩,佗针鬲⑫,随手而差。

然本作士人,以医见业,意常自悔。后太祖亲理⑬,得病笃重,使佗专视。佗曰:"此近难济⑭,恒事攻治,可延岁月。"佗久远家思归,因曰:"当得家书,方欲暂还耳。"到家,辞以妻病,数乞期⑮不反。太祖累书⑯呼,又敕郡县发遣。佗恃能厌食事⑰,犹不上道。太祖大怒,使人往检。若妻信⑱病,赐小豆四十斛⑲,宽假限日;若其虚诈,便收送⑳之。于是传付㉑许狱,考验首服㉒。荀彧㉓请曰:"佗术实工,人命所县,宜含宥㉔之。"太祖曰:"不忧㉕,天下当无此鼠

---

① 兒(ní):姓。
② 共止:住在一起。
③ 下:疏导让病气下泄。
④ 难(nàn):责问。
⑤ 实:邪气盛为实。外实表现为发烧畏寒等,内实表现为发烧腹胀等。
⑥ 明旦:第二天早上。
⑦ 货:财物。
⑧ 属(zhǔ):通"嘱",嘱咐,嘱托。
⑨ 嗔(chēn)恚(huì):愤怒。
⑩ 太祖:指曹操。
⑪ 头风:发作时头疼目眩的病。
⑫ 鬲(gé):人体的一个穴位,在脊骨第七椎下两旁。
⑬ 亲理:亲自处理朝政。
⑭ 济:成功。
⑮ 数(shuò)乞期:屡次请求延期。
⑯ 累书:多次写信。
⑰ 厌食事:厌恶靠侍奉别人谋生。
⑱ 信:确实。
⑲ 斛(hú):量词,一斛为十斗。
⑳ 收送:逮捕押送。
㉑ 传付:传递交付。
㉒ 首服:坦白服罪。
㉓ 荀彧(yù):曹操的谋士。
㉔ 含宥(yòu):宽恕原谅。
㉕ 不忧:不怕。

辈耶?"遂考竟①佗。佗临死,出一卷书与狱吏,曰:"此可以活人。"吏畏法不受,佗亦不强,索火烧之。

佗死后,太祖头风未除。太祖曰:"佗能愈此。小人养吾病②,欲以自重,然吾不杀此子,亦终当不为我断此根原③耳。"及后爱子仓舒④病困,太祖叹曰:"吾悔杀华佗,令此儿强死⑤也。"

【释义】

华佗字元化,是沛国谯县人,一名旉。他曾在徐州游学,同时精通好几部经书。沛国的宰相陈珪推举他为孝廉,太尉黄琬征召他,他都不肯接受任职。

华佗通晓养生的方法,当时的人认为他年龄接近百岁了,但是容貌还像个壮年人。他又精通方术药理,治病的时候,调和制作汤药不过用几种药材,内心很清楚分量和药剂的比例。用药的时候用不着再称重量,煮熟了就能让病人喝。又告知用药的注意事项,病人看完后离开就会痊愈。如果应该用艾灸,不过灸一两个地方,每个地方不过灸七八壮。随着艾灸完成,病也就得以去除。如果应该用针,也不过在一两个地方下针。华佗在下针的时候说:"针要走到大约某个地方,如果到了,你就告诉我。"病人说"已经走到了",他就应声拔出针,病也就差不多好了。如果病根郁结集聚在体内,针灸汤药都不合用,应该剖开割除,他就让病人喝麻沸散,一会儿病人就像喝醉酒一样昏死没有知觉了。然后华佗就剖开病人的身体取出病根。病如果在肠子里,就截断肠子洗涤,完成后在腹部缝合,抹上药膏,过了四五天伤口就愈合了。不疼,病人自己也没有知觉,一个月之间,就完全康复。

府吏兒寻、李延两人住在一起,都头疼发热,所害的病症状一样。华佗说:"兒寻应该用疏导的办法,让病气下泻;李延应该发汗。"有人责问他为什么治疗方法不一样。华佗说:"兒寻属于外实,李延属于内实,所以治疗的方法应该不一样。"华佗就分别给他们用不同的药,第二天早上两个人全都病好能起身了。

又有一个郡守生病,华佗认为只要让这个人大怒病就会好,所以收了很多的钱财,却不给他治病,没过多久丢下他走掉了,还留下信骂他。郡守果然大怒,派人去追杀华佗。郡守的儿子知道实情,嘱咐派出去的人不要真的去追。郡守气得非常厉害,吐了几升黑血,然后病就痊愈了。

曹操听说这些,就征召华佗,常让他在身边侍奉。曹操苦于头风病,每次发作

---

① 考竟:拷打至死。
② 养吾病:留着我的病故意不治好。
③ 根原:病根。
④ 仓舒:曹冲。
⑤ 强死:不可挽救地死。

都心乱眼花。华佗用针扎鬲穴,一扎症状就消失了。

  但是华佗本来是读书人,却把医术作为职业,心里常常后悔。后来曹操亲自处理政事的时候,得了更加严重的病,让华佗专门给自己看病。华佗说:"这个病在短期内很难治好,需要长时间持续不断的治疗,然后才可以延寿。"华佗远离家乡很长时间了,想要回去,于是说:"刚得到家里来信,想要暂时回去一下。"等他到家后,就拿妻子生病为理由推脱,屡次请求延期,一直不肯回到曹操身边。曹操多次写信叫他,又下令让郡县打发他出发。华佗倚仗自己的才能,不愿靠侍奉别人谋生,还是不肯上路。曹操非常生气,派人去查验,如果他的妻子真的生病,就赐给他四十斛小豆,再宽限他一些日子;如果他是骗人的,就逮捕并押送他。于是华佗被捕,押送到许地的监狱里。经过审讯,他坦白服罪。荀彧请求说:"华佗的医术实在高明,这关系到人的生死,应该包涵宽恕他。"曹操说:"不用担心,天下难道就没有别的像他这样的鼠辈了吗?"于是最终把华佗拷打至死。华佗临死的时候拿出一卷书,送给监狱的看守,说:"里面的医术可以救人。"看守害怕犯法,不肯接受。华佗也不勉强,要来火烧掉了。

  华佗死后,曹操的头风病还没有根除。他说:"华佗其实能治好我这种病。这个小子故意留着我的病不根治,想靠这个来抬高自己。那么就算我不杀他,他也最终不会为我断除这个病根。"等到后来,曹操的爱子曹冲病得厉害,才叹息着说:"我后悔杀了华佗,让这个孩子无可挽救地死去。"

【简析】

  《三国志》中记载华佗使用麻沸散进行剖腹,这是世界医学史上有关全身麻醉手术的最早记录。华佗即使面对相同环境中呈现相同症状的病人,也能看出不同而对症下药。为了使病人痊愈,竟然甘冒风险故意激怒对方。可见他行医不拘一格,富有创造性。然而即使医术精妙至此,他也无法避免强权的压迫。曹操怀疑华佗的医德,认为他故意不肯治愈自己,又践踏华佗的人格,逼迫他专门为自己服务,就连最后因为爱子重病而说的所谓后悔的话,也显示出他仍是把华佗作为工具看待。而华佗不愿意专门服侍曹操,不愿意仅仅作为一个工具而存在。于是他以欺骗的方式拖延时日,最终死于狱中,连医书都无法传下来。考虑到个人性格与政治环境的因素,他的悲剧是无法避免的。

【思辨】

  对于中医的科学性问题,人们一直有着种种争论。请查阅相关资料,然后谈谈自己的看法。

【内容概要】

对于中国古代的科学技术,世界著名科学史家李约瑟在其巨著《中国科学技术史》中指出了令人困惑的现象:一方面,中国"在3到13世纪之间保持一个西方所望尘莫及的科学知识水平","发明和发现往往远远超过同时代的欧洲";而另一方面,中国的科学"持续停留在经验阶段,并且只有原始型的或中古型的理论",最终"欧洲在16世纪以后就诞生了近代科学","而中国文明却未能在亚洲产生与此相似的近代科学"。①

李约瑟的话有两层意思,一是中国古代的科学技术取得了辉煌成就,对人类文明做出了重大贡献。本单元所选的文献,虽然仅仅涵盖了天文历法、农学、物理、化学、机械制作、医药卫生等有限领域,但是也足以说明问题。

造纸术、印刷术、指南针、火药,作为"四大发明",已经成为具有代表性的成果,体现了我国古代科学技术在世界上的领先水平,也成为民族自信力的源泉。例如英国哲学家培根在1620年的《新工具》一书中就指出,印刷、火药和磁石引发了学术、战事、航行方面的变革,可谓"在世界范围内把事物的全部面貌和情况都改变了"②。张衡、马钧等人发明或改进的地动仪、提花织布机、龙骨水车、发石车等,体现了中国古代机械制造方面的突出成就。作为典型的农业文明社会,中国的农学也非常发达,与此相适应的天文历法也非常完善,农历与节气对农业生产起着指导作用。中国的种植、养殖业都非常发达,特别是养蚕业及与之相关的丝绸制造业的兴盛,使得丝绸成为古中国的代表性产品。

然而李约瑟的话又含有另一层意思,那就是中国的科学技术史证明,本民族传统中含有阻碍科学发展的因素。认清这一事实,努力克服这些障碍,将有助于在今天进一步增强本民族的科学意识。

首先的障碍便是仅仅看重实际的技术,而忽视科学理论和科学精神。法国作家雨果在《笑面人》中不客气地说:"像印刷术、火炮、气球和麻醉药这些发明,中国人都比我们早。可是有一个区别,在欧洲,有一种发明,马上就生气勃勃地发展成为一种奇妙的东西,而在中国却依然停滞在胚胎状态,无声无臭。中国真是一个保存胎儿的酒精瓶。"③鲁迅也说:"外国用火药制造子弹御敌,中国却用它做爆竹

---

① (英)李约瑟.中国科学技术史(第一卷)[M].科学出版社、上海古籍出版社,1990:1—2.
② (英)弗朗西斯·培根.新工具[M].许宝骙,译.北京:商务印书馆,1984:103.
③ (法)维克多·雨果.笑面人[M].鲁膺,译.上海:上海译文出版社,2006:25.

敬神；外国用罗盘针航海，中国却用它看风水。"①传统中国的问题在于不是没有发明创造，而是无法做到以发明创造推动技术革命，也谈不上建立科学研究所需要的学科理论体系。这就导致中国古代的许多创造发明往往需要依附于玄学。例如火药配置，是以炼丹术的阴阳理论为指导。再如中医有许多杰出成就，然而在其理论体系中仍旧可以看出巫术的影响。总体来看，由"道"、"气"、"阴阳"等玄虚的概念构成的理论体系，制约了科学的进一步发展。而长期占主导地位的儒家思想，"不语怪力乱神"，关注现实社会的特点，也助长了仅仅重视实用技术而轻视理论研究的风气。

在古代中国，发明创造不能"生机勃勃地发展成为一种奇妙的东西"，而只能停滞不前，还在于整个社会没有倡导科学研究的文化氛围，也没有组织科学研究的意识。在生产实践中，创造发明自发地发生，处于自然状态，而无法形成应有的革新效应。在农业经济占主导地位的社会中，缺乏提高生产力的动力，工业方面的发明难以引起社会的重视。有才能的科学家在这样的社会中，往往不受重视，难以施展自己的才能。所以本单元的选文《马钧传》中，作者傅玄的喟叹是有现实依据的。

前事不忘，后事之师。了解过去，是为了反观现在，更好地走向未来。在当今科学昌明的时代，我们在观念上已经认识到科学与我们的人生紧密相连。然而，个体的人生总是需要放置在整个民族的背景下才能展开。所以，站在历史的高度，思考"为什么中国古代的科学技术没有得到持续发展，为什么近代科学革命没有在中国发生"的问题，并非无关乎我们个体生命的多余之举。

【文化链接】

阅读材料一

清末以来，在内忧外患、亡国灭种的压力下，国人对科学救国迅速产生了认同。五四时期，"赛先生"（科学）与"德先生"（民主）成为相提并论的响亮口号。胡

---

① 鲁迅. 伪自由书·电的利弊[M]//鲁迅. 鲁迅全集：第五卷. 北京：人民文学出版社，2005：18.

适1923年撰文写道:"这三十年来,有一名词在国内几乎做到了无上尊严的地位,无论懂与不懂,无论守旧与维新的人,都不敢公然对它表示轻视或戏侮的态度。那个名词就是科学。自从中国讲变法维新以来,没有一个自命为新人物的人敢公然毁谤科学的。"①

1923年2月起至1924年年底,知识界曾经围绕"科学能不能解决人生问题或人生观问题"展开论战。这次论战被称为"科玄论战",张君劢等人被称为"玄学派",丁文江、胡适等人被称为"科学派"。

张君劢认为科学不是万能的,人生很多东西是科学无法解释、无法支配的,人生观就是这样的东西。而丁文江则深信科学能解决所有问题,他声称:"科学不但无所谓向外,而且是教育同修养最好的工具。因为天天求真理,时时想破除成见,不但使学科学的人有求真理的能力,而且有爱真理的诚心。无论遇见什么事都能平心静气去分析研究,从复杂中求简单,从紊乱中求秩序;拿理论来训练他的意想,而意想力愈增;用经验来指示他的直觉,而直觉力愈活。了然于宇宙、生物、心理种种的关系,才能够真知道生活的乐趣。"②

这次论战的结果是,"最终,人们还是一致同意,科学赢得了宣传上的胜利"③。

20世纪以来,西方文化界不断有人反思科学技术对人类社会造成的负面影响。美国哲学家马尔库塞在其名著《单向度的人》中,对科学技术使人异化的问题进行了系统的探讨。马尔库塞认为,科学与技术具有明显的工具性和奴役性,成为人对人统治的工具。现代科技造出的机器捆绑了劳动者,使人异化为机器的附属物,成为流水线上的原子。人们因此丧失了自由,失去了独立思想与自主性,成为"单向度的人"。因此,马尔库塞提出了"提防一切技术拜物教"的强烈警告。④

---

① 胡适.科学与人生观序[M]//张君劢,等.科学与人生观.沈阳:辽宁教育出版社,1998:9.
② 丁文江.玄学与科学——评张君劢的人生观[M]//张君劢,等.科学与人生观.沈阳:辽宁教育出版社,1998:50.
③ (美)费侠莉.丁文江:科学与中国新文化[M].丁子霖,译.北京:新星出版社,2006:118.
④ (美)赫伯特·马尔库塞.单向度的人[M].刘继,译.上海:上海译文出版社,1989:211.

当今社会,人类已经从"工业时代"进入了信息时代。科学技术的发展给人们提供了便利,也造成了一些困扰。

2013年美国前中央情报局职员斯诺登披露绝密资料,使得美国国家安全局实施的绝密电子监听计划"棱镜"暴露在世人面前。根据这一项目的内容,个人的信息、邮件、视频、照片、语音聊天数据、视频会议、网络登录记录等都被政府监控。美国政府申辩这一计划的实施是出于国家安全方面的考虑。"棱镜门"引发了各国人民对公众隐私问题的关注和讨论。

在人们的日常生活中,注册各网站,使用各软件或者手机App等,往往都需要填写用户资料。用户往往会担忧,这些用户数据是否能得到有效保护。基于这些数据的商业分析,方便了人们购物、休闲娱乐等行为,但是个人的日常行为也将无所遁形。

【思考探究】

1. 科学在人的社会生活中应该扮演何种角色?
2. 科学技术的发展,到底是给了人类自由,还是奴役了人类?

第三单元

文学与人生

WEN XUE YU REN SHENG

【人生故事】

　　文学对于人生意味着什么？我们可以从一些掌故传说中了解与文学紧密相连的古代文学家乃至普通读者的生存状态，从他们的人生故事中得到启发。

　　晚唐诗人李商隐为英年早逝的"诗鬼"李贺写过小传，让我们知道了这位天才如何呕心沥血地作诗。李贺每次出去，总是骑着驴，带着一个小书童，背着一个破破烂烂的锦囊。一旦触景生情，想出了好句子，就立刻写下来，投到锦囊中去。回到家里，吃过晚饭后，就在灯下把锦囊中的诗句拿出来，研墨提笔，连缀成完整的作品。他的妈妈见到体弱多病的儿子几乎天天这样冥思苦想，常常心疼地说："这孩子真是要把心呕出来才肯罢休！"对李贺来说，诗歌简直就是他的命。也许就是因为有着这样极致的追求，使他在短短不足二十七年的生命中，创造出了永远流传的文学珍品。

　　很多文学家对作品精益求精。贾岛"两句三年得，一吟双泪流"的说法自然有些夸张，不过借此也可以领略这位"苦吟"诗人的风范。据说贾岛有次去参加科举考试，在驴背上想出了两句好诗："鸟宿池边树，僧敲月下门。"但是又觉得"僧推月下门"也很好，拿不定主意，就在驴上反复思索，还不断做出推和敲的姿势。迎面来了京兆尹，也就是京城的行政长官的车队，按当时的礼节行人必须回避。但是贾岛太专注了，不知不觉冲撞了仪仗队。当时代理京兆尹的是著名文学家韩愈。他听贾岛解释了事情的原委后，不但没有怪罪他，反而停住沉吟了很长时间，帮他一起斟酌，最后才说："还是'敲'字比较好。"

　　文学创造给文学家带来了成就感。在古代，文人聚在一起宴饮，有时候会吟诗作对，假如有出色的作品，博得他人叹服，自然是得意之事。而假如腹内草莽，诗作上不了台面，那就非常丢面子。这种活动很普遍，甚至有时候最高统治者也会凑热闹，在宴会上进行诗歌竞赛。据《新唐书》记载，有一次武则天游览洛阳龙门，宴会时命令群臣写诗，并且拿来一件锦袍作奖品。左史东虬最早写完，武则天看过，觉得不错，就把锦袍给他了。然后诗人宋之问也写好了，武则天一看，发觉水平远远超过东虬，居然又把锦袍抢回来，改赐给宋之问。

　　还有一个王昌龄、高适、王之涣三位唐代诗人旗亭画壁的故事，他们比的是诗作在民间流传的程度。旗亭是主管市场的官员的官舍，因悬着旗子而得名。在一个微微下雪的冬日，这三位诗人来到旗亭喝酒，围着炉子取暖。这时候，有四个漂亮的歌妓来演唱。于是三人约好，比一比谁的诗最受欢迎。先是一个歌妓唱了王昌龄的"寒雨连江夜入吴",又有一个歌妓唱了高适的"开箧泪沾臆",然后第三个歌妓唱了王昌龄的"奉帚平明金殿开"。王昌龄、高适就分别在墙上画了两道和一道来计数。这下王之涣不服气了,说:"这些歌妓唱的都是下里巴人,哪敢唱阳春白雪的曲子。"又指着那个最漂亮的穿紫衣服的歌妓说:"她如果唱的不是我的诗,我就认输,以后也不敢再跟你们争胜负了。要是唱我的,你们可得拜我为师。"一会儿那个紫衣歌妓一开口,唱的就是"黄河远上白云间"。王之涣说:"你们两个乡巴佬,我说的不错吧?"几个人哈哈大笑。当歌妓们知道了眼前这几位就是她们所唱诗歌的作者后,大为惊讶,连说:"我们真是凡夫俗子,有眼不识神仙!"

以上故事都是有关诗这种文学样式的。传统文学的样式各自有各自的魅力。作为读者,往往能与文学中蕴含的情感产生强烈共鸣。比如宋代诗人苏舜钦,住在岳父家,每天晚上读书都要喝一斗酒。他岳父觉得奇怪,偷偷去观察了一下。原来,苏舜钦是在读《汉书》,每读到精彩处就拍案而起,喝一大杯。他岳父不由得笑了,说:"有《汉书》下酒,喝一斗也不算多!"至于戏曲小说,更是影响深远,有的至今不断被诠释、改编、再创造,利用新的传播方式滋润着当代人的精神世界。

【文化原典】

一、采薇①

《诗经》

【原文】

采薇采薇,薇亦作②止③。曰④归曰归,岁亦莫⑤止。靡室靡家⑥,玁狁⑦之故。不遑⑧启居⑨,玁狁之故。

采薇采薇,薇亦柔止。曰归曰归,心亦忧止。忧心烈烈⑩,载饥载渴⑪。我戍⑫未定,靡使归聘⑬。

采薇采薇,薇亦刚⑭止。曰归曰归,岁亦阳⑮止。王事靡盬⑯,不遑启处⑰。忧心孔疚⑱,我行不来⑲!

---

① 选自《诗经·小雅》,见程俊英《诗经译注》,上海古籍出版社1985年版。《诗经》是我国第一部诗歌总集,收录自西周初到春秋中叶的诗歌305篇,另外又有笙诗6首,有目无辞。《诗经》在内容上可分为风、雅、颂三部分,其中,雅又分为"大雅"和"小雅"。《诗经》内容丰富,反映了西周到春秋中叶社会生活的各个方面。薇,野豌豆苗,嫩叶可以食用。
② 作:长出,这里指薇菜刚刚冒出地面。
③ 止:语气助词,无实义。
④ 曰:发语词,无实义。
⑤ 莫(mù):"暮"的古字。这里是年末的意思。
⑥ 靡(mǐ)室靡家:没有正常的家庭生活。靡,没有。
⑦ 玁(xiǎn)狁(yǔn):古代北方民族名,秦汉时被称为匈奴。
⑧ 遑(huáng):闲暇。
⑨ 启居:危坐与安坐。古人跪坐,两膝着地,安坐时臀部贴在足跟上,危坐时腰伸直,臀部离开足跟。
⑩ 烈烈:忧心如焚的样子。
⑪ 载饥载渴:又是饥又是渴。
⑫ 戍(shù):防守地点。
⑬ 聘(pìn):问候,探问。
⑭ 刚:坚硬。
⑮ 阳:十月小阳春季节。秋天将要结束,短暂回暖,严冬将至。
⑯ 盬(gǔ):止息,停息。
⑰ 启处:和"启居"意思相同。
⑱ 孔疚:非常痛苦。孔,非常。疚,病痛。
⑲ 我行不来(lài):从我出征,一直没人来慰问。来,同"勑",慰问。

彼尔①维②何?维常之华③。彼路④斯⑤何?君子⑥之车。戎车⑦既驾,四牡⑧业业⑨。岂敢定居?一月三捷⑩。

驾彼四牡,四牡骙骙⑪。君子所依⑫,小人⑬所腓⑭。四牡翼翼⑮,象弭鱼服⑯。岂不日戒⑰?玁狁孔棘⑱!

昔我往矣,杨柳依依。今我来思⑲,雨雪⑳霏霏㉑。行道迟迟㉒,载渴载饥。我心伤悲,莫知我哀!

【释义】

采薇啊采薇啊,薇菜已经冒出芽。回家吧,回家吧,时间已到年末啦。如同没有家一样,只因为玁狁来攻打。没有空闲坐下来,为跟玁狁去厮杀。

采薇啊采薇啊,薇菜嫩叶长得好。回家吧,回家吧,胸中忧思常缭绕。心里好像火在烧,又渴又饿太难熬。防守地点不确定,没有使者把信捎。

采薇啊采薇啊,薇菜枝干已变硬。回家吧,回家吧,十月阳春将入冬。国家之事不了结,没空坐下得休息。心中忧愁多苦痛,没人慰问我出征。

什么花儿开得盛?棠棣花儿开得盛。那些车儿谁来乘?高大战车将帅乘。驾起兵车要出征,四匹公马很威猛。要想安居怎能行,一月多次动刀兵。

驾上四匹大公马,四匹马儿高又大。将帅坐在战车上,士兵掩护借助它。四

---

① 尔:同"薾(ěr)",花盛开的样子。
② 维:是。
③ 常(táng)之华(huā):棠棣的花。常,通"棠"。华,同"花"。
④ 路:通"辂(lù)",高大的战车。
⑤ 斯:语气助词,无实义。
⑥ 君子:地位高者,此指将帅。
⑦ 戎(róng)车:兵车。
⑧ 牡(mǔ):雄马。
⑨ 业业:高大强壮的样子。
⑩ 捷:通"接",交战。
⑪ 骙(kuí)骙:马强壮的样子。
⑫ 依:乘坐。
⑬ 小人:地位低的人,此指士兵。
⑭ 腓(féi):庇护,掩护。士兵借战车作掩护。
⑮ 翼翼:排列整齐的样子。
⑯ 象弭(mǐ)鱼服:用象牙装饰的弓,用鱼皮做成的箭袋。弭,弓的一种。服,通"箙",箭袋。
⑰ 日戒:天天戒备。
⑱ 棘:通"急",紧急。
⑲ 思:语气助词,无实义。
⑳ 雨(yù)雪:下雪。
㉑ 霏霏:雪花繁多的样子。
㉒ 迟迟:缓慢。

匹马儿排齐整,鱼皮箭袋象牙弓。每日戒备不放松,战事紧急不消停。

昔日离家去戍边,杨柳依依随风吹。现在回程把家还,大雪飘扬又纷飞。道路泥泞难行走,又渴又饿又劳累。我的心中怀伤悲,又有何人能体会。

【简析】

这首诗表现了戍边战士的生活及归途中的复杂心情。前三章采用重章叠句的写法,由"作"、"柔"、"刚"三个字的变化,呈现了薇菜由刚刚长出,到嫩苗柔嫩,再到枝干坚硬的生长过程,与从"岁暮"到"岁阳"的时令变化相应,让读者清晰地触摸到时光流逝的痕迹。戍边生活的艰苦还可以忍受,而思乡的苦痛却难以消除。抒情主人公即使有着"我行不来"的牢骚,却在"一月三捷"的战争生活中,充满对己方军容的赞美,显示出报国的热情。终于行走在雨雪霏霏的回乡路上,却充满了伤感之情。末章中"昔我往矣,杨柳依依。今我来思,雨雪霏霏"是古今传诵的名句。王夫之在《姜斋诗话》中评论这几句是"以乐景写哀,以哀景写乐,一倍增其哀乐"。"杨柳依依"是乐景,写的却是出征戍边的悲哀之事;"雨雪霏霏"是哀景,写的却是得以回家的喜悦之事,而后面的"我心伤悲",又给这种喜悦掺杂了悲哀。

【思辨】

1. 诗中写"我行不来",似乎蕴含着对国家的不满,这是否损害了戍边士兵一心报国的形象?

2. 既然主人公那么想家,为何在回家路上却"行道迟迟"? 他在悲伤什么? 他在担忧什么? 回到家中,可能面对什么?

二、西洲曲[①]

《乐府诗集》

【原文】

忆梅下[②]西洲，折梅寄江北[③]。
单衫[④]杏子红，双鬓鸦雏[⑤]色。
西洲在何处？两桨桥头渡。
日暮伯劳[⑥]飞，风吹乌臼树[⑦]。
树下即门前，门中露翠钿[⑧]。
开门郎不至，出门采红莲。
采莲南塘秋，莲花过人头。
低头弄莲子[⑨]，莲子青如水。
置莲怀袖中，莲心彻底红。
忆郎郎不至，仰首望飞鸿[⑩]。
鸿飞满西洲，望郎上青楼[⑪]。
楼高望不见，尽日[⑫]栏杆头。
栏杆十二[⑬]曲，垂手明如玉。

[①] 选自《乐府诗集·杂曲歌辞》，中华书局 1979 年版。这首诗是南朝民歌，西洲曲是乐府曲调名。南朝民歌大部分保存在宋代郭茂倩编的《乐府诗集》中。
[②] 下：飘落。
[③] 江北：女主人公所爱男子在的地方。
[④] 单衫：单衣。
[⑤] 鸦雏：小乌鸦。
[⑥] 伯劳：鸟名，好单栖，这里暗喻女子的孤单。
[⑦] 乌臼树：也作乌桕树，落叶乔木。
[⑧] 翠钿（diàn）：翡玉制作或镶嵌的首饰。
[⑨] 莲子：谐音双关"怜子"，即爱你。
[⑩] 望飞鸿：双关盼望来信，古有鸿雁传书的说法。
[⑪] 青楼：青色涂饰的高楼，女子居处的通称。
[⑫] 尽日：整天。
[⑬] 十二：形容多。

卷帘天自高，海水摇空绿。
海水梦悠悠①，君愁我亦愁。
南风知我意，吹梦到西洲。

【释义】

　　回忆梅花飘落西洲时曾相会，于是折枝梅花寄到江北给情郎。穿的单衣红得像杏子，两鬓头发黑得像小乌鸦的羽毛。西洲在什么地方呢？在划着双桨可以到达桥头的渡口。天晚了，伯劳鸟在飞，风吹拂着乌桕树。树下就是家门前，门中露出镶翠的钗钿。打开门不见情郎来，出了门去采红莲。在秋天的南塘采莲，莲花长得高过人头。低头拨弄莲子，莲子像水一样青。把莲子放在袖中，莲心全然一片深红。思念情郎，情郎却不来，抬头仰望天上的飞鸿。鸿雁飞满西洲的天空，为遥望郎君登上高楼。楼台虽高却望不见，一整天都倚在栏杆边。栏杆有很多曲折，垂下栏杆的双手明净如玉。卷起帘子只看见高高的天空，蔚蓝的海水空自摇荡。思念郎君的梦境如海水悠远无边，你忧愁我也忧愁。南风明白我的心意，把与你相聚的美梦吹送到西洲。

【简析】

　　这首诗是南朝民歌中最富艺术性的一篇。从女主人公忆梅、折梅写起，随着人物的活动，由西洲、桥头、树下、门前、南塘、青楼，场景一次次地转换，梅、伯劳鸟、乌桕树、莲花、莲子、飞鸿、栏杆、海水等各种景物也纷至沓来。细腻缠绵的相思之情就在其中一层层地萦绕，女子的形象也越来越鲜明。从形式特点上讲，多处采用顶针，"树下"接上句"乌臼树"，"鸿飞"接上句"望飞鸿"，"楼高"接上句"上青楼"。有的虽然不能算严格意义上的顶针，但是意象相接。如"采莲"接上句"采红莲"，"栏杆"接上句"栏杆头"等。这样的写法使全诗有了首尾接续、不断生发、摇曳多姿的妙处。从用韵上讲，基本上四句一换韵，声调婉转，读来极富美感。

【思辨】

　　有人认为本诗是女子思念男子之作，也有人认为是男子思念女子之作。仔细阅读，说说你的看法。

---

① 海水梦悠悠：梦境如海水悠远无边。

三、春江花月夜[①]

张若虚

【原文】

春江潮水连海平,海上明月共潮生。
滟滟[②]随波千万里,何处春江无月明!
江流宛转绕芳甸[③],月照花林皆似霰[④];
空里流霜不觉飞,汀[⑤]上白沙看不见。
江天一色无纤尘,皎皎空中孤月轮。
江畔何人初见月?江月何年初照人?
人生代代无穷已[⑥],江月年年望相似。
不知江月待何人,但见长江送流水。
白云一片去悠悠,青枫浦[⑦]上不胜愁。
谁家今夜扁舟子[⑧]?何处相思明月楼?
可怜[⑨]楼上月徘徊,应照离人妆镜台。
玉户[⑩]帘中卷不去,捣衣砧[⑪]上拂还来。
此时相望不相闻,愿逐月华流照君。

[①] 选自《全唐诗》,中华书局1960年版。《春江花月夜》,乐府旧体,传为南朝陈后主所创。张若虚(647?—730?),扬州(今江苏扬州市)人,唐朝诗人。
[②] 滟(yàn)滟:动荡闪烁的样子。
[③] 芳甸:遍生花草的原野。
[④] 霰(xiàn):小冰粒。
[⑤] 汀(tīng):水中的或水边的平地。
[⑥] 穷已:穷尽。
[⑦] 青枫浦:地名,在今湖南浏阳县。这里泛指离别的地方。
[⑧] 扁(piān)舟子:飘荡江湖的游子。
[⑨] 可怜:可爱。
[⑩] 玉户:指女子居室。
[⑪] 捣衣砧(zhēn):垫着捣衣服的石头。古代女子做衣服前,要先将布料捣软。

鸿雁长飞光不度①,鱼②龙潜跃水成文③。
昨夜闲潭④梦落花,可怜春半不还家。
江水流春去欲尽,江潭落月复西斜。
斜月沉沉藏海雾,碣石潇湘⑤无限路。
不知乘月几人归,落月摇情满江树。

【释义】

春江的潮水连海平齐,海上的明月随浪潮升起。千万里的月光随着水波闪烁,哪里的春江没有月光照耀着?流淌的江水弯弯曲曲,绕过花草丛生的原野,月光下的花朵如同颗颗小冰粒。空中流淌的月光像霜一样,不知不觉飞动,汀洲上的白沙与月光交融消失不见。江天一色,不见一丁点儿尘埃,孤单的明月高悬空中。江边什么人最初见到月亮?江边的月亮什么年代最初照见世人?人类一代代无穷无尽,江月一年年看上去总是相似。不知江上的月亮照着什么人,只看见长江浪涛滚滚。游子像一片白云悠悠飘离,思妇在离别的青枫浦上有着难以承受的愁思。今夜哪一个游子漂泊江湖?哪一个女子在明月照耀下的楼上相思?皎洁可爱的月光在楼上徘徊,应该照耀着离人的梳妆台。卷起帘子,也不能把月亮赶出屋子;拂掉捣衣砧上的月光,月光又会马上回来。这时的双方只能一起望月,无法互通信息,只能希望打发一片月光去照着对方。鸿雁无法穿过月光送来书信,鱼龙在水里跃动,水面漾起波纹。昨夜梦见幽静的水潭以及落花,可怜春天过了一半游子还不回家。春江的水不断流去,江上潭边的月亮向西落下。斜照的月亮沉沉藏进海雾,碣石与潇湘之间隔着无限遥远的道路。不知道乘着月色有多少人回家,落月的余辉摇曳着情思,洒满了江边的花树。

【简析】

本诗紧紧围绕"春"、"江"、"花"、"月"、"夜"来写,其中"江"和"月"是核心意象,全诗出现了 12 个"江"和 15 个"月",却毫无重复啰嗦之感,是因为做到了情理兼备、层次分明、词语清丽、音调优美。全诗由景到理再到情,在天地澄澈的背景下,兴起了江月永恒、人生短暂的慨叹,而又在这样的哲理之下,转入对委婉缠绵

---

① 光不度:无法穿过月光送来书信。古有鸿雁传书的说法。
② 鱼:这里的"鱼"同上句的"鸿雁"一样,都取传书的意思。古乐府有《饮马长城窟行》:"客从远方来,遗我双鲤鱼。呼儿烹鲤鱼,中有尺素书。"是指将信放入鱼形的信匣中。
③ 文:通"纹",波纹。
④ 闲潭:幽静的水潭。
⑤ 碣石潇湘:形容相距遥远。碣石,山名,在今河北。潇湘,水名,在今湖南。

的游子思妇之情的刻画。这些又全笼罩在纯美诗境中,可谓韵味无穷。正因为《春江花月夜》有这样的艺术魅力,仅存诗二首的作者张若虚被清朝学者王闿运评为"孤篇横绝,竟为大家"。

【思辨】

现代学者闻一多说本诗具有强烈的宇宙意识,又有纯洁的爱情,以及由爱情辐射的同情心。谈谈你的看法。

四、诗九首

【原文】

行行重行行①

《古诗十九首》

行行重行行,与君生别离②。相去万余里,各在天一涯。道路阻③且长,会面安可知。胡马依北风,越鸟巢南枝。相去日已远,衣带日已缓④。浮云蔽白日,游子不顾反⑤。思君令人老,岁月忽已晚。弃捐⑥勿复道,努力加餐饭。

蒿里行⑦

曹 操

关东⑧有义士⑨,兴兵讨群凶⑩。初期⑪会盟津⑫,乃心在咸阳⑬。军合力不齐,踌躇而雁行⑭。势利使人争,嗣还⑮自相戕⑯。淮南弟称号⑰,刻玺于

---

① 选自《文选》,中华书局1977年版。《文选》是南朝梁昭明太子萧统编写的一部诗文总集,又称《昭明文选》,其中包含了题为"古诗"的十九首五言诗。
② 生别离:活着分开。化用《九歌·少司命》中"悲莫悲兮生别离"的句子。
③ 阻:艰险。
④ 缓:宽松。
⑤ 不顾反:不想回家。顾,念。反通"返"。
⑥ 捐:弃。
⑦ 选自《乐府诗集·相和歌辞》,中华书局1979年版。曹操(155—220),字孟德,沛国谯县(今安徽亳州市)人,三国时期政治家、军事家和文学家。曹丕称帝后,追封去世的曹操为魏武帝。《蒿里行》本来是送葬的歌,曹操用旧题写时事。
⑧ 关东:函谷关以东。
⑨ 义士:指190年各州郡讨伐董卓的将领。
⑩ 群凶:董卓及其爪牙。
⑪ 初期:起初希望。
⑫ 盟津:即孟津,今河南孟县南。传说周武王曾和八百诸侯于此会盟伐纣。
⑬ 在咸阳:在于取得长安。咸阳,秦国都,这里代指董卓控制的长安一带。
⑭ 雁行:飞雁的行列。
⑮ 嗣还(xuán):其后不久。还,同"旋",不久。
⑯ 戕(qiāng):杀害。
⑰ 淮南弟称号:197年,袁绍的异母弟弟袁术在淮南寿春自立为皇帝。

北方①。铠甲生虮②虱,万姓以死亡。白骨露于野,千里无鸡鸣。生民百遗一③,念之断人肠。

读山海经(其一)④

陶渊明

孟夏⑤草木长,绕屋树扶疏⑥。众鸟欣有托,吾亦爱吾庐。既耕亦已种,时还读我书。穷巷⑦隔深辙⑧,颇回⑨故人车。欢然酌春酒,摘我园中蔬。微雨从东来,好风与之俱。泛览周王传⑩,流观山海图⑪。俯仰⑫终宇宙,不乐复何如!

致酒行⑬

李 贺

零落栖迟⑭一杯酒,主人奉觞⑮客长寿。
主父⑯西游困不归,家人折断门前柳。
吾闻马周⑰昔作新丰客,天荒地老⑱无人识。
空将⑲笺上两行书,直犯龙颜⑳请恩泽。
我有迷魂㉑招不得,雄鸡一声天下白。

---

① 刻玺(xǐ)于北方:191年,袁绍想废掉汉献帝,立刘虞为皇帝,为之刻印玺。
② 虮(jǐ):虱子的卵。
③ 百遗一:一百个人中只有一个能活下来。
④ 选自《陶渊明集》,中华书局1979年版。陶渊明(352或365—427),字元亮,一说名潜,字渊明,世称靖节先生。浔阳柴桑(今江西九江市)人。东晋诗人,有《陶渊明集》。《读山海经》共十三首,这是第一首。《山海经》是古代记述山川、道里、物产等的地理书,保存了大量的神话传说。
⑤ 孟夏:初夏,夏历四月。
⑥ 扶疏:枝叶繁茂纷披的样子。
⑦ 穷巷:偏僻的巷子。
⑧ 隔深辙:隔绝大车的车辙。
⑨ 回:使掉转。
⑩ 周王传:指《穆天子传》,记周穆王驾八骏西游的故事,杂有许多神话传说。
⑪ 山海图:据说《山海经》原有古图及汉代所传图。
⑫ 俯仰:一俯一仰间,形容时间极短。
⑬ 选自王琦等评注《三家评注李长吉歌诗》,中华书局1959年版。李贺(790—816),字长吉,福昌(今河南宜阳)人。唐代诗人。虽为唐皇室远支,但生活困顿,年少失意,郁郁而死。有《李长吉歌诗》。致酒,劝酒。行,古诗的一种体裁。
⑭ 零落栖迟:流落漂泊,困顿失意。
⑮ 奉觞(shāng):举杯敬酒。奉,同"捧"。
⑯ 主父:即主父偃,汉武帝时人。据《汉书》记载,汉武帝时主父偃西入关,但是长久得不得任用,路费花光了无法回家,家人盼他回去把门前柳枝都折断了。后来,主父偃的上书终于被采纳,官至齐相。
⑰ 马周:唐太宗时人,到长安求官,新丰旅店主人瞧不起他。后来他的上书得到唐太宗赏识,召见任命为监察御史。
⑱ 天荒地老:极言历时久远。
⑲ 空将:只凭。
⑳ 龙颜:皇帝的容颜。
㉑ 迷魂:迷失的灵魂。

少年心事当拿云①，谁念幽寒坐呜呃②？

江畔独步寻花③

杜　甫

黄四娘④家花满蹊⑤，千朵万朵压枝低。
留连戏蝶时时舞，自在⑥娇莺恰恰⑦啼。

登快阁⑧

黄庭坚

痴儿⑨了却⑩公家事，快阁东西⑪倚⑫晚晴。
落木千山天远大，澄江一道月分明。
朱弦已为佳人绝⑬，青眼⑭聊因美酒横。
万里归船弄长笛，此心吾与白鸥盟⑮。

岐阳（其二）⑯

元好问

百二关河⑰草不横⑱，十年戎马⑲暗秦京⑳。

---

① 拿云：凌云。
② 坐呜呃：空悲叹。
③ 选自仇兆鳌《杜诗详注》，中华书局 1979 年版。杜甫（712—770），字子美，祖籍襄阳（今湖北襄樊市），出生于河南巩县（今河南巩义市）。与李白并称"李杜"，又被奉为"诗圣"，他的诗歌反映了唐代的社会现实，被称为"诗史"，有《杜工部集》。江畔，四川成都锦江边。
④ 黄四娘：杜甫住在成都草堂时的邻居。
⑤ 蹊（xī）：小路。
⑥ 自在：自由的样子。
⑦ 恰恰：适当，指和谐。
⑧ 选自任渊、史容、史季温注《山谷诗集注》，上海古籍出版社 2003 年版。黄庭坚（1045—1105），字鲁直，号山谷道人，晚年又号涪翁，洪州分宁（今江西修水县）人，宋代文学家，有《山谷集》。
⑨ 痴儿：作者自嘲。典出《晋书·傅咸传》："生子痴，了官事，官事未易了也。了事正作痴，复为快耳！"
⑩ 了却：完成。
⑪ 东西：或东或西，四处游览。
⑫ 倚：倚靠，此指凭栏。
⑬ 绝：断。《吕氏春秋·本味》载俞伯牙善于弹琴，钟子期为知音好友，钟子期死，俞伯牙破琴绝弦，终身不再弹。
⑭ 青眼：表示欣赏的眼色。《晋书·阮籍传》载阮籍对不喜欢的人做白眼，对喜欢的人做青眼。
⑮ 白鸥盟：与白鸥相约，指隐居。
⑯ 选自狄宝心校注《元好问诗编年校注》，中华书局 2011 年版。元好问（1190—1257），字裕之，号遗山，太原秀容（今山西忻县）人，金末文学家。岐阳，金朝凤翔。金哀宗正大八年（1231）年蒙古攻破凤翔，时任南阳令的元好问听到凤翔失陷作了《岐阳》三首，这里选的是第二首。
⑰ 百二关河：原指秦国地势险要，两万军队可以抵挡诸侯两百万军队。此指凤翔城防坚固。
⑱ 草不横：草没有因行军而横倒，形容金军疏于防守。
⑲ 十年戎马：从 1221 年蒙古进陷陕北起过了十年。
⑳ 秦京：咸阳，泛指秦地。

岐阳西望无来信[1],陇水东流闻哭声[2];
野蔓有情萦战骨,残阳何意[3]照空城!
从谁细向苍苍[4]问,争[5]遣蚩尤[6]作五兵?[7]

白燕[8]

袁 凯

故国飘零事已非,旧时王谢[9]见应稀。
月明汉水初无影,雪满梁园[10]尚未归。
柳絮池塘[11]香入梦,梨花庭院冷侵衣。
赵家姊妹[12]多相忌,莫向昭阳殿里飞。

秋柳[13]

王士禛

秋来何处最销魂?残照西风白下[14]门。
他日差池[15]春燕影,只今憔悴晚烟痕[16]。
愁生陌上黄骢曲[17],梦远江南乌夜村[18]。

---

[1] 岐阳西望无来信:化用杜甫《喜达行在所》中"西忆岐阳信,无人遂却回"一句,意思是西望岐阳,已经城破而音信不通。
[2] 陇水东流闻哭声:化用北朝民歌《陇头歌》:"陇头流水,鸣声呜咽。遥望秦川,心肝断绝。"
[3] 何意:怎么忍心。
[4] 苍苍:指上天。
[5] 争:怎。
[6] 蚩尤:传说中与黄帝争斗的部族首领,此处指蒙古人。
[7] 五兵:泛指各种兵器。
[8] 选自万德敬校注《袁凯集编年校注》,上海古籍出版社2015年版。袁凯,生卒年不详,字景文,号海叟,松江华亭(今上海松江区)人,明初诗人。以《白燕》诗负盛名,人称"袁白燕",有《海叟集》。
[9] 旧时王谢:东晋时的王家和谢家,著名的士族豪门。化用刘禹锡《乌衣巷》"旧时王谢堂前燕"的诗句。
[10] 梁园:汉代梁孝王筑的园子,是宴会文士的地方。
[11] 柳絮池塘:与下句一起化用晏殊《寓意》中"梨花院落溶溶月,柳絮池塘淡淡风"一句。
[12] 赵家姊妹:汉成帝时赵飞燕、赵合德姊妹受宠,居昭阳宫,骄横善妒,潜毁皇后,之后赵飞燕取而代之。
[13] 选自《渔洋山人精华录》,商务印书馆1937年版。王士禛(1634—1711),字子真,一字贻上,号阮亭,晚号渔洋山人,山东新城(今桓台县)人。雍正时避帝讳,改称士祯。清代文学家,有《带经堂全集》。1657年,作者与在济南参加乡试的众人,宴饮于大明湖北渚亭,看到湖畔柳树黄落而写下《秋柳》四首,这是其中的第一首。
[14] 白下:南京的古称。
[15] 差(cī)池:参差不齐,指燕子飞翔。语出《诗经·邶风·燕燕》:"燕燕于飞,差池其羽。"
[16] 烟痕:暮霭如烟。
[17] 黄骢(cōng)曲:乐府曲调名。据《乐府杂录》记载,唐太宗骑着名为黄骢的马平定中原,马死后,命乐工作黄骢曲。
[18] 乌夜村:地名,在今江苏吴江。据范成大《吴郡志》记载,晋穆帝的皇后出生时群乌夜啼,因而所在的村子被命名为乌夜村。

莫听临风三弄笛①,玉关哀怨②总难论。

【释义】

行行重行行

《古诗十九首》

走啊走啊,又走啊走啊,和你活着分开。相距不止万里,分别在天的另一方。路途艰险又遥远,哪里知道何时能会面。胡地的马依恋北风,越地的鸟在南面的枝上做巢。分别的日子越来越远,我的腰带越来越宽松。浮云遮蔽了白日,游子不再想回家。想念你让我老去,突然之间又到了年底。丢开这些不要说了,还是要努力多多吃饭。

蒿里行

曹 操

关东有仗义的将领们,起兵讨伐董卓。最初希望能像周武王伐纣一样在孟津盟会,大家的心思都放在取得长安上。军队汇合但是心不齐,大家迟疑地观望着,排成了飞雁的行列。势利让人相争,其后不久各路将领就开始自相残杀。淮南的弟弟袁术称帝,北方的哥哥袁绍刻印玺想自立为新皇。士兵铠甲里生了虮虱,许多百姓都因战乱死亡。一百个百姓中能活下来的只有一个,想到这一点让我断肠。

读山海经(其一)

陶渊明

初夏四月草木生长,环绕着屋子的绿树枝繁叶茂。众鸟欢欣有了托身之处,我也喜爱我的茅庐。已经耕好了田播完了种,这时就回来读我的书。偏僻的巷子隔绝了大车的车辙,来拜访的朋友只好调转车子离去。心情愉悦喝着春酒,摘来我园子里的菜蔬。蒙蒙细雨从东边飘来,又伴随着让人舒适的风。随意看看《穆天子传》,略微翻翻《山海经》的古图。顷刻之间就游遍宇宙,如果这都不快乐还想如何?

致酒行

李 贺

我流落漂泊,困顿失意时,主人举起一杯酒,祝我健康长寿。想到当年主父偃向西入关宦游,资用困乏无法回乡,家人盼归都折断了门前杨柳。我又听说马周

---

① 三弄笛:典出《世说新语·任诞》,王子猷在船上想听在岸上经过的桓子野吹笛,派人去说,桓子野就下车吹了三曲,然后上车离开,宾主都没有直接说一句话。
② 玉关哀怨:化用王之涣《凉州词》中"羌笛何须怨杨柳,春风不度玉门关"一句。

昔日曾在新丰客店做旅客,天荒地老也无人赏识。他们都只凭借纸上几行字的上书,直接向皇帝进言博得恩赐任用。我有迷失的灵魂无法招回,但是等到雄鸡一叫,天下一定一片光明。少年心中应当有凌云壮志,谁会顾念你在困顿中空悲叹?

江畔独步寻花

杜 甫

黄四娘家连小路上都开满了花,成千上万的花朵压低了枝条。嬉戏的蝴蝶流连着不断飞舞,自由自在的黄莺叫得和谐动听。

登快阁

黄庭坚

我这个呆子完成了公事,登上快阁东走西看,又倚着栏杆观赏晴日傍晚的美景。无数山上落叶纷纷,天显得更高远,一道清澈的江水映着月亮历历分明。琴音为了佳人而断,青眼因为美酒而作。乘上船吹着长笛回归万里外的故乡,我的心要和白鸥相约。

岐阳(其二)

元好问

坚固的秦地疏于防守草都没有横倒,十年的战争使秦地笼罩在阴影中。西望凤翔城传不来音信,陇水呜咽东流,伴随着人们的哭泣声。野草有情,萦绕着尸骨不让死者曝尸于外,残阳怎么忍心照着空荡无人的凤翔城!谁能细细问问苍天,怎能派出蚩尤一般的蒙古人制作兵器兴起战争?

白燕

袁 凯

六朝已经逝去,人事已经不同,旧时的王谢家族也应该很少见到白色的燕子。明月照着汉水,白燕融入其中看不到影子,大雪落满梁园,白燕南飞还没有归来。在柳絮池塘的清香中入梦,在开着梨花的院子里感受着侵入衣服的寒意。赵飞燕姊妹会妒忌你,可不要朝着昭阳殿飞。

秋柳

王士禛

秋天到来,什么地方最让人黯然销魂?是秋风吹拂和夕阳残照之下的金陵城。过去春日的杨柳曾经留下燕子飞翔的影子,现在秋天如烟的暮霭中,杨柳枝叶已经憔悴。听到路上传来的黄骢曲更增添了愁绪,江南乌夜村的旧梦也早已远去。不要听风中的笛音,秋天已经到来,"春风不度"的"玉关哀怨"已经难以论说。

【简析】

《行行重行行》表达了女子对远行情人的思念之情。

《蒿里行》写出了东汉末年的战乱给百姓造成的灾难。

《读山海经》写在草木生长、鸟鸣树间的初夏时节,诗人耕种之余回宅,一边以园蔬下酒,一边阅读《穆天子传》和《山海经》的乐趣。

《致酒行》借劝酒的应答,显示出作者虽处困境但是仍旧勉励自己不坠青云之志。

《江畔独步寻花》写出了春天花开蝶舞莺啼的美景,表达了诗人愉悦的心情。

《登快阁》表达了作者忘掉世俗的杂务,去掉机心,与白鸥相亲,归隐于江湖的愿望。

《岐阳》写出了城破后惨绝人寰的场面,抒发诗人对惨遭屠戮的百姓的哀悼和对侵略战争的愤慨。

《白燕》化用典故不着痕迹,借白燕飞飞无依,表现生不逢时的哀伤。

《秋柳》以柳叶的凋落写人事的变迁,表达朝代更替的幻灭感,暗含对南明灭亡的哀悼之情。

【思辨】

1. 查阅相关资料,判断这八首诗中那些是律诗。
2. 这些诗中你最喜欢哪一首?说说你的理由。

五、词曲九首

【原文】

菩萨蛮①

韦 庄

人人尽说江南好,游人只合②江南老。春水碧于天,画船③听雨眠。垆④边人似月,皓腕凝霜雪。未老莫还乡,还乡须断肠。

浪淘沙⑤

李 煜

帘外雨潺潺⑥,春意阑珊⑦。罗衾⑧不耐五更寒。梦里不知身是客,一晌⑨贪欢。　　独自莫凭栏,无限江山,别时容易见时难。流水落花春去也,天上人间。

雨霖铃⑩

柳 永

寒蝉凄切,对长亭晚,骤雨初歇。都门帐饮⑪无绪⑫,留恋处,兰舟⑬催

---

① 选自《花间集》,《四部备要》本。韦庄(约836—910),字端己,长安杜陵(今陕西西安市东南)人,晚唐五代文学家,著有《浣花集》。有四十八首词收入后蜀赵崇祚编选的《花间集》中。菩萨蛮,词牌名。
② 合:应该。
③ 画船:装饰华美的游船。
④ 垆(lú):酒店里安放酒瓮的土台子。
⑤ 选自王仲闻校订《南唐二主词》,中华书局2007年版。李煜(937—978),初名从嘉,字重光,号钟隐,南唐中主李璟第六子,南唐后主,后投降宋朝,封违命侯,三年后被宋太宗毒死。后人把他的词与其父李璟的词合刻为《南唐二主词》。浪淘沙,词牌名。这首词写于降宋后。
⑥ 潺(chán)潺:雨声。
⑦ 阑珊:衰残将尽。
⑧ 罗衾(qīn):丝绸被子。
⑨ 一晌(shǎng):片刻。
⑩ 选自陶然等《乐章集校笺》,上海古籍出版社2016年版。柳永(?987—?1053),字耆卿,原名三变,崇安(今属福建)人,宋代词人。有《乐章集》。雨霖铃,词牌名。
⑪ 帐饮:在郊外设帐饮酒饯行。
⑫ 无绪:没有情绪。
⑬ 兰舟:对船的美称。

发。执手相看泪眼,竟无语凝噎①。念去去,千里烟波,暮霭②沉沉楚天阔。

多情自古伤离别,更那堪③,冷落清秋节!今宵④酒醒何处?杨柳岸,晓风残月。此去经年⑤,应是良辰好景虚设。便纵有千种风情⑥,更与何人说?

醉花阴
九日⑦

李清照

薄雾浓云愁永昼⑧,瑞脑⑨消金兽⑩。佳节又重阳⑪,玉枕⑫纱厨⑬,半夜凉初透。　　东篱⑭把酒黄昏后,有暗香盈袖。莫道不消魂⑮,帘卷西风⑯,人比黄花⑰瘦。

水龙吟
登建康赏心亭⑱

辛弃疾

楚天千里清秋,水随天去秋无际。遥岑⑲远目,献愁供恨,玉簪螺髻⑳。落日楼头,断鸿㉑声里,江南游子。把吴钩㉒看了,栏杆拍遍,无人会,登临意。

---

① 凝噎(yē):哽咽说不出话。
② 暮霭(ǎi):傍晚的云雾。
③ 那(nǎ)堪:怎能承受。那,同"哪"。
④ 今宵:今夜。
⑤ 经年:年复一年。
⑥ 风情:相爱之情。
⑦ 选自《漱玉词》,上海古籍出版社2013年版。李清照(1084—1155),号易安居士,济南(今山东济南市)人,宋代女词人。醉花阴,词牌名。
⑧ 永昼:日长,指难以打发的时间。
⑨ 瑞脑:龙脑,香料。
⑩ 金兽:兽形的铜香炉。
⑪ 重阳:节日,阴历九月初九,又名"重九"。
⑫ 玉枕:磁枕。
⑬ 纱厨:碧纱橱,绿纱罩在木架上,类似蚊帐。
⑭ 东篱:种菊花的地方。见陶渊明《饮酒》:"采菊东篱下,悠然见南山。"
⑮ 消魂:即"销魂",魂魄离散,这里因忧愁而失神。
⑯ 西风:秋风。
⑰ 黄花:菊花。
⑱ 选自辛弃疾《稼轩长短句》,上海古籍出版社1988年版。辛弃疾(1140—1207),字幼安,号稼轩,历城(今山东济南)人,宋代文学家。水龙吟,词牌名。建康赏心亭,故址在今江苏南京市,靠近秦淮河。
⑲ 遥岑(cén):远山。
⑳ 玉簪(zān)螺髻(jì):碧玉做的簪子,青螺形状的发髻。
㉑ 断鸿:离群孤雁。
㉒ 吴钩:一种兵器。

休说鲈鱼堪脍①,尽西风,季鹰归未②？求田问舍,怕应羞见,刘郎③才气。可惜流年,忧愁风雨,树犹如此④。倩⑤何人唤取,红巾翠袖⑥,揾⑦英雄泪！

【南吕】四块玉
别情⑧

关汉卿

自送别,心难舍,一点相思几时绝？凭阑袖拂杨花雪⑨。溪又斜,山又遮,人去也！

【中吕】卖花声
怀古⑩

张可久

美人⑪自刎乌江岸,战火⑫曾烧赤壁山,将军⑬空老玉门关。伤心秦汉,生民涂炭⑭,读书人一声长叹。

临江仙⑮

杨 慎

滚滚长江东逝水,浪花淘尽英雄。是非成败转头空。青山依旧在,几

---

① 脍(kuài)：切细做鱼片。
② 季鹰归未：《晋书·张翰传》载张翰(字季鹰)在洛阳为官,见秋风起,思念起故乡吴郡(今江苏苏州)的鲈鱼美味,就叫人驾车,立刻弃官回乡。
③ 刘郎：刘备。《三国志》载许汜向刘备抱怨陈登看不起他,刘备说这是因为许汜在国家危难时不能忧国忘家,而只知道买地买房。
④ 树犹如此：《世说新语·言语》载,桓温北伐经过金城,看到自己以前种的柳树已经十围了,感慨地说："木犹如此,人何以堪！"
⑤ 倩(qìng)：请人代做。
⑥ 红巾翠袖：女子的打扮,代指女子。
⑦ 揾(wèn)：擦拭。
⑧ 选自隋树森编《全元散曲》,中华书局1964年版。关汉卿(约生于金末,卒于元),号已斋,大都(今北京)人,元代戏剧家。南吕,宫调名。四块玉,曲牌名。
⑨ 杨花雪：雪一般的杨花。
⑩ 选自隋树森编《全元散曲》,中华书局1964年版。张可久(约1270—1348后),字小山(一说名伯远,字可久,号小山),庆元路(今浙江宁波市)人,元代散曲家。中吕,宫调名。卖花声,曲牌名。
⑪ 美人：指虞姬。楚汉争霸中,项羽被刘邦军队赶到乌江,他宠爱的美人虞姬自杀,之后他也兵败自杀。
⑫ 战火：指赤壁之战的火攻之计。三国时期,曹操伐吴,东吴周瑜在赤壁用火攻大破曹军。
⑬ 将军：指班超。东汉班超为西域都护,在西域三十一年,以战功封定远侯,年老思乡,上书请求回去,说："但愿生入玉门关。"
⑭ 涂炭：在泥水火炭中。
⑮ 选自张仲璜注《廿一史弹词注》,中华书局1938年版。杨慎(1488—1559),字用修,号升庵,四川新都(今成都市新都区)人。明代文学家,有《升庵集》。临江仙,词牌名。这首词是杨慎所编的《廿一史弹词》中第三段《说秦汉》的开场词。后因被用于《三国演义》的卷首而名扬四海。

度夕阳红。　　白发渔樵①江渚②上，惯看秋月春风。一壶浊酒喜相逢。古今多少事，都付笑谈中。

木兰花令
拟古决绝词柬友③

纳兰性德

　　人生若只如初见，何事④秋风悲画扇⑤。等闲⑥变却故人心，却道故人心易变。　　骊山语罢⑦清宵半，泪雨霖铃⑧终不怨。何如薄幸锦衣郎⑨，比翼连枝当日愿。

【释义】

菩萨蛮

韦　庄

　　人人都说江南好，游人只应该在江南老去。春天的水色碧蓝胜过了天色，在华美的船上听着雨声入眠。酒店当垆卖酒的女子美得像明月，雪白的手腕就像凝聚着霜雪。没有变老千万别回家乡，回家乡一定会忧愁断肠。

浪淘沙

李　煜

　　帘子外面雨声潺潺，春意已经零落衰残。丝绸的被子抵挡不了五更的寒意。梦里忘掉了自己已经是阶下囚，贪图享受了片刻的欢乐。独自一人时不要去倚着栏杆远眺，不然就会想到无限的江山，告别很容易再相见却很难。花落到水中流走，春天就要过去，我与故国的阻隔，距离如同天上与人间。

---

① 渔樵：打鱼、砍柴。
② 渚（zhǔ）：水中小洲。
③ 选自《纳兰词》，上海古籍出版社2011年版。纳兰性德（1655—1685），原名成德，字容若，号楞伽山人，满洲正黄旗人，清代词人，有《纳兰词》。木兰花令，词牌名。拟古决绝词，模拟古代女子控诉男子薄情而与之决裂的口吻写的作品。柬友，写信给朋友。
④ 何事：为何。
⑤ 画扇：用秋扇闲置比喻女子被抛弃。汉朝班婕妤为汉成帝妃，被赵飞燕谗害，退居冷宫，有诗《怨歌行》，以秋扇自喻。
⑥ 等闲：无缘无故地。
⑦ 骊山语罢：《太真外传》载唐明皇与杨贵妃七月七日夜在骊山华清宫盟誓世代为夫妻。白居易《长恨歌》："在天愿作比翼鸟，在地愿为连理枝。"
⑧ 泪雨霖铃：安史之乱起，唐明皇入蜀，马嵬坡事件发生，杨贵妃被赐死，临死表示死而无怨。之后唐明皇归途中听到雨声、铃声而伤悲，作《雨霖铃》曲子。
⑨ 薄幸锦衣郎：薄情的唐明皇。

雨霖铃

秋天的蝉叫得凄清悲切,面对着长亭,正是傍晚时分,急雨刚刚停歇。在京城郊外设帐饮酒饯行,却没了喝酒的心情,正在依依不舍的时候,船已经催着出发。握着手含着眼泪互相看着,最终也只能无言哽咽。想到要去了啊去了啊,一路上只有千里的烟霭水波,傍晚烟雾沉沉,楚地的天空更显空阔。多情的人自古至今都伤感离别,又怎能承受偏偏在这萧瑟冷落的清秋时节!今夜酒醒时身在何处?只能是独自一人面对杨柳岸、晓风、残月。这一去之后一年又一年,空有良辰美景,也如同虚设。纵然我有千万种相爱相思之情,又能再对谁诉说?

醉花阴
九日

李清照

薄雾浓云遮盖的白天在忧愁中显得特别漫长,兽形的铜香炉中,香料已经燃尽。正碰上重阳佳节,到了半夜磁枕和碧纱橱都透着凉意。黄昏后在东篱拿着酒杯,菊花的幽香充满襟袖。不要说不会忧愁失神,当西风吹起门帘时,就会发现人比菊花还要消瘦。

水龙吟
登建康赏心亭

辛弃疾

秋天楚地千里的天空高远,江水流向天际秋意无边。看着远处的山峰,就像美人头上碧玉做的簪子,青螺形状的发髻,像在向人呈献愁恨。在夕阳下的楼头,失群孤雁的鸣声里,有我这样一个流落江南的游子。看着我的吴钩,拍遍了栏杆,也没有人能领会我登临远望的心情。

不要提家乡的鲈鱼肉精细味美,处处是西风了,张翰回乡了没有?只知道买地买田,恐怕会羞于面对有雄才气的刘备。可惜逝去的年华,忧愁国家处在风雨飘摇中,让人想起桓温说的"树犹如此"!能请谁去叫那红巾翠袖的多情歌女,来给我擦一擦英雄的眼泪!

【南吕】四块玉
别情

关汉卿

自从送别,心里难分难舍,一点相思之情什么时候会断绝?记得送别的那一刻,我倚着栏杆,衣袖拂拭着的杨花白得像雪。小溪弯弯曲曲,群山遮住了你离去的路,我才意识到,你真的走了!

【中吕】卖花声
怀古

张可久

刘邦打赢了项羽，虞姬在乌江岸边自杀；周瑜火烧赤壁打败了曹操；被封侯的班超白白地在玉门关待到老。面对秦汉的这些历史让人伤心，百姓总是陷入水深火热之中，读史的人不由得发出一声长叹。

临江仙

杨 慎

滚滚长江水向东流淌，浪花淘洗尽了古今英雄。是与非，成与败，转头就成空。只有青山依旧在那里，金红的夕阳一回回地照耀。白发苍苍的年纪，在江上打鱼，在小洲中砍柴，习惯了四时的变化。有一壶浊酒就够了，高兴地和朋友相聚一起。古往今来多少事，都在我们的笑谈当中。

木兰花令
拟古决绝词柬友

纳兰性德

人生中如果能做到只像是两人刚认识的时候那样，又怎么会有女子如秋扇一样被抛弃的事。你平白无故地变了心，反而辩解说情人之间本来心就容易变。骊山华清宫中的盟誓说完已经夜半，却又遭遇马嵬坡之变而使两人分散，杨贵妃还表示死而无怨。你和薄情的唐明皇比又怎样呢？他当日可是发过"在天愿作比翼鸟，在地愿为连理枝"的誓愿。

【简析】

《菩萨蛮》选择春水、画船、女子等典型意象，极力描绘江南的美，表达了诗人对江南的依恋之情，结尾又透着怀念故乡但因为动乱无法回去的哀愁。

《浪淘沙》写雨夜醒来，对比梦中的欢乐与现实的凄苦，不由兴起了对故国无尽的怀念。

《雨霖铃》利用典型意象，描写了哀婉动人的离别情景。

《醉花阴·九日》写重阳佳节把酒赏菊，表达自己的孤独寂寞以及思念丈夫的情绪。

《水龙吟·登建康赏心亭》表达了词人眼看时光流逝却无所作为，不能实现英雄抱负的苦闷。

《四块玉·别情》写了男女离别的场面以及别后的相思之情。

《卖花声·怀古》回顾秦汉历史，揭示历史上的英雄人物看似辉煌的背后，却是百姓不变的苦难。

《临江仙》将历史的变迁与自然的永恒对比,抒发历史兴亡之感,在笑谈古今中寄托了超越是非得失、旷达自然的人生理想。

《木兰花令·拟古决绝词柬友》模拟女子的口吻,抒写被男子抛弃的幽怨之情。

【思辨】

1. 观察总结,再查阅资料回答:诗、词、曲在形式上有何不同?
2. 这些词曲中你最喜欢哪一首?说说你的理由。

六、兰亭集序①

王羲之

【原文】

　　永和九年②，岁在癸丑③，暮春之初，会于会稽山阴④之兰亭，修禊⑤事也。群贤毕至，少长咸集。此地有崇山峻岭，茂林修竹，又有清流激湍，映带⑥左右，引以为流觞曲水⑦，列坐其次⑧。虽无丝竹管弦之盛，一觞一咏，亦足以畅叙幽情⑨。

　　是日也，天朗气清，惠风⑩和畅。仰观宇宙之大，俯察品类⑪之盛，所以游目骋怀⑫，足以极⑬视听之娱，信⑭可乐也。

　　夫人之相与⑮，俯仰⑯一世。或取诸怀抱，晤言⑰一室之内；或因⑱寄所

---

① 选自《晋书·王羲之传》，中华书局1974年版。《晋书》是一部记载晋代历史的纪传体断代史，由唐玄龄等人奉唐太宗李世民诏命编成。王羲之（321—379，一作303—361），字逸少，琅琊临沂（今山东临沂市）人，东晋书法家，有"书圣"之称。兰亭，在今浙江绍兴市西南。
② 永和九年：353年，永和是东晋穆帝司马聃的年号。
③ 癸（guǐ）丑：353年按干支纪为癸丑年。
④ 会（kuài）稽（jī）山阴：会稽郡山阴县，今浙江绍兴市。
⑤ 修禊（xì）：古代风俗以三月上旬的"巳"日为修禊日，魏以后定为阴历三月初三。这一天人们群聚于水边嬉戏洗濯，祈福襄灾。
⑥ 映带：映衬围绕。
⑦ 流觞曲水：把酒杯放在弯曲的水道中，漂流在谁的面前停下了，谁就喝里面的酒。
⑧ 次：水边。
⑨ 幽情：内心深藏的感情。
⑩ 惠风：和风。
⑪ 品类：万物。
⑫ 骋怀：开畅胸怀。
⑬ 极：穷尽。
⑭ 信：确实。
⑮ 相与：结交。
⑯ 俯仰：社会人事的周旋应酬。
⑰ 晤言：面对面谈话。
⑱ 因：随顺。

托,放浪①形骸②之外。虽趣③舍万殊,静躁不同,当其欣于所遇,暂得④于己,快然自足,不知老之将至。及其所之⑤既倦,情随事迁,感慨系⑥之矣。向之所欣,俯仰⑦之间,已为陈迹⑧,犹不能不以之兴怀⑨。况修短⑩随化,终期于尽⑪。古人云:"死生亦大矣⑫。"岂不痛哉!

每览昔人兴感之由,若合一契⑬,未尝不临文嗟悼,不能喻之于怀⑭。固知一死生⑮为虚诞⑯,齐彭殇⑰为妄作⑱。后之视今,亦犹今之视昔,悲夫!故列叙⑲时人,录其所述⑳,虽世殊事异,所以兴怀,其致㉑一也。后之览者,亦将有感于斯文㉒。

【释义】

永和九年,正值癸丑年,晚春的三月初,我们在会稽郡山阴县的兰亭聚会,是为了修禊这件事。各位贤能的人都来了,年纪轻的年纪大的都聚集在一起。这个地方有高峻的山岭,茂盛的树林,修长的竹子,又有清澈湍急的水流映衬围绕在左右。引来溪水作为流觞用的曲水,大家排列坐在水边。虽然没有演奏丝竹管弦的盛况,喝一杯酒,吟一首诗,也足以畅快地抒发内心深藏的感情。

这一日天气晴朗,和风舒畅。抬头仰望广大的宇宙,低头观察繁盛的万物,得以极目远眺,开畅怀抱,足够穷尽看和听的乐趣,确实是很快活啊。

---

① 放浪:放纵,无拘无束。
② 形骸(hái):身体。
③ 趣:通"取"。
④ 暂得:暂时感到快意。
⑤ 所之:所追求的东西。之,去,到。
⑥ 系:附着。
⑦ 俯仰:一俯一仰之间,形容时间短。
⑧ 陈迹:旧迹,过去的事物。
⑨ 兴怀:引发感想。
⑩ 修短:寿命长短。
⑪ 终期于尽:最终归结为消灭。
⑫ 死生亦大矣:死生是大事啊,见《庄子·德充符》。
⑬ 若合一契:像符契一样相合。契,古时的一种信物,分成两半,合起来即可作为凭证。
⑭ 喻之于怀:在心里理解。
⑮ 一死生:把死和生看作是一样的。
⑯ 虚诞:荒诞。
⑰ 齐彭殇(shāng):把长寿和短寿看作齐同的。彭,彭祖,相传活了八百岁。殇,未成年就死去的人。
⑱ 妄作:虚妄之谈。
⑲ 列叙:一一记下。
⑳ 所述:所作的诗。
㉑ 致:情致。
㉒ 斯文:这次集会的诗文。

人和人结交,很快便度过一生。有的人在室内畅谈自己的胸怀抱负;有的人就着自己所爱好的事物,寄托情怀,放纵不羁地生活。虽然取舍各不一样,沉静浮躁也不相同,但当他对遇到的事物感到高兴,自己暂时感到快意,觉得自我满足了,就竟然忘了衰老就要到来这件事。等到他对所追求的东西已经厌倦,感情随着事情变化而变化,感慨就随之产生了。原先喜欢的东西,转眼之间就已经成为陈迹,尚且不能不为此引发感想。何况寿命的长短,要听凭造化,最后归结于消灭。古人说:"死生是大事啊。"这难道不让人悲痛吗?

每次看到前人兴发感慨的理由,好像符契一样相合,没有不对着文章叹息悲伤的,而又无法在心中理解。原本就明白,把死生看作一样是荒诞的说法,把长寿和短寿看作齐同是虚妄之谈。后人看待今天,也像今天的人看待过去一样,可悲啊!所以一一记下当时参与集会的人,记录他们所作的诗文。即使是时代变迁,世事不同了,所以抒发情怀的原因,那种情致应该还是相同的。后世的读者,也将对这些诗文有所感慨。

【简析】

东晋穆宗永和九年三月初三,王羲之与当时的名士孙绰、谢安、支遁以及自己的子侄王凝之、王献之等四十一人在兰亭集会,曲水流觞,饮酒赋诗。王羲之事后为集会上写的诗作了这篇序。序文先是写出了这次盛会的亲友会集之乐、春日赏景之乐、流觞曲水之乐、吟咏抒怀之乐。接下来,笔锋一转,写到人生的乐与悲:当人快乐时可以忘记老之将至,而一旦碰到"修短随化,终期于尽"的终极问题,则必然要化乐为悲。然而庄子的"一死生"和"齐彭殇"难以说服作者,因此生死问题实际上并没有解决之道。这一探讨使文章具有强烈的哲理色彩,而结尾的"后之览者,亦将有感于斯文"又给本文增加了深沉的历史感,使这篇书法史上的著名作品同时也成为文学史上的名篇。

【思辨】

文中第一段的"乐"与后两段的"痛"有何关联?

七、伶官传序①

欧阳修

【原文】

呜呼！盛衰之理，虽曰天命，岂非人事哉！原②庄宗③之所以得天下，与其所以失之者，可以知之矣。

世言④晋王之将终⑤也，以三矢赐庄宗，而告之曰："梁⑥，吾仇也；燕王⑦，吾所立；契丹⑧与吾约为兄弟，而皆背晋以归梁。此三者，吾遗恨⑨也。与尔三矢，尔其无忘乃父之志！"庄宗受而藏之于庙⑩。其后用兵，则遣从事⑪以一少牢⑫告庙，请其矢，盛以锦囊，负而前驱，及凯旋⑬而纳之。

方其系⑭燕父子以组⑮，函⑯梁君臣之首，入于太庙，还矢先王而告以成

---

① 选自《新五代史·伶官传》，中华书局1974年版。《新五代史》原名《五代史记》，记载了五代时期后梁、后唐、后晋、后汉、后周的历史，撰写者为欧阳修，是二十四史中唐朝以后的唯一一部私修史书。欧阳修（1007—1072），字永叔，号醉翁、六一居士，北宋文学家、史学家。伶官，宫廷乐官。
② 原：推究。
③ 庄宗：后唐庄宗李存勖（xù）。他的父亲李克用唐末受封晋王，李存勖继承了王位，后来消灭后梁称帝，建立后唐。
④ 世言：世人传说。
⑤ 将终：临死。
⑥ 梁：指后梁太祖朱全忠。朱全忠原名朱温，是黄巢部将，后降唐，赐名全忠，受封梁王。他与李克用互相争斗，誓不两立。
⑦ 燕王：指刘仁恭、刘守光父子，刘仁恭借助李克用的力量夺取幽州，因李克用推荐而为卢龙军节度使，后来背叛晋倒向朱全忠，刘守光接受朱全忠封号为燕王。
⑧ 契丹：辽国。辽太祖耶律阿保机曾与李克用结盟，后又背盟与朱全忠联合。
⑨ 遗恨：至死没有解决的遗憾。
⑩ 庙：宗庙。
⑪ 从事：官名。
⑫ 少牢：古代祭祀，牛、羊、猪齐备叫太牢，只有羊、猪叫少牢。
⑬ 凯旋：唱着凯歌归来，指战胜。
⑭ 系：捆绑。913年，李存勖打败刘守光，俘虏了刘守光父子，第二年将他们处死。
⑮ 组：绳索。
⑯ 函：用盒子装。923年李存勖攻入梁都，后梁末帝朱有贞为了避免落入敌手，命部将皇甫麟杀死自己，皇甫麟杀死末帝后自杀，李存勖割二人头藏于太庙。

功,其意气之盛,可谓壮哉!及仇雠①已灭,天下已定,一夫夜呼②,乱者四应。仓皇东出,未及见贼而士卒离散,君臣相顾,不知所归,至于誓天断发③,泣下沾襟,何其衰也!岂得之难而失之易欤?抑④本⑤其成败之迹而皆自于人欤?《书》⑥曰:"满招损,谦受益。"忧劳可以兴国,逸豫⑦可以亡身,自然之理也。

故方其盛也,举天下⑧豪杰莫能与之争;及其衰也,数十伶人困之⑨,而身死国灭,为天下笑。夫祸患常积于忽微⑩,而智勇多困于所溺,岂独伶人也哉!作《伶官传》。

【释义】

唉!国家盛衰的道理,虽然说是出于天命,难道不也与人的作为有关吗?推究后唐庄宗得到天下与失去天下的原因,就可以明白这一点了。

世人传言晋王将死的时候,拿三支箭赐给庄宗,并且告诉他说:"梁王是我的仇人;燕王是我扶持起来的;契丹和我约为兄弟,而他们全都背叛晋归附梁。这三件事,是我到死都没有解决的遗憾。给你三支箭,你可不要忘了你父亲的遗愿!"庄宗接受了,把箭藏到宗庙里。这之后出兵时,就派一个从事官,用一猪一羊到太庙中祭告,请出那三支箭,用锦囊盛放着,背着它走在前边,等到胜利归来,再把它放回宗庙。

当庄宗用绳子捆着燕王父子,用盒子装着梁国君臣的头,进入太庙,把三支箭还给先王,并且把成功的消息禀告先王时,那强盛的意气,可以说是雄壮啊!等到仇敌已经被消灭,天下已经平定,一个人在夜里呼喊一声,叛乱的人就四方响应。君臣匆匆忙忙向东逃出京城,还没等遇见叛兵,士兵就溃散了,君臣互相看着,不知道能去哪里,甚至到了向天发誓截断头发,眼泪打湿了衣襟的地步,这是多么衰败啊!难道这是因为得到天下艰难而失去天下容易吗?或者是探究他成功与失

---

① 仇雠(chóu):仇敌。
② 一夫夜呼:指士兵皇甫晖,他于926年2月带头哗变,继而李嗣源等将领也相继叛变。
③ 誓天断发:割下发髻,向天发誓。李存勖率兵从洛阳往东走,不断有士兵离散。走到石桥,部将元行钦等百余人断发向天发誓,表示忠于李存勖,君臣相对大哭。
④ 抑:或。
⑤ 本:探求,考察原因。
⑥ 《书》:《尚书》。
⑦ 逸豫:安逸快乐。
⑧ 举天下:全天下。
⑨ 数十伶人困之:李存勖宠信乐工,纵情声色,李嗣源叛变后,乐官郭丛谦趁机作乱,李存勖中流矢而死。
⑩ 忽微:微小的事情。

败的事迹，说明全部都是由于人事呢？《尚书》说："骄傲自满招来损害，谦虚谨慎会受益。"忧劳可以使国家兴盛，安逸快乐可以使自身灭亡，这是自然的道理啊。

　　所以当庄宗强盛的时候，全天下的豪杰没有人能跟他相争；等到他衰败的时候，几十个乐官就能围困他，使他自身丧命而国家灭亡，被天下人耻笑。祸患常常在极微小的事情上积聚起来，而智勇的人大多因所溺爱的东西陷入困境。哪里仅仅是伶人啊！因此作《伶官传》。

【简析】

　　本文是欧阳修为《新五代史·伶官传》所作的序言，具有史论的性质。文章首段提出推究"所以得天下"及"所以失之"的原因；第二段对应"得天下"；第三段对应"失天下"；第四段总括全文并提出论点，层次清晰，结构严谨。全文采用了对比的结构，兴与亡形成对比，忧劳与逸豫形成对比，揭示了"人事"与"盛衰"之间的因果关系。全文叙议结合，抑扬顿挫，文气充沛，富有感情，被明代古文家茅坤赞为"千年绝调"。

【思辨】

　　本文所阐明的道理是什么？在生活中是否有类似的事例？

八、杜平章刁打状元郎①

汤显祖

【原文】

（外②）这贼都说的是什么话？着鬼③了。左右，取桃条打他，长流水喷他。（丑④取桃条上）"耍的门无鬼，先教园有桃⑤。"桃条在此。（外）高吊起打。（众吊起生⑥，作打介⑦）（生叫痛转动，众诨⑧、打鬼介，喷水介）（净⑨扮郭驼拐杖同老旦⑩、贴⑪扮军校持金瓜⑫上）"天上人间忙不忙？开科失却状元郎。"一向找寻柳梦梅，今日再寻不见，打老驼。（净）难道要老驼赔？买酒你吃，叫去罢。（叫介）状元柳梦梅那里？（外听介）（众叫下）（外问丑介）（丑）不见了新科状元，圣旨着沿街寻叫。（生）大哥，开榜哩。状元谁？（外恼介）这贼闲管，掌嘴，掌嘴。（丑掌生嘴介）（生叫冤屈介）（老旦、贴、净依前上）"但闻丞相府，不见状元郎。"咦，平章⑬府打喧闹哩。（听介）（净）里面声息，像有俺家相公哩！（众进介）（净向前见哭介）吊起的是我家相公也！（生）列位救我。（净）谁打相公来？（生）是这平章。（净将拐杖打外介）拼

---

① 节选自《牡丹亭·硬拷》，见徐朔方、杨笑梅校注《牡丹亭》，人民文学出版社 1963 年版。标题为编者所加。《牡丹亭》全名《牡丹亭还魂记》，是汤显祖的代表作。汤显祖（1550—1616），字义仍，号海若、清远道人，临川（今属江西）人，明代剧作家。其所作《紫钗记》《牡丹亭》《南柯记》和《邯郸记》合称"临川四梦"或"玉茗堂四梦"。
② 外：明清传奇中的角色，多扮演中年人，这里扮演杜宝。
③ 着鬼：鬼附体。
④ 丑：明清传奇中的角色，多起活跃气氛的作用，这里扮演杜宝身边伺候的军士。
⑤ 耍的门无鬼，先教园有桃：古人以为桃木可以打鬼辟邪。门无鬼，《庄子·天地》中的人名。园有桃，《诗经·魏风》的篇名。
⑥ 生：明清传奇中的男主角，这里扮演柳梦梅。
⑦ 介：表示动作、表情等的舞台说明。
⑧ 诨（hùn）：戏谑，开玩笑。
⑨ 净：明清传奇中的角色，多扮演性格粗放的喜剧人物，这里扮演柳梦梅家的园丁郭驼。
⑩ 老旦：明清传奇中的角色，老年女人。这里是女角反串男角。
⑪ 贴：旦的副角，这里扮演军校。
⑫ 金瓜：古代卫士拿的一种兵仗。
⑬ 平章：官名，宋制相当于丞相，这里指杜宝。

老命打这平章。(外恼介)谁敢无礼?(老旦贴)驾上的①,来寻状元柳梦梅。(生)大哥,柳梦梅便是小生。(净向前解生,外扯净跌介)(生)你是老驼,因何至此?(净)俺一径②来寻相公,喜的中了状元。(生)真个的!快向钱塘门外报与杜小姐知道。(老旦贴)找着了状元,俺们也报知黄门官③奏去。"未去朝天子,先来激④相公。"(下)(外)一路的光棍⑤去了。正好拷问这厮,左右再与俺吊将起。(生)待俺分诉⑥些,难道状元是假得的?(外)凡为状元者,有登科录⑦为证。你有何据?则⑧是吊了打便了。(生叫苦介)(净扮苗舜宾⑨引老旦,贴扮堂候官⑩,捧冠袍带上)"踏破草鞋无觅处,得来全不费工夫。"老公相住手,有登科录在此。

【饶饶犯】(净)则他是御笔亲标第一红,柳梦梅为梁栋。(外)敢不是他?(净)是晚生本房⑪取中的。(生)是苗老师哩,救门生一救!(净笑介)你高吊起文章钜公⑫,打桃枝受用⑬。告过老公相,军校,快请状元下吊。(贴放,生叫"疼煞"介)(净)可怜,可怜!是斯文倒吃尽斯文痛,无情棒打多情种。(生)他是我丈人。(净)原来是倚太山压卵⑭欺鸾凤⑮。(老旦)状元悬梁、刺股。(净)罢了,一领官袍遮盖去。(外)什么官袍,扯了他!

【收江南】(外扯住冠服介)(生)呀,你敢抗皇宣骂敕封,早裂绽我御袍红。似人家女婿呵,拜门也似乘龙。偏我帽光光⑯走空⑰,你桃夭夭煞风⑱。(老旦替生冠服插花介)(生)老平章,好看我插宫花帽压君恩重。(外)柳梦

---

① 驾上的:奉圣旨而来的。
② 一径:一直,一路走来。
③ 黄门官:宦官。
④ 激:通"嗷(jiào)",高声呼叫。
⑤ 光棍:原指无赖,这里指奉旨来的那些不好惹的人。
⑥ 分诉:辩解。
⑦ 登科录:新进士的名册。
⑧ 则:只。
⑨ 苗舜宾:人名,主考官。
⑩ 堂候官:本指唐宋时中书省的官员,此供高级官员役使的小吏。
⑪ 本房:自己所在的一房,科举时代考官分房批阅考卷。
⑫ 文章钜公:文豪。
⑬ 受用:享受。
⑭ 太山压卵:即"泰山压卵",形容以绝对优势压倒对方。这里的"泰山"又双关指岳父。
⑮ 鸾凤:比喻夫妇。
⑯ 帽光光:原指新郎衣帽整洁,也用作新郎的隐语。
⑰ 走空:吊在空中。
⑱ 桃夭夭煞风:用桃树条打我煞风景。

梅怕不是他。果是他，便童生①应试，也要候案②。怎生殿试③了，不候榜开，来淮扬胡撞？（生）老平章是不知。为因李全兵乱④，放榜稽迟。令爱⑤闻得老平章有兵寇之事，着我一来上门，二来报他再生之喜，三来扶助你为官。好意成恶意，今日可是你女婿了！（外）谁认你女婿来！

【背景介绍】

南安太守杜宝的女儿杜丽娘，春日游园，梦中与书生柳梦梅幽会，醒后相思成疾，与世长辞。杜宝升官离任，在女儿墓地建梅花观。柳梦梅进京赶考，寄居梅花观中。他在园中拾到杜丽娘的自画像，发现正是自己梦中佳人，感得杜丽娘鬼魂出现，与他相会。柳梦梅掘墓开棺，杜丽娘起死回生，二人结为夫妻。杜丽娘的家塾老师陈最良以为杜丽娘的坟墓被盗，赶去扬州告诉淮扬安抚使杜宝。柳梦梅去临安应试，因为战事放榜延迟。杜丽娘让柳梦梅去杜宝军中认亲。杜宝不相信死去的女儿复生，又在柳梦梅身上搜出女儿殉葬的自画像，认定柳梦梅是盗墓贼。与此同时，殿试放榜，柳梦梅中了状元，人却消失不见，皇上下旨命令寻找。柳梦梅家又老又驼的园丁郭驼去临安找他，正碰上找新科状元的军校，于是一起沿街叫着名字寻找。不知自己中状元的柳梦梅还被困在杜宝府中，杜宝无法相信杜丽娘已经复生，坚持认定柳梦梅是盗墓贼。

【释义】

杜宝：这贼说的都是什么话？鬼附体了。左右听令，拿桃树条打他，长流水喷他。

军士（拿桃树条上台）："要想门无鬼，先教园有桃"，桃树条在这里。

杜宝：高高地吊起来打。

（军士们吊起柳梦梅打。柳梦梅喊疼，转动，军士们开玩笑，用桃枝打，喷水。）

（郭驼挂着拐杖，和老旦以及拿着金瓜的军校上台。）

老旦、军校："天上人间忙不忙，放榜丢掉了状元郎。"一直在找柳梦梅，今天再找不到，要打这个老驼。

郭驼：难道要我老驼赔？买酒给你们喝，快高喊名字找吧。

众人（叫）：状元柳梦梅在哪里？

---

① 童生：未考秀才的读书人。
② 候案：等候放榜。
③ 殿试：科举考试中最高一级，第一名称状元。
④ 李全兵乱：剧中李全投靠金兵，在淮扬作乱。
⑤ 令爱：指对方的女儿。

(杜宝听到了。众人叫着下台。杜宝问军士怎么回事。)

军士：不见了新科状元，圣旨命令沿街叫着寻找。

柳梦梅：大哥，开榜啦。状元是谁？

杜宝(恼怒地)：这贼多管闲事，打嘴，打嘴。

(军士打柳梦梅的嘴，柳梦梅直喊冤屈。)

(老旦、军校、郭驼跟前面一样上台。)

老旦、军校："只听到丞相府的声音，没见到状元郎。"咦，平章府里闹嚷嚷的。

(众人倾听。)

郭驼：听里面的声音，像是有我家相公啊！

(众人进去。)

郭驼(走上前去看到了，哭着)：吊起来的是我家相公啊！

柳梦梅：各位救救我。

郭驼：谁打相公了？

柳梦梅：是这个平章。

郭驼(拿拐杖打杜宝)：我拼了老命打这个平章。

杜宝(恼火地)：谁敢无礼？

老旦、军校：我们是奉圣旨行事，来找状元柳梦梅。

柳梦梅：大哥，柳梦梅就是小生我。

(郭驼上前解下柳梦梅，杜宝扯住郭驼把他跌倒。)

柳梦梅：你是老驼，为何来这里？

郭驼：我一路走来找相公，恭喜你中状元了。

柳梦梅：真的！快去钱塘门外报告给杜小姐知道。

老旦、军校：找到了状元，我们也去报告黄门官上奏吧。"没去朝见天子，先来高声呼叫相公。"

(一起下。)

杜宝：这一伙不好惹的都去了。正好拷问这厮。左右再给我把他吊起来。

柳梦梅：等我辩解一下，难道状元假得了吗？

杜宝：凡是考中状元，有登科录为证。你有什么凭证？只管给我吊了打就是了。

(柳梦梅叫苦。)

(苗舜宾带着老旦及堂候官，捧着状元的帽子、袍子、带子上台。)

苗舜宾："踏破草鞋无觅处，得来全不费工夫。"老公相住手，登科录在这里。

苗舜宾：他是御笔亲点的第一名，叫柳梦梅的国家栋梁。

杜宝：恐怕不是他吧？

苗舜宾：是晚生我所在的一房录取的。

柳梦梅：是苗老师啊，救救学生！

苗舜宾（笑着）：你高高吊起了个文豪，让他享受用桃枝抽打的待遇。告过老公相、军校，快把状元放下来。

（军校放下柳梦梅，柳梦梅叫"疼死了"。）

苗舜宾：可怜，可怜！这是斯文人受够了斯文的苦痛，无情的棒子打多情的种子。

柳梦梅：他是我丈人。

苗舜宾：原来是泰山压卵，老丈人欺负女婿。

老旦：状元郎在悬梁、刺骨。

苗舜宾：罢了，用一件宫袍遮盖他一下。

杜宝：什么宫袍，撕了它！

（杜宝扯住柳梦梅的帽子、衣服。）

柳梦梅：呀，你敢抗拒皇上的命令，辱骂皇上的封赏，撕裂我御赐的红袍。别人家的女婿上门拜见岳父好像乘龙。偏偏我这个新女婿被吊到空中，你拿桃树条打我太煞风景。

（老旦替柳梦梅戴帽子、穿衣服、插花。）

柳梦梅：老平章，你好好看看我插了宫花戴着帽子深受皇恩的样子。

杜宝：柳梦梅怕不是他。要真是他，就算是童生去考秀才，也要等着放榜。怎么参加了殿试，不等着放榜，到淮扬乱跑？

柳梦梅：老平章你不了解情况。是因为李全发兵作乱，放榜推迟了。你女儿听说你要负责军务，让我一来上门认亲，二来报喜告知她复活的事，三来帮助你做官。好意变成了坏心，现在我可算是你女婿了？

杜宝：谁认你做女婿了！

【简析】

上面节选的这一部分写杜宝硬要拷打柳梦梅。杜宝不信柳梦梅关于杜丽娘复生的解释，喝令把他吊起来，又是用桃树条打，又是用长流水喷。杜府外面在找新科状元，里面新科状元却在挨打，这就造成了强烈的反差，引发了观者或读者的内心期待。等到郭驼听出柳梦梅的声音，寻找柳梦梅的官差来到杜府，似乎问题可以迎刃而解了，然而差人一走，柳梦梅又被吊起来打。等到主考官上台，杜宝又找各种借口，不肯承认柳梦梅中了状元，更是坚决不肯认这个女婿。在后面的情节中，杜宝的这种顽固蛮横一直持续着，他甚至坚持认为复活的女儿是妖孽，也不肯相认，最终经过皇帝裁决才总算有了大团圆的结局。仅就节选的部分来说，紧张激烈的戏剧冲突造成了一波三折、引人入胜的效果，显示出剧作卓越的艺术成就。

【思辨】
1. 杜宝为何不肯认柳梦梅？
2. 这一节明明写的是柳梦梅挨打，却充满了喜剧色彩，作者是如何做到这一点的？

九、李寄斩蛇[①]

干 宝

【原文】

东越[②]闽中[③]有庸岭[④],高数十里。其下北隙中有大蛇,长七八丈,围一丈。土俗[⑤]常病[⑥],东冶都尉[⑦]及属城长吏[⑧]多有死者。祭以牛羊,故[⑨]不得福。或与人梦,或下喻巫祝[⑩],欲得啖童女年十二三者。都尉、令、长[⑪]并共患之。然气厉[⑫]不息。共请求人家生婢子[⑬],兼有罪家女养之。至八月朝[⑭]祭,送蛇穴口。蛇辄夜出,吞啮之。累年[⑮]如此,前后已用九女。一岁,将祀之,复预募索[⑯],未得其女。

将乐县[⑰]李诞,家有六女,无男。其小女名寄,应募欲行,父母不听。寄曰:"父母无相[⑱],唯生六女,无有一男,虽有如无。女无缇萦[⑲]济父母之功,

---

[①] 节选自《搜神记·变化篇》,见李剑国辑校《新辑搜神记》,中华书局2007年版。标题为编者所加。《搜神记》,干宝撰,是记载历史异事、神灵感应、精怪变化、仙法道术等的志怪小说集,原书已佚,今本为后人所辑录。干宝(? —336),字令升,新蔡(今河南新蔡县)人,东晋文学家、史学家、经学家。

[②] 东越:汉初小国,今浙江、福建一带。

[③] 闽中:今福建一带。

[④] 庸岭:山名,在今福建邵武市。

[⑤] 土俗:本地。

[⑥] 病:忧虑。

[⑦] 东冶都尉:东冶的都尉官。东冶,东越国的都城,今福建福州市。都尉,掌管军事的官。

[⑧] 属城长吏:下属县城的长官。

[⑨] 故:仍旧。

[⑩] 巫祝:掌管占卜祭祀的神职人员。

[⑪] 令、长:县官。秦代满万户的县官称令,不满万户的称长。

[⑫] 气厉:嚣张的气焰。

[⑬] 家生婢子:世代为奴的奴婢生的女儿。

[⑭] 朝:阴历初一。

[⑮] 累年:连年。

[⑯] 募索:招募索求。

[⑰] 将乐县:今福建将乐县。

[⑱] 无相:没有生儿子的福相。

[⑲] 缇(tí)萦(yíng):淳于缇萦,西汉太仓令淳于意的女儿。文帝时,淳于意有罪要受残害身体的肉刑。缇萦随父入长安,请求做官婢来为父亲赎罪。汉文帝受了感动,免除淳于意的刑罚,并下诏废除肉刑。

既不能供养，徒费衣食，生无所益，不如早死。卖寄之身，可得少钱，以供父母，岂不善耶？"父母慈怜①，终不听去。寄自潜严②，不可禁止。

寄乃行告贵③，请好剑及咋④蛇犬。至八月朝，便诣庙中坐，怀剑将犬。先作数石米餈⑤，用蜜灌之，以置穴口。蛇夜便出，头大如囷⑥，目如二尺镜。闻餈香气，先啖食之。寄便放犬，犬就啮咋，寄从后斫得数创。创痛急，蛇因踊出，至庭⑦而死。寄入视穴，得其九女髑髅⑧，悉举出，咤言⑨曰："汝曹怯弱，为蛇所食，甚可哀愍⑩。"于是寄女缓步而归。

【释义】

东越国闽中地区有座庸岭，高几十里。下面北部山隙间有条大蛇，长七八丈，粗一丈。一直为当地人所忧虑。东冶都尉以及下属县的县官们，有很多因此而死的。用牛和羊祭祀，还是得不到保佑。大蛇有时候给人托梦，有时候降下旨意给巫祝，想要得到十二三岁的童女来吃。都尉和下属县的县官全都很担忧。但是蛇的嚣张气焰却始终不灭。只好一起找来奴婢生的女儿或者是有罪人家的女儿养着。到了八月初一的时候就去祭祀，送到蛇洞口，蛇就在夜里出来，把童女吞吃掉，年年都这样，前后已经吃掉了九个童女。有一年，又要祭祀它，又预先招募索求，但还没找到合适的童女。

将乐县的李诞，家里有六个女儿，没有男孩。他的小女儿叫李寄，应募要去，父母不答应。李寄说："父母没有福相，只生了六个女儿，没有一个儿子，即使有孩子也像没有一样。我又没有缇萦救父母的功劳，既然做不到供养父母，只能白白耗费衣食，活着也没什么用处，不如早点死。卖了我可以得到一点钱，用来供养父母，岂不是很好吗？"父母慈爱，始终不让她去。李寄自己偷偷准备，父母没有办法制止。

李寄于是就去报告官府，求得好剑以及咬蛇的狗。到了八月初一就去庙里坐着，怀揣着剑，带着狗。她预先做了几石米餈，用蜜灌在里面，放在蛇洞口。到了

---

① 慈怜：慈爱。
② 潜严：偷偷准备。
③ 告贵：报告官府。
④ 咋（zé）：咬。
⑤ 米餈（cí）：糯米粉制成的糕。
⑥ 囷：谷仓。
⑦ 庭：指蛇洞前的空地。
⑧ 髑（dú）髅（lóu）：死人的头骨。
⑨ 咤（zhà）言：痛惜地说。
⑩ 哀愍（mǐn）：哀怜。

夜里蛇就出来,头大得像谷仓,眼睛像二尺的镜子。蛇闻到香气,先来吃米餈。李寄就放狗,狗跑上去咬蛇,李寄拿着剑从后面攻击,把蛇砍伤了好几处。蛇伤口痛得厉害,于是就从洞里蹿出来,到了洞前空地上就死了。李寄进蛇洞查看,找到了先前那九个童女的头骨,全部拿出来,痛惜地说:"你们这些人胆怯懦弱,被蛇吃掉了,实在很可怜。"于是李寄就缓缓地走回去了。

【简析】

　　这个故事中的李寄是为民除害的少年英雄。她执着,决意为民除害,父母不许,就偷偷准备;她好胜,不甘于父母"惟生六女,无有一男,虽有如无"的状况,以自己的行动证明了女子也能成为英雄;她机智,对斩蛇一事计划周详;她勇敢,自愿应募,从容面对大蛇,最后表达对软弱胆小者的同情与不屑。小说情节感很强,篇幅虽短却引人入胜,特别是人物的语言描写和动作描写生动传神,使读者如闻其声,如见其人。

【思辨】

1. 分析李寄为何要去斩蛇。
2. 本文是怎样塑造李寄这一人物形象的?

十、宝玉挨打[①]

曹雪芹

【原文】

原来宝玉会过雨村回来听见了,便知金钏儿含羞赌气自尽,心中早又五内摧伤,进来被王夫人数落教训,也无可回说。见宝钗进来,方得便出来,茫然不知何往,背着手,低头一面感叹,一面慢慢地走着,信步来至厅上。

刚转过屏门,不想对面来了一人正往里走,可巧儿撞了个满怀。只听那人喝了一声:"站住!"宝玉唬了一跳,抬头一看,不是别人,却是他父亲,不觉的倒抽了一口气,只得垂手一旁站了。贾政道:"好端端的,你垂头丧气嗐些什么?方才雨村来了要见你,叫你那半天你才出来;既出来了,全无一点慷慨挥洒谈吐,仍是葳葳蕤蕤。我看你脸上一团思欲愁闷气色,这会子又咳声叹气。你那些还不足,还不自在?无故这样,却是为何?"宝玉素日虽是口角伶俐,只是此时一心总为金钏儿感伤,恨不得此时也身亡命殒,跟了金钏儿去。如今见了他父亲说这些话,究竟不曾听见,只是怔呵呵地站着。

贾政见他惶悚[②],应对不似往日,原本无气的,这一来倒生了三分气。方欲说话,忽有回事人来回:"忠顺亲王府里有人来,要见老爷。"贾政听了,心下疑惑,暗暗思忖道:"素日并不和忠顺府来往,为什么今日打发人来?"一面想,一面令"快请",急走出来看时,却是忠顺府长史官[③],忙接进厅上坐了献茶。

[①] 选自曹雪芹《红楼梦》,人民文学出版社1996年版。《红楼梦》,原名《石头记》,章回体长篇小说,中国古典小说的巅峰之作。一般认为是曹雪芹著。曹雪芹(1715?—1763?),名霑,字梦阮,号雪芹,又号芹圃、芹溪。满洲正白旗包衣人,清代小说家。
[②] 惶悚(sǒng)惶恐。悚,害怕。
[③] 长史官:总管王府内事务的官吏。从南朝起始设,以后各代王府都沿设此职。

未及叙谈,那长史官先就说道:"下官此来,并非擅造潭府①,皆因奉王命而来,有一件事相求。看王爷面上,敢烦老大人作主,不但王爷知情,且连下官辈亦感谢不尽。"贾政听了这话,抓不住头脑,忙陪笑起身问道:"大人既奉王命而来,不知有何见谕,望大人宣明,学生好遵谕承办。"那长史官便冷笑道:"也不必承办,只用大人一句话就完了。我们府里有一个做小旦的琪官,一向好好在府里,如今竟三五日不见回去,各处去找,又摸不着他的道路②,因此各处访察。这一城内,十停③人倒有八停人都说,他近日和衔玉的那位令郎相与甚厚。下官辈等听了,尊府不比别家,可以擅入索取,因此启明王爷。王爷亦云:'若是别的戏子呢,一百个也罢了,只是这琪官随机应答,谨慎老诚,甚合我老人家的心,竟断断少不得此人。'故此求老大人转谕令郎,请将琪官放回,一则可慰王爷谆谆奉恩,二则下官辈也可免操劳求觅之苦。"说毕,忙打一躬。

贾政听了这话,又惊又气,即命唤宝玉来。宝玉也不知是何原故,忙赶来时,贾政便问:"该死的奴才!你在家不读书也罢了,怎么又做出这些无法无天的事来!那琪官现是忠顺王爷驾前承奉的人,你是何等草芥,无故引逗他出来,如今祸及于我。"宝玉听了唬了一跳,忙回道:"实在不知此事。究竟连'琪官'两个字不知为何物,岂更又加'引逗'二字!"说着便哭了。

贾政未及开言,只见那长史官冷笑道:"公子也不必掩饰。或隐藏在家,或知其下落,早说了出来,我们也少受些辛苦,岂不念公子之德?"宝玉连说不知,"恐是讹传,也未见得"。那长史官冷笑道:"现有据证,何必还赖?必定当着老大人说了出来,公子岂不吃亏?既云不知此人,那红汗巾子怎么到了公子腰里?"宝玉听了这话,不觉轰去魂魄,目瞪口呆,心下自思:"这话他如何得知!他既连这样机密事都知道了,大约别的瞒他不过,不如打发他去了,免的再说出别的事来。"因说道:"大人既知他的底细,如何连他置买房舍这样大事倒不晓得了?听得说他如今在东郊离城二十里有个什么紫檀堡,他在那里置了几亩田地几间房舍。想是在那里也未可知。"那长史官听了,笑道:"这样说,一定是在那里。我且去找一回,若有了便罢,若没有,还要来请教。"说着,便忙忙地走了。

贾政此时气得目瞪口歪,一面送那长史官,一面回头命宝玉:"不许动!

---

① 潭府:深宅大院。常用作对他人住宅的尊称。潭,深邃的样子。
② 道路:指行踪去向。
③ 十停:十成。

回来有话问你!"一直送那官员去了。才回身,忽见贾环带着几个小厮一阵乱跑。贾政喝令小厮:"快打,快打!"贾环见了他父亲,唬得骨软筋酥,忙低头站住。贾政便问:"你跑什么? 带着你的那些人都不管你,不知往那里逛去,由你野马一般!"喝令叫跟上学的人来。贾环见他父亲盛怒,便乘机说道:"方才原不曾跑,只因从那井边一过,那井里淹死了一个丫头,我看见人头这样大,身子这样粗,泡得实在可怕,所以才赶着跑了过来。"贾政听了惊疑,问道:"好端端的,谁去跳井? 我家从无这样事情,自祖宗以来,皆是宽柔以待下人。——大约我近年于家务疏懒,自然执事人①操克夺之权②,致使生出这暴殄轻生③的祸患。若外人知道,祖宗颜面何在!"喝令快叫贾琏、赖大、来兴。

小厮们答应了一声,方欲叫去,贾环忙上前拉住贾政的袍襟,贴膝跪下道:"父亲不用生气。此事除太太房里的人,别人一点也不知道。我听见我母亲说……"说到这里,便回头四顾一看。贾政知意,将眼一看众小厮,小厮们明白,都往两边后面退去。贾环便悄悄说道:"我母亲告诉我说,宝玉哥哥前日在太太屋里,拉着太太的丫头金钏儿强奸不遂,打了一顿。那金钏儿便赌气投井死了。"

话未说完,把个贾政气的面如金纸,大喝:"快拿宝玉来!"一面说,一面便往里边书房里去,喝令:"今日再有人劝我,我把这冠带家私④一应交与他与宝玉过去!我免不得做个罪人,把这几根烦恼鬓毛剃去,寻个干净去处⑤自了,也免得上辱先人下生逆子之罪。"众门客仆从见贾政这个形景,便知又是为宝玉了,一个个都是咂指咬舌,连忙退出。那贾政喘吁吁直挺挺坐在椅子上,满面泪痕,一叠声"拿宝玉! 拿大棍! 拿索子捆上! 把各门都关上! 有人传信往里头去,立刻打死!"众小厮们只得齐声答应,有几个来找宝玉。

那宝玉听见贾政吩咐他"不许动",早知多凶少吉,那里承望贾环又添了许多的话。正在厅上干转,怎得个人来往里头去捎信,偏生没个人,连焙茗也不知在那里。正盼望时,只见一个老姆姆出来。宝玉如得了珍宝,便

---

① 执事人:具体操办某事的人。
② 克夺之权:生杀予夺之权。
③ 暴殄(tiǎn)轻生:暴殄,恣意糟蹋。殄,灭绝。轻生,不爱惜生命。
④ 冠带家私:冠带,帽子和束带,是官服的代称,这里代指官爵。家私,财产,代指家业。
⑤ 烦恼鬓毛、干净去处:鬓毛,即头发,佛家称为"烦恼丝"。干净,佛家以为人世污浊不净,唯有佛门才能通向清净世界,即所谓净土。剃去烦恼鬓毛与寻个干净去处,都是出家当和尚的意思。

赶上来拉他,说道:"快进去告诉:老爷要打我呢!快去,快去!要紧,要紧!"宝玉一则急了,说话不明白;二则老婆子偏生又聋,竟不曾听见是什么话,把"要紧"二字只听作"跳井"二字,便笑道:"跳井让他跳去,二爷怕什么?"宝玉见是个聋子,便着急道:"你出去叫我的小厮来罢。"那婆子道:"有什么不了的事?老早的完了。太太又赏了衣服,又赏了银子,怎么不了事的!"

宝玉急得跺脚,正没抓寻处,只见贾政的小厮走来,逼着他出去了。贾政一见,眼都红紫了,也不暇问他在外流荡优伶,表赠私物,在家荒疏学业,淫辱母婢等语,只喝令"堵起嘴来,着实打死!"小厮们不敢违拗,只得将宝玉按在凳上,举起大板打了十来下。贾政犹嫌打轻了,一脚踢开掌板的,自己夺过来,咬着牙狠命盖了三四十下。众门客见打得不祥了,忙上前夺劝。贾政那里肯听,说道:"你们问问他干的勾当可饶不可饶!素日皆是你们这些人把他酿①坏了,到这步田地还来解劝。明日酿到他弑君杀父,你们才不劝不成!"

众人听这话不好听,知道气急了,忙又退出,只得觅人进去给信。王夫人不敢先回贾母,只得忙穿衣出来,也不顾有人没人,忙忙赶往书房中来,慌得众门客小厮等避之不及。王夫人一进房来,贾政更如火上浇油一般,那板子越发下去得又狠又快。按宝玉的两个小厮忙松了手走开,宝玉早已动弹不得了。

贾政还欲打时,早被王夫人抱住板子。贾政道:"罢了,罢了!今日必定要气死我才罢!"王夫人哭道:"宝玉虽然该打,老爷也要自重。况且炎天暑日的,老太太身上也不大好,打死宝玉事小,倘或老太太一时不自在了,岂不事大!"贾政冷笑道:"倒休提这话。我养了这不肖的孽障,已不孝;教训他一番,又有众人护持;不如趁今日一发勒死了,以绝将来之患!"说着,便要绳索来勒死。

王夫人连忙抱住哭道:"老爷虽然应当管教儿子,也要看夫妻分上。我如今已将五十岁的人,只有这个孽障,必定苦苦地以他为法,我也不敢深劝。今日越发要他死,岂不是有意绝我。既要勒死他,快拿绳子来先勒死我,再勒死他。我们娘儿们不敢含怨,到底在阴司里得个依靠。"说毕,爬在宝玉身上大哭起来。

---

① 酿:纵容。

贾政听了此话，不觉长叹一声，向椅上坐了，泪如雨下。王夫人抱着宝玉，只见他面白气弱，底下穿着一条绿纱小衣皆是血渍，禁不住解下汗巾看，由臀至胫，或青或紫，或整或破，竟无一点好处，不觉失声大哭起来："苦命的儿啊！"因哭出"苦命儿"来，忽又想起贾珠来，便叫着贾珠哭道："若有你活着，便死一百个我也不管了。"此时里面的人闻得王夫人出来，那李宫裁王熙凤与迎春姊妹早已出来了。王夫人哭着贾珠的名字，别人还可，惟有宫裁禁不住也放声哭了。贾政听了，那泪珠更似滚瓜一般滚了下来。

正没开交处，忽听丫鬟来说："老太太来了。"一句话未了，只听窗外颤巍巍的声气说道："先打死我，再打死他，岂不干净了！"贾政见他母亲来了，又急又痛，连忙迎接出来，只见贾母扶着丫头，喘吁吁地走来。

贾政上前躬身陪笑道："大暑热天，母亲有何生气亲自走来？有话只该叫了儿子进去吩咐。"贾母听说，便止住步喘息一回，厉声说道："你原来是和我说话！我倒有话吩咐，只是可怜我一生没养个好儿子，却教我和谁说去！"贾政听这话不像，忙跪下含泪说道："为儿的教训儿子，也为的是光宗耀祖。母亲这话，我做儿的如何禁得起？"贾母听说，便啐了一口，说道："我说一句话，你就禁不起，你那样下死手的板子，难道宝玉就禁得起了？你说教训儿子是光宗耀祖，当初你父亲怎么教训你来！"说着，不觉就滚下泪来。

贾政又陪笑道："母亲也不必伤感，皆是作儿的一时性起，从此以后再不打他了。"贾母便冷笑道："你也不必和我使性子赌气的。你的儿子，我也不该管你打不打。我猜着你也厌烦我们娘儿们。不如我们赶早儿离了你，大家干净！"说着便令人去看①轿马，"我和你太太宝玉立刻回南京去！"家下人只得干答应着。

贾母又叫王夫人道："你也不必哭了。如今宝玉年纪小，你疼他，他将来长大成人，为官作宰的，也未必想着你是他母亲了。你如今倒不要疼他，只怕将来还少生一口气呢。"贾政听说，忙叩头哭道："母亲如此说，贾政无立足之地。"贾母冷笑道："你分明使我无立足之地，你反说起你来！只是我们回去了，你心里干净，看有谁来许你打。"一面说，一面只令快打点行李车轿回去。贾政苦苦叩求认罪。

贾母一面说话，一面又记挂宝玉，忙进来看时，只见今日这顿打不比往日，又是心疼，又是生气，也抱着哭个不了。王夫人与凤姐等解劝了一会，

---

① 看：准备，备办。

方渐渐地止住。早有丫鬟媳妇等上来,要挽宝玉,凤姐便骂道:"糊涂东西,也不睁开眼瞧瞧!打得这么个样儿,还要挽着走!还不快进去把那藤屉子春凳①抬出来呢。"众人听说连忙进去,果然抬出春凳来,将宝玉抬放凳上,随着贾母王夫人等进去,送至贾母房中。

  彼时贾政见贾母气未全消,不敢自便,也跟了进去。看看宝玉,果然打重了。再看看王夫人,"儿"一声,"肉"一声,"你替珠儿早死了,留着珠儿,免你父亲生气,我也不白操这半世的心了。这会子你倘或有个好歹,丢下我,叫我靠那一个!"数落一场,又哭"不争气的儿"。贾政听了,也就灰心,自悔不该下毒手打到如此地步。先劝贾母,贾母含泪说道:"你不出去,还在这里做什么!难道于心不足,还要眼看着他死了才去不成!"贾政听说,方退了出来。

  此时薛姨妈同宝钗、香菱、袭人、史湘云也都在这里。袭人满心委屈,只不好十分使出来,见众人围着,灌水的灌水,打扇的打扇,自己插不下手去,便越性走出来到二门前,令小厮们找了焙茗来细问:"方才好端端的,为什么打起来?你也不早来透个信儿!"焙茗急地说:"偏生我没在跟前,打到半中间我才听见了。忙打听原故,却是为琪官金钏姐姐的事。"袭人道:"老爷怎么得知道的?"焙茗道:"那琪官的事,多半是薛大爷素日吃醋,没法儿出气,不知在外头唆挑了谁来,在老爷跟前下的火②。那金钏儿的事是三爷说的,我也是听见老爷的人说的。"袭人听了这两件事都对景③,心中也就信了八九分。然后回来,只见众人都替宝玉疗治。调停完备,贾母令"好生抬到他房内去"。众人答应,七手八脚,忙把宝玉送入怡红院内自己床上卧好。又乱了半日,众人渐渐散去,袭人方进前来经心服侍,问他端的。且听下回分解④。

  话说袭人见贾母王夫人等去后,便走来宝玉身边坐下,含泪问他:"怎么就打到这步田地?"宝玉叹气说道:"不过为那些事,问他做什么!只是下半截疼得很,你瞧瞧打坏了那里。"袭人听说,便轻轻的伸手进去,将中衣褪下。宝玉略动一动,便咬着牙叫"嗳哟",袭人连忙停住手,如此三四次才褪

---

① 藤屉子春凳:春凳,一种面较宽的可坐可卧的长凳。藤屉子,凳面用藤皮编成。
② 下的火:使坏进谗的意思。
③ 对景:对得上号,情况符合。
④ 且听下回分解:章回小说一回结束的套话,以上选自第三十三回"手足眈眈小动唇舌,不肖种种大承笞挞",下文是第三十四回"情中情因情感妹妹,错里错以错劝哥哥"的前半部分。

了下来。袭人看时,只见腿上半段青紫,都有四指宽的僵痕高了起来。袭人咬着牙说道:"我的娘,怎么下这般的狠手!你但凡听我一句话,也不得到这步地位。幸而没动筋骨,倘或打出个残疾来,可叫人怎么样呢!"

正说着,只听丫鬟们说:"宝姑娘来了。"袭人听见,知道穿不及中衣,便拿了一床袷纱被①替宝玉盖了。只见宝钗手里托着一丸药走进来,向袭人说道:"晚上把这药用酒研开,替他敷上,把那淤血的热毒散开,可以就好了。"说毕,递与袭人,又问道:"这会子可好些?"宝玉一面道谢说:"好了。"又让坐。

宝钗见他睁开眼说话,不像先时,心中也宽慰了好些,便点头叹道:"早听人一句话,也不至今日。别说老太太、太太心疼,就是我们看着,心里也疼。"刚说了半句又忙咽住,自悔说的话急了,不觉得就红了脸,低下头来。宝玉听得这话如此亲切稠密,大有深意,忽见他又咽住不往下说,红了脸,低下头只管弄衣带,那一种娇羞怯怯,非可形容得出者,不觉心中大畅,将疼痛早丢在九霄云外,心中自思:"我不过捱了几下打,他们一个个就有这些怜惜悲感之态露出,令人可玩可观,可怜可敬。假若我一时竟遭殃横死,他们还不知是何等悲感呢!既是他们这样,我便一时死了,得他们如此,一生事业纵然尽付东流,亦无足叹惜,冥冥之中若不怡然自得,亦可谓糊涂鬼祟矣。"想着,只听宝钗问袭人道:"怎么好好的动了气,就打起来了?"袭人便把焙茗的话说了出来。

宝玉原来还不知道贾环的话,见袭人说出方才知道。因又拉上薛蟠,惟恐宝钗沉心②,忙又止住袭人道:"薛大哥哥从来不这样的,你们不可混猜度。"宝钗听说,便知道是怕他多心,用话相拦袭人,因心中暗暗想道:"打的这个形象,疼还顾不过来,还是这样细心,怕得罪了人,可见在我们身上也算是用心了。你既这样用心,何不在外头大事上做工夫,老爷也欢喜了,也不能吃这样亏。但你固然怕我沉心,所以拦袭人的话,难道我就不知我的哥哥素日恣心纵欲,毫无防范的那种心性。当日为一个秦钟,还闹得天翻地覆,自然如今比先又更利害了。"想毕,因笑道:"你们也不必怨这个,怨那个。据我想,到底宝兄弟素日不正,肯和那些人来往,老爷才生气。就是我哥哥说话不防头③,一时说出宝兄弟来,也不是有心调唆:一则也是本来的

---

① 袷(jiá)纱被:表里两层的纱被。袷,同"夹"。
② 沉心:多指言者无意而听者有心,陡生不快。也叫"吃心"或"嗔心"。
③ 不防头:不注意。

实话,二则他原不理论这些防嫌小事。袭姑娘从小儿只见宝兄弟这么样细心的人,你何尝见过天不怕地不怕、心里有什么口里就说什么的人。"

袭人因说出薛蟠来,见宝玉拦他的话,早已明白自己说造次了,恐宝钗没意思,听宝钗如此说,更觉羞愧无言。宝玉又听宝钗这番话,一半是堂皇正大,一半是去己疑心,更觉比先畅快了。方欲说话时,只见宝钗起身说道:"明儿再来看你,你好生养着罢。方才我拿了药来交给袭人,晚上敷上管就好了。"说着便走出门去。袭人赶着送出院外,说:"姑娘倒费心了。改日宝二爷好了,亲自来谢。"宝钗回头笑道:"有什么谢处。你只劝他好生静养,别胡思乱想的就好了。不必惊动老太太、太太众人,倘或吹到老爷耳朵里,虽然彼时不怎么样,将来对景,终是要吃亏的。"说着,一面去了。

袭人抽身回来,心内着实感激宝钗。进来见宝玉沉思默默似睡非睡的模样,因而退出房外,自去栉沐①。宝玉默默地躺在床上,无奈臀上作痛,如针挑刀挖一般,更又热如火炙,略展转时,禁不住"嗳哟"之声。那时天色将晚,因见袭人去了,却有两三个丫鬟伺候,此时并无呼唤之事,因说道:"你们且去梳洗,等我叫时再来。"众人听了,也都退出。

这里宝玉昏昏默默,只见蒋玉菡走了进来,诉说忠顺府拿他之事;又见金钏儿进来哭说为他投井之情。宝玉半梦半醒,都不在意。忽又觉有人推他,恍恍忽忽听得有人悲戚之声。宝玉从梦中惊醒,睁眼一看,不是别人,却是林黛玉。

宝玉犹恐是梦,忙又将身子欠起来,向脸上细细一认,只见两个眼睛肿得桃儿一般,满面泪光,不是黛玉,却是那个? 宝玉还欲看时,怎奈下半截疼痛难忍,支持不住,便"嗳哟"一声,仍就倒下,叹了一声,说道:"你又做什么跑来! 虽说太阳落下去,那地上的馀热未散,走两趟又要受了暑。我虽然挨了打,并不觉疼痛。我这个样儿,只装出来哄他们,好在外头布散与老爷听,其实是假的。你不可认真。"此时林黛玉虽不是嚎啕大哭,然越是这等无声之泣,气噎喉堵,更觉得利害。听了宝玉这番话,心中虽然有万句言词,只是不能说得,半日,方抽抽噎噎地说道:"你从此可都改了罢!"宝玉听说,便长叹一声,道:"你放心,别说这样话。就便为这些人死了,也是情愿的!"

一句话未了,只见院外人说:"二奶奶来了。"林黛玉便知是凤姐来了,

---

① 栉(zhì)沐:梳洗。

连忙立起身说道:"我从后院子去罢,回来再来。"宝玉一把拉住道:"这可奇了,好好的怎么怕起他来。"林黛玉急得跺脚,悄悄的说道:"你瞧瞧我的眼睛,又该他取笑开心呢。"宝玉听说赶忙地放手。黛玉三步两步转过床后,出后院而去。

【释义】

本文涉及的重要人物,按出现次序介绍如下:

宝玉:贾政和王夫人的儿子。

贾雨村:林黛玉的塾师,靠巴结贾府做了应天府尹。

金钏儿:王夫人的丫鬟。

王夫人:贾政的妻子,贾宝玉的母亲,薛姨妈的妹妹。

宝钗:薛姨妈的女儿,薛蟠的妹妹。

贾政:贾母的二儿子,贾宝玉的父亲。

琪官:忠顺王府的戏子蒋玉菡的艺名,男扮女装唱小旦。

贾环:贾政的妾赵姨娘生的儿子。

贾琏:贾母的大儿子贾赦的儿子,贾宝玉的堂兄。

赖大:荣府大总管。

焙茗:贾宝玉的书童。

贾珠:王夫人的大儿子,贾宝玉的哥哥,早夭。

李宫裁:李纨,贾珠的妻子,贾宝玉的嫂子,年轻守寡。

王熙凤:贾琏的妻子,王夫人的侄女,荣国府的管家媳妇。

迎春:贾赦的女儿,贾琏同父异母的妹妹。

贾母:史老太君,贾政的母亲,贾代善的妻子,荣国公贾源的儿媳妇。

薛姨妈:王夫人的姐姐,薛蟠及薛宝钗的母亲。

香菱:原名甄英莲,幼年遭拐卖,十多岁时被薛蟠强买为婢妾。

袭人:宝玉的贴身大丫鬟。

史湘云:贾母的侄孙女,从小父母双亡。

薛蟠:薛姨妈的儿子,薛宝钗的哥哥。

秦钟:宁府秦可卿的弟弟。

林黛玉:贾母的外孙女,母亲贾敏,父亲林如海,父母双亡后寄居贾府。

与挨打事件相关的情节如下:

少刻,宝玉出席解手,蒋玉菡便随了出来。二人站在廊檐下,蒋玉菡又陪不是。宝玉见他妩媚温柔,心中十分留恋,便紧紧地搭着他的手,叫他:"闲了往我们那里去。还有一句话借问:也是你们贵班中,有一个叫琪官的,他在那里?今名驰天下,我独无缘一见。"蒋玉菡笑道:"就是我的小名儿。"宝玉听说,不觉欣然跌足笑道:"有幸,有幸!果然名不虚传。今儿初会,便怎么样呢?"想了一想,向袖中取出扇子,将一个玉玦扇坠解下来,递与琪官,道:"微物不堪,略表今日之谊。"琪官接了,笑道:"无功受禄,何以克当!也罢,我这里得了一件奇物,今日早起方系上,还是簇新的,聊可表我一点亲热之意。"说毕撩衣,将系小衣儿一条大红汗巾子解了下来,递与宝玉,道:"这汗巾子是茜香国女国王所贡之物,夏天系着,肌肤生香,不生汗渍。昨日北静王给我的,今日才上身。若是别人,我断不肯相赠。二爷请把自己系的解下来,给我系着。"宝玉听说,喜不自禁,连忙接了,将自己一条松花汗巾解了下来,递与琪官。

二人方束好,只听一声大叫:"我可拿住了!"只见薛蟠跳了出来,拉着二人道:"放着酒不吃,两个人逃席出来干什么?快拿出来我瞧瞧。"二人都道:"没有什么。"薛蟠那里肯依,还是冯紫英出来才解开了。于是复又归坐饮酒,至晚方散。

(第二十八回　蒋玉菡情赠茜香罗　薛宝钗羞笼红麝串)

　　王夫人在里间凉榻上睡着,金钏儿坐在旁边捶腿,也乜斜着眼乱恍。宝玉轻轻地走到跟前,把她耳上戴的坠子一摘,金钏儿睁开眼,见是宝玉。宝玉悄悄地笑道:"就困得这么着?"金钏抿嘴一笑,摆手令他出去,仍合上眼。宝玉见了她,就有些恋恋不舍的,悄悄地探头瞧瞧王夫人合着眼,便自己向身边荷包里带的香雪润津丹掏了出来,便向金钏儿口里一送。金钏儿并不睁眼,只管噙了。宝玉上来便拉着手,悄悄地笑道:"我明日和太太讨你,咱们在一处罢。"金钏儿不答。宝玉又道:"不然,等太太醒了我就讨。"

　　金钏儿睁开眼,将宝玉一推,笑道:"你忙什么!'金簪子掉在井里头,有你的只是有你的',连这句话语难道也不明白?我倒告诉你个巧宗儿,你往东小院子里拿环哥儿同彩云去。"宝玉笑道:"凭他怎么去罢,我只守着你。"只见王夫人翻身起来,照金钏儿脸上就打了个嘴巴子,指着骂道:"下作小娼妇,好好的爷们,都叫你教坏了。"宝玉见王夫人起来,早一溜烟去了。

　　这里金钏儿半边脸火热,一声不敢言语。登时众丫头听见王夫人醒了,都忙进来。王夫人便叫玉钏儿:"把你妈叫来,带出你姐姐去。"金钏儿听说,忙跪下哭道:"我再不敢了。太太要打骂,只管发落,别叫我出去就是天恩了。我跟了太太十来年,这会子撵出去,我还见人不见人呢!"王夫人固然是个宽仁慈厚的人,从来不曾打过丫头们一下,今忽见金钏儿行此无耻之事,此乃平生最恨者,故气忿不过,打了一下,骂了几句。虽金钏儿苦求,亦不肯收留,到底唤了金钏儿之母白老

媳妇来领了下去。那金钏儿含羞忍辱地出去，不在话下。（第三十回　宝钗借扇机带双敲　龄官划蔷痴及局外）

【简析】

宝玉挨打的原因，用文中的话说就是"流荡优伶，表赠私物，在家荒疏学业，淫辱母婢"。先是贾宝玉在见贾雨村时表现不佳，让贾政不满；再是碰到贾政时心不在焉，"怔呵呵地站着"，让贾政有了三分气；再是忠顺王府长史官来要戏子琪官，宝玉撒谎不成，只好供出琪官的住处，把丢了颜面的贾政气得目瞪口呆；最后贾环火上加油，利用金钏儿投井事件诬告宝玉，顿时把贾政气得面如金纸，喝令要打。琪官事件和金钏儿事件都是直接原因，根本原因还是"荒疏学业"。贾政期望贾宝玉读书做官，光耀门楣。而贾宝玉偏偏对"仕途经济"不屑一顾，违背了社会的主流价值观。他最恨读书上进，厌恶时文八股，结交优伶，又整日在姊妹群中厮混。宝玉与贾政的矛盾是价值观上的根本分歧，是无法调和的。

【思辨】

1. 如何看待贾宝玉的"不务正业"？
2. 宝玉挨打后，袭人说："你但凡听我一句话，也不得到这步地位"；薛宝钗说："早听人一句话，也不至今日"；林黛玉说："你从此可都改了罢"。三个人的话有何异同？

【内容概要】

古代文学与人生的关系,包括了古代的作者与作品的关系,以及自古以来的读者与作品的关系。要在有限的篇幅里呈现出这些,无疑是非常困难的。

这种困难首先在于,众所周知,中国古代文学取得了璀璨的成就,涌现出许多第一流的作家,创作了大量的文学珍品。这就意味着无论如何选择都会挂一漏万。这种困难还在于传统的文学观念异于今日的纯文学观念,连哪些作品可以归属于文学的范畴的基本问题都需要讨论。中国古代文学传统上包含于大的文化概念中,文史哲之间的界限往往比较模糊。除了诗词歌赋、戏曲小说等接近纯文学概念的作品外,哲学著作、史学著作也有重直觉和形象性的传统,因此就很难和文学作品进行区分。例如《庄子》和《史记》既分别是哲学、史学作品,同时又是优秀的文学作品。经学与文学也有交叉,《诗经》即位列五经之一。所以有学者把这种文学、经史不分的状态概括为"六经皆史、诸史皆文、文史不分、史以文传"[①]。比如本单元所选的《伶官传序》,就出自史书《新五代史》,但是文短而气盛,富有感情,具有文学色彩,也是一篇杰出的散文。

文史哲不分的特点,使古代文学作品在当时承担起了哲学、经学、史学的部分职能,起到了传递价值观念的教化作用,同时也使许多文学作品具有了深沉的历史意识和浓重的哲理色彩。比如《采薇》、曹操《蒿里行》、元好问《岐阳》、辛弃疾《水龙吟·登建康赏心亭》都是在对个人处境和社会现实的记录中思索有关社会国家的宏大命题。《兰亭集序》、《春江花月夜》则将人放置在无尽的时间与空间中,将人生的短暂与自然的永恒相对照,引出关照人的存在这一哲学命题。而像袁凯《白燕》、张可久《卖花声·怀古》、杨慎《临江仙》,或直接咏古,或借用典故,抒发了历史兴亡之感。

所有的文学作品都具有反映现实的基本功能,中国古代文学也不例外,现存的作品忠实记录了作者的所见、所闻、所感、所思。而通过阅读,作为读者的我们也见到了黄庭坚笔下的快阁、袁凯笔下的白燕、王士禛笔下的秋柳、韦庄笔下的江南;听到了杜甫寻花时的莺啼、李煜梦醒时的雨声;感受到了陶渊明读《山海经》时的自得、杜甫江畔寻花时的喜悦、李清照重阳赏菊时的忧愁;体会到了《行行重行行》、《西洲曲》、《雨霖铃》、《四块玉·别情》中的离别与相思,也同纳兰性德一样发

[①] 唐德刚. 史学与文学[M]. 上海:华东师范大学出版社,1999:9.

出了"人生若只如初见"的喟叹。

　　这种记录自然也可能有虚构的成分，比如李寄斩蛇、柳梦梅挨打、宝玉挨打，这些都不是现实中发生过的事件，而是作家的创作。但是正如古希腊哲学家亚里士多德所说："诗是一种比历史更富哲学性、更严肃的艺术，因为诗倾向于表现带普遍性的事。"①这个观点通常被概括为"诗比历史更真实"，也就是说，文学是可然和必然的，是具有普遍意义的真实性的。所以说，对能战胜灾祸的英雄人物的呼唤，自由相爱的青年男女与专制家长的矛盾，《红楼梦》中呈现的个体追求与主流社会价值观念的冲突，这些都是真实存在于人类社会的。因而这些作品仍旧是一种文学意义上的忠实记录。

　　这种记录又带有传统的中国式审美特质。审美性是文学的本质特性。而中国传统文学又有自己的特色。比如对兴象和意境的重视。像王士禛《秋柳》这样的作品，写柳却通篇不着一个"柳"字，含蓄蕴藉，摇曳多姿，通篇弥漫着悲秋之情，这就具有了本民族传统诗歌的神韵。再比如，中国的戏曲小说，在艺术表现上具有鲜明的特色，戏曲中的唱词宾白科介互相配合，小说特别重视语言与动作，这些在本单元的选文中都可以看到。

　　从功用方面考虑，这一记录不但是作者人生状态的呈现，也是读者人生状态的延伸。人类的经验和思想具有特别的传承方式，并不能像知识技能一样一代代累积，直接吸纳，我们每个人都必须把前人已经体验过的各种人生况味重新再体验一次。我们将体会古人曾体会的快乐，经历古人曾经历的悲伤，也将面对古人曾面对的困境。从这个意义上说，阅读古代的文学作品，是认识和体验当前人生的一种方式。

　　对传统的中国来说，文学创作是整个社会认可的高雅行为，文学是士大夫阶层日常交际的重要凭借，是底层百姓重要的娱乐来源。今天的我们当然有了更多的选择，然而古代文学作品对我们人生的意义并不因此而消失，而应该引起我们的重视。

---

① （古希腊）亚里士多德.诗学[M].陈中梅，译.上海：商务印书馆，1996：81.

【文化链接】

阅读材料一

清末随着洋务运动的兴起,经世致用成为衡量一切事物的价值标准,八股文遭到广泛的抨击,随之扩大到一切文辞,出现了在戊戌变法前后很有市场的文学无用论调。文学的无用,首先是与"实学"相对而言的。据提倡洋务的王韬的描述,当时的知识界认为"化学、光学、重学、医学、植物之学"才算是真正的学问,而"凡一切文字词章无不悉废"。① 其次,文学无用还有一层含义,就是旧文学无用,必须提倡有用于世的新文学。陈独秀的《文学革命论》就主张打倒"雕琢的阿谀的贵族文学"、"陈腐的铺张的古典文学"、"迂晦的艰涩的山林文学"。②

阅读材料二

著名美学家朱光潜谈论文学的有用无用问题时说:"一般人嫌文学无用,近代有一批主张'为文艺而文艺'的人却以为文学的妙处正在它无用。它和其他艺术一样,是人类超脱自然需要的束缚而发出的自由活动。比如说,茶壶有用,因能盛茶,是壶就可以盛茶,不管它是泥的瓦的扁的圆的,自然需要止于此。但是人不以此为满足,制壶不但要能盛茶,还要能娱目赏心,于是在质料、式样、颜色上费尽机巧以求美观。就浅狭的功利主义看,这种工夫是多余的,无用的;但是超出功利观点来看,它是人自作主宰的活动。人不惮烦要做这种无用的自由活动,才显得人是自家的主宰,有他的尊严,不只是受自然驱遣的奴隶;也才显得他有一片高尚的向上心。要胜过自然,要弥补自然的缺陷,使不完美的成为完美。文学也是如此。它起于实用,要把自己所知所感的说给旁人知道;但是它超过实用,要找好话说,

---

① 王韬. 上当路论时务书[M]//韬园文录外编. 北京:中华书局,1959:297.
② 陈独秀. 文学革命论[M]//北京大学中文系中国现代文学教研室等主编. 文学运动史料选(第1册). 上海:上海教育出版社,1979:22—25.

要把话说得好,使旁人在话的内容和形式上同时得到愉快。文学所以高贵,值得我们费力讨探,也就在此。"①

1904年至1906年,鲁迅曾在日本仙台医学专门学校求学。他那时的理想是"卒业回来,救治像我父亲似的被误的病人的疾苦,战争时候去当军医,一面又促进了国人对于维新的信仰"。此时恰逢日俄战争,有次课上放日本战胜俄国的时事幻灯片。偏偏有中国人夹在里面给俄国人做侦探,被日本人抓捕要枪毙。围着看的中国人却都拍掌欢呼"万岁"。在鲁迅听来,这一声喝彩特别刺耳。这使他"觉得医学并非一件紧要事,凡是愚弱的国民,即使体格如何健全,如何茁壮,也只能做毫无意义的示众的材料和看客,病死多少是不必以为不幸的。所以我们的第一要著,是在改变他们的精神,而善于改变精神的是,我那时以为当然要推文艺,于是想提倡文艺运动了。"②

【思考探究】

1. 你如何看待文学的"用"?古典文学作品在当代是否还"有用"?
2. 鲁迅弃医从文,反映出他怎样的文学功用思想?

---

① 朱光潜.谈文学[M].上海:开明书店,1946:4—5.
② 鲁迅.呐喊·自序[M]//鲁迅全集.北京:人民文学出版社,2005:439.

第四单元

艺术与人生
YI SHU YU REN SHENG

【人生故事】

王羲之是东晋著名的书法家,被尊为"书圣"。他特别善于写隶书,当时的人称赞他的字"飘若浮云,矫若惊龙",意思是如同浮云一样潇洒飘逸,如同惊龙一样矫健有力。他的《兰亭集序》以行书写就,既是著名的书法作品,又是杰出的文学作品。

王羲之主张学习书法要苦练,他曾经称赞另一个书法家张芝,据说张芝在水池边写字,墨汁都把池水都染黑了。临川等地古来就有王羲之洗墨池的遗迹,固然未必为真,却显示出后人的仰慕之情。他又重视腕力在运笔中的作用,他的儿子王献之七八岁练字的时候,王羲之曾偷偷来到其身后夺笔,没有拔动,就觉得这个孩子将来一定能成名。

王羲之的书法在当时就被当作珍宝。他曾经用章草①给当时一个叫庾亮的名士写信。庾亮的弟弟庾翼也是著名的书法家,擅长草书和隶书,见到这封信却深深叹服。他写信给王羲之说:"我以前有十张张芝的章草,可惜战乱南渡长江时丢失。原本一直叹息美妙的书法永远不会有了。忽然看到你给我哥哥的信,光耀得简直像神明之作,顿时让我又有了拥有张芝作品的感觉。"

然而王羲之是个性情洒脱的人,并不吝啬给别人自己的书法作品。《晋书》上有几个小故事,可以证明这一点。

王羲之非常喜欢鹅,当时有个道士养了一群非常好的鹅,王羲之很眼馋,一再请求道士卖给自己。道士知道他是大书法家,就漫天要价,要王羲之给他写《道德经》。王羲之并不计较合不合算,立刻答应,给他写完,把鹅装进笼子,高高兴兴地回去了。

又有一次,王羲之来到一个门生家,见到一个光滑洁净的几案,兴致上来,忍不住就在上面写起字来,一半是楷书,一半是草书。结果门生的父亲不懂得王羲之真迹的珍贵,看到几案被弄脏了,就拿刀把字给刮掉了。门生为此长时间懊恼不已。

还有一个故事讲王羲之帮人卖扇子。有个老太婆拿着六角竹扇子在卖。王羲之看到了,打算帮帮她,于是就在扇子上写字,每把扇子写五个。开始时老太婆以为这个人故意捣乱,要坏自己生意,所以很生气。王羲之解释说:"你只要跟别

---

① 章草:草书的一种,由隶书的简写法演变而成。

人说这是王羲之的字,就可以卖一百钱。"老太婆照办,果然大家都抢着买。后来有一天,老太婆又拿了扇子来,想再让王羲之写字。王羲之发现她的贪心,就只是笑,不肯再写了。

　　我们读像王羲之这样的艺术家的故事,往往觉得有趣。让人生有趣起来,大概就是艺术的功用之一了吧。

【文化原典】

一、张旭传①

《新唐书》

【原文】

文宗②时,诏以白③歌诗、裴旻④剑舞、张旭草书为"三绝"。

旭,苏州吴人。嗜酒,每大醉,呼叫狂走,乃下笔,或以头濡⑤墨而书。既醒自视,以为神,不可复得也。世呼"张颠"。

初,仕为常熟⑥尉,有老人陈牒⑦求判。宿昔⑧又来,旭怒其烦,责之。老人曰:"观公笔奇妙,欲以藏家尔。"旭因问所藏,尽出其父书。旭视之,天下奇笔也,自是尽其法。旭自言,始见公主檐⑨夫争道,又闻鼓吹⑩,而得笔法意;观倡公孙⑪舞《剑器》,得其神。后人论书,欧、虞、褚、陆⑫皆有异论⑬,至旭,无非短⑭者。传其法,惟崔邈、颜真卿云。

---

① 选自《新唐书·文艺列传》,中华书局1975年版。《新唐书》是记载唐代历史的纪传体断代史,由欧阳修、宋祁等人编撰而成。张旭(675? —750?),字伯高,唐代诗人、书法家,被誉为"草圣"。这篇传记附在李白传的后面。
② 文宗:唐文宗李涵,826—840年在位。
③ 白:李白。
④ 裴(péi)旻(mín):唐代将军,擅长舞剑。
⑤ 濡:沾湿。
⑥ 常孰:即常熟,县名,今属江苏。
⑦ 牒:状子。
⑧ 宿昔:相当于旦夕,比喻时间短。
⑨ 檐(dàn):同"担"。
⑩ 鼓吹:乐器的合奏。
⑪ 倡(chāng)公孙:公孙大娘,唐代著名舞伎。倡,古代表演歌舞杂戏的艺人。
⑫ 欧、虞、褚、陆:初唐著名的书法家欧阳询、虞世南、褚遂良、陆柬之。
⑬ 异论:不同看法。
⑭ 非短:非议,说他不好。

【释义】

唐文宗的时候,皇帝下诏把李白的诗歌、裴旻的剑舞、张旭的草书并称为"三绝"。

张旭,苏州吴人。他嗜好喝酒,每次喝得大醉,叫喊着疯跑一气,然后下笔写字,有时候用头发蘸墨写字。醒了之后自己看看,觉得是神作,没法再写一次。因此世人称他"张颠"。

起初,他做常熟县尉时,有个老人呈上状子,请求他写判词。没过多久又来,张旭嫌他烦,生气地斥责他。老人说:"我是看到您的书法很奇妙,想得到好藏在家中。"张旭就问他家里藏了什么书法作品,老人就把他父亲写的都拿出来。张旭看了,觉得是天下奇特的书法,从这以后就努力学到了这种写法。他自己说,起初看到公主的挑夫争夺道路,又听到乐器合奏,于是得到了书法的意态;看到歌舞艺人公孙大娘舞《剑器》,得到了书法的神韵。后人讨论书法家,对欧阳询、虞世南、褚遂良、陆柬之都有过不同看法,至于张旭,没有说他不好的。传承他书法的,只有崔邈和颜真卿两个人。

【简析】

张旭学习书法,一是观察生活得来,他看到挑担子的人争夺道路,领悟了笔意。这是因为笔画的布局与人们走路有共通之处。二是从其他艺术形式中汲取养料。他从鼓吹乐曲和舞剑中,得到了运笔的神韵。这是因为笔画的配合和走势与曲子的合奏和舞蹈的动作有共通之处。三是学习别人的书法,从求写判书的老人收藏的书法中学习。他醉酒写字的记载,说明他的草书是从迷狂的状态中自然流露而出,因而洒落不羁,神气充足。

【思辨】

1. 为何各种艺术之间能够互相启发?

2. 李白醉酒写诗,张旭醉酒写草书,其中道理何在?什么样的工作能在醉酒中进行?

二、顾恺之传①

《晋书》

【原文】

顾恺之,字长康,晋陵②无锡人也。父悦之,尚书左丞。③ 恺之好谐谑④,人多爱狎之。每食甘蔗,恒自尾至本⑤。人或怪之。云:"渐入佳境。"

尤善丹青⑥,图写特妙,谢安深重之,以为有苍生⑦以来未之有也。恺之每画人成,或数年不点目精⑧。人问其故,答曰:"四体妍蚩⑨,本无阙⑩少于妙处,传神写照,正在阿堵⑪中。"尝悦一邻女,挑⑫之弗从,乃图其形⑬于壁,以棘针⑭钉其心,女遂患心痛。恺之因致⑮其情,女从之,遂密去针而愈。

恺之每重⑯嵇康四言诗,因为之图,恒云:"手挥五弦⑰易,目送归鸿难。"每写起⑱人形,妙绝于时。尝图裴楷象,颊上加三毛,观者觉神明殊胜⑲。又

---

① 节选自《晋书·文苑列传》,中华书局1974年版。顾恺之(约345—409),东晋画家,擅画人物,代表作品有《洛神赋图》《女史箴图》等。
② 晋陵:郡名,今江苏镇江一带。
③ 尚书左丞:官名,尚书的属官,主管宗庙祭祀等。
④ 谐谑(xuè):语言滑稽,开玩笑。
⑤ 本:根。
⑥ 丹青:指绘画。
⑦ 苍生:草木生长的地方,借指百姓。
⑧ 目精:眼珠。
⑨ 四体妍蚩(chī):身体的美丑。四体,四肢,代指身体。蚩,丑陋。
⑩ 阙(quē):缺少。
⑪ 阿堵:这个,六朝时的口语。
⑫ 挑:挑逗。
⑬ 图其形:画她的像。
⑭ 棘针:荆棘的刺。
⑮ 致:表达,传达。
⑯ 重:看重。
⑰ 手挥五弦:与下句"目送归鸿"同为嵇康《赠秀才入军》一诗中的诗句。
⑱ 写起:画完。
⑲ 殊胜:特别好,特别妙。

为谢鲲象,在石岩①里,云:"此子宜置丘壑中。"欲图殷仲堪,仲堪有目病,固辞②。恺之曰:"明府③正为眼耳,若明点瞳子,飞白④拂上,使如轻云之蔽月,岂不美乎?"仲堪乃从之。恺之尝以一厨画糊题⑤其前,寄⑥桓玄,皆其深所珍惜者。玄乃发⑦其厨后,窃⑧取画,而缄闭⑨如旧以还之,绐⑩云未开。恺之见封题如初,但失其画,直云妙画通灵⑪,变化而去,亦犹人之登仙⑫,了无⑬怪色。

　　恺之矜伐⑭过实,少年因相称誉以为戏弄。又为吟咏⑮,自谓得先贤风制⑯。或请其作洛生咏⑰,答曰:"何至作老婢声⑱!"义熙⑲初,为散骑常侍⑳,与谢瞻连省㉑。夜于月下长咏,瞻每遥赞之,恺之弥自力忘倦。瞻将眠,令人代己,恺之不觉有异,遂申旦㉒而止。尤信小术㉓,以为求之必得。桓玄尝以一柳叶,绐之曰:"此蝉所翳㉔叶也,取以自蔽,人不见己。"恺之喜,引叶自蔽,玄就溺㉕焉,恺之信其不见己也,甚以珍之。

　　初,恺之在桓温府,常云:"恺之体中痴黠各半,合而论之,正得平耳。"故俗传恺之有三绝:才绝,画绝,痴绝。年六十二,卒于官,所著文集及《启

---

① 石岩:岩石。谢鲲自称能寄情山水,所以顾恺之把他画在岩石中。
② 固辞:坚决拒绝。
③ 明府:对太守的敬称。殷仲堪当时做荆州刺史,顾恺之在他手下做参军。
④ 飞白:绘画中一种枯笔露白的线条。
⑤ 糊题:糊好封条并且签名画押。
⑥ 寄:寄放。
⑦ 发:打开。
⑧ 窃:偷偷地。
⑨ 缄(jiān)闭:封闭,封好。
⑩ 绐(dài):欺骗。
⑪ 通灵:有灵性,通于神灵。
⑫ 登仙:成仙。
⑬ 了无:毫无。
⑭ 矜(jīn)伐:依仗才能,自我夸耀。
⑮ 吟咏:作诗词。
⑯ 风制:风采。
⑰ 洛生咏:即洛下书生捂着鼻子吟诗的方法。谢安鼻子患病,因此吟诵声音浑浊,当时有人捂着鼻子模仿他。
⑱ 作老婢声:发出老婢女一般的声音。
⑲ 义熙:晋安帝司马德宗的年号。
⑳ 散骑常侍:官名,跟随皇帝,以备顾问。
㉑ 连省:官署相连。
㉒ 申旦:到天亮。
㉓ 术:法术。
㉔ 翳(yì):遮蔽身体。
㉕ 溺(niào):小便。

旷记》行①于世。

【释义】

　　顾恺之,字长康,是晋陵无锡县人。其父顾悦之,做过尚书左丞。顾恺之喜欢开玩笑,很多人都喜欢他,亲近他。他每次吃甘蔗,总是从甘蔗的梢开始吃,最后吃到根。有人觉得奇怪,他说:"这叫做渐入佳境。"

　　顾恺之特别擅长画画,技艺非常高妙,谢安很看重他,认为从有史以来,没人有过他这样的画技。顾恺之每次画完人物画,有的几年不画眼珠。有人问他这是什么缘故,他回答说:"人体在美丑方面,本来就不缺奇妙之处。传达出人物的神采,正是要靠眼睛这个东西。"顾恺之曾经喜欢一个邻家女子,挑逗她,她不答应。他就在墙上画了她的像,拿荆棘刺钉住心所在的位置。那个女子就患了心痛病。顾恺之于是又去表达自己的情意,女子答应了。顾恺之就偷偷拿掉荆棘刺,女子就痊愈了。

　　顾恺之常看重嵇康的四言诗,就为这些诗作画。他总是说:"画'手挥五弦'简单,画'目送归鸿'难。"每次画完人物画,都被人看作是当时最妙绝的。他曾经画裴楷的像,在脸上加上了三根毛,看到的人都觉得很传神,特别妙。又给谢鲲画像,画中让他处在岩石包围中,说:"这个人应该放在丘壑之中。"顾恺之想画殷仲堪,殷仲堪有眼病,坚决推辞。顾恺之说:"刺史您就是因为眼才不答应。如果我先清楚地画好眼珠,再用飞白的画法轻轻掠过,让您的眼睛就好像轻云遮蔽月亮一样,难道不是很美吗?"殷仲堪于是就答应了他。顾恺之曾经把一个装着画的橱子糊好封条,签名画押,然后寄放到桓玄那里。这些画都是他非常珍视爱惜的。桓玄就打开橱,偷拿了画,又像先前那样封好,然后还给顾恺之,骗他说从没打开过。顾恺之发现封条题名都还像先前一样,但是却丢失了里面的画。他直说妙画有了灵性,变化后跑掉了,就像人成仙了一样,丝毫没有露出觉得奇怪的神情。

　　顾恺之喜欢自我夸耀,言过其实。一些年轻人就故意大加称赞来戏弄他。他又喜欢吟诗,自己认为有前代贤人的风采。有人请他作洛下书生式的吟诵,他说:"我何至于要发出那种像老婢女一样的声音!"义熙初年,顾恺之担任散骑常侍,和谢瞻官署相连。顾恺之夜里在月下高声吟诗,谢瞻常远远地称赞。顾恺之就更竭尽才力,忘掉了疲倦。谢瞻要睡觉,派人替下自己。顾恺之没有觉出有不一样的地方,一直吟咏到天亮才停下。顾恺之还特别相信小法术,认为去追求就必能得到。桓玄曾经拿了一片柳树叶,骗他说:"这是蝉用来隐藏自己的叶子,拿来遮住

---

① 行:流传。

你自己,别人就看不到你了。"顾恺之很高兴,拿着叶子遮蔽自己,桓玄走近他小便,顾恺之相信桓玄是看不到自己的,很珍视那片叶子。

　　起初,顾恺之在桓温的幕府时,桓温常说:"恺之身上痴呆和聪明各占一半,合起来评判,正好得到中和。"所以世人传说顾恺之有三绝:才绝、画绝、痴绝。他六十二岁时,死在官任上,所著的文集和《启曚记》流传于世。

【简析】

　　名画家顾恺之能根据人物的性格画出神气风度,而且为人诙谐,常有妙语,这样的人一般是很聪明的,然而为什么却被认为"痴绝"呢?因为他看起来很好欺骗:桓玄偷了他的画,他却认为是画自己飞走了;他在月下长声吟咏,在远处捧场的谢瞻偷偷跑掉换成别人,他却没有察觉,一直吟咏到天亮;桓玄给他一片柳树叶,骗他说能隐身,他居然相信……但是再看他说服殷仲堪的语言,又觉得他实在是个聪明人。桓温说他一半聪明一半痴呆,所以中和之后刚刚好。其实以常理揣测,他的聪明是真聪明,而痴却未必是真痴。相信妙画能通灵,画画才能有炉火纯青的造诣。至于月下吟咏,关键在于自己有兴致,只要有人赞美,对方是谁并不是那么重要。相信柳叶能隐身,也有可能只是童心大发。

【思辨】

1. 顾恺之的"痴"和"黠"各自表现在哪里?
2. 为何艺术家中多痴人、怪人?

三、文与可画筼筜谷偃竹记①

苏 轼

【原文】

竹之始生,一寸之萌②耳,而节叶具焉。自蜩腹蛇蚹③以至于剑拔十寻④者,生而有之也。今画者乃节节而为之,叶叶而累之,岂复有竹乎?故画竹必先得成竹于胸中,执笔熟⑤视,乃见其所欲画者,急起从之,振笔直遂⑥,以追其所见,如兔起鹘⑦落,少⑧纵则逝矣。与可之教予如此。予不能然⑨也,而心识其所以然。夫既心识其所以然而不能然者,内外不一,心手不相应,不学之过也。故凡有见于中⑩而操之不熟者,平居⑪自视了然⑫而临事忽焉丧之⑬,岂独竹乎!

子由⑭为《墨竹赋》以遗与可曰:"庖丁,解牛者也,而养生者取之;轮扁,斫轮者也,而读书者与⑮之。今夫夫子之托于斯竹也,而予以为有道者⑯则非邪?"子由未尝画也,故得其意而已。若予者,岂独得其意,并得其法。

---

① 选自《苏轼文集》,中华书局 1986 年版。文与可,名同,字与可,北宋画家,是苏轼的表兄。筼(yún)筜(dāng)谷,谷名,在陕西洋州(今陕西洋县)西北,谷中有很多竹子。偃竹,仰斜生长的竹子。
② 萌:嫩芽,指竹笋。
③ 蜩(tiáo)腹蛇蚹(fù):蝉蜕和蛇腹部的横鳞。
④ 寻:古代长度单位,一寻为八尺。
⑤ 熟:仔细地。
⑥ 振笔直遂:挥笔作画,一气呵成。遂,完成。
⑦ 鹘(hú):一种猛禽,鹰隼之类。
⑧ 少:稍微。
⑨ 然:这样。
⑩ 中:内心。
⑪ 平居:平时。
⑫ 了然:明白。
⑬ 忽焉丧之:突然忘记了该怎么做。
⑭ 子由:苏轼的弟弟苏辙,字子由。
⑮ 与:赞同。
⑯ 有道者:悟道的人。

与可画竹,初不自贵重①,四方之人持缣素②而请者,足相蹑③于其门。与可厌之,投诸地而骂曰:"吾将以为袜材④。"士大夫传之,以为口实⑤。及与可自洋州还⑥,而余为徐州⑦。与可以书遗余曰:"近语士大夫,吾墨竹一派,近在彭城⑧,可往求之。袜材当萃于子⑨矣。"书尾复写一诗,其略云:"拟将一段鹅溪⑩绢,扫取⑪寒梢万尺长。"予谓与可:"竹长万尺,当用绢二百五十匹,知公倦于笔砚,愿得此绢而已。"与可无以答,则曰:"吾言妄矣。世岂有万尺竹哉?"余因而实之⑫,答其诗曰:"世间亦有千寻竹,月落庭空影许长⑬。"与可笑曰:"苏子辩⑭则辩矣,然二百五十匹绢,吾将买田而归老⑮焉。"因以所画筼筜谷偃竹遗予,曰:"此竹数尺耳,而有万尺之势。"筼筜谷在洋州,与可尝令予作洋州三十咏,《筼筜谷》其一也。予诗云:"汉川⑯修竹贱如蓬⑰,斤斧⑱何曾赦箨龙⑲。料得清贫馋太守,渭滨千亩在胸中⑳。"与可是日与其妻游谷中,烧笋晚食,发函得诗,失笑喷饭满案。

　　元丰二年正月二十日,与可没㉑于陈州㉒。是岁七月七日,予在湖州㉓曝㉔书画,见此竹,废卷㉕而哭失声。昔曹孟德祭桥公文㉖,有"车过"、"腹

---

① 不自贵重:不看重自己的画。
② 缣(jiān)素:白色细绢,用来作画。
③ 足相蹑(niè):脚踩着脚,形容人多。
④ 袜材:做袜子的材料。
⑤ 口实:话柄。
⑥ 自洋州还:从洋州回来。文与可之前做洋州知州。
⑦ 为徐州:做徐州知州。
⑧ 彭城:徐州。
⑨ 萃于子:聚集到你那里。
⑩ 鹅溪:地名,在今四川盐亭县西北,出产鹅溪绢,宋人多用作书画材料。
⑪ 扫取:形容挥毫作画的神态。
⑫ 实之:坐实万尺的话。
⑬ 许长:这么长,指万尺的长度。
⑭ 辩:善于辩论。
⑮ 归老:回乡养老。
⑯ 汉川:汉水。
⑰ 蓬:蓬草。
⑱ 斤斧:斧头。
⑲ 箨(tuò)龙:指竹笋。
⑳ 在胸中:在肚子里,双关语,既指胸有成竹,又指吃了一肚子竹笋。
㉑ 没(mò):去世。
㉒ 陈州:地名,今河南淮阳。
㉓ 湖州:地名,今浙江吴兴。
㉔ 曝(pù):晒。
㉕ 废卷:放下画卷。
㉖ 曹孟德祭桥公文:曹操祭桥玄的祭文。据《三国志》裴松之注,曹操年轻时受桥玄揄扬,两个人是好朋友。桥玄对曹操开玩笑,说自己死了曹操一定要祭奠,否则"车过三步,腹痛勿怪"。曹操在祭文中回忆了这一细节。

痛"之语。而予亦载与可畴昔①戏笑之言者,以见②与可于予亲厚无间如此也。

【释义】

竹子刚长出来的时候,不过是一寸的笋罢了,但是竹节和叶子都已经具备了。从像蝉蜕又像蛇腹横鳞的样子,一直长到像剑拔出来十寻高的样子,是竹子生来就有的本性。现在画竹的人却一节一节画,一片叶子一片叶子叠加,哪里还有完整竹子的气韵呢?所以画竹子的人一定要先在心里有整体的竹子,拿着笔仔细观察,才能见到自己想要画的样子。这时赶紧起身抓住心中这幅图景,挥笔作画一气呵成,追着画出所见的景象。这就好像兔子跃起鹰隼降落一样迅速,稍微放松,机会就失去了。文与可是这样教我的。我没有办法做到这样,但是心里面明白要这样做的道理。心里明白道理却做不到,那就是说内和外不一致,心和手不能相呼应,这是我没有练习的过错。所以凡是在心中有想法,但是做起来不熟练的,平时自己觉得明明白白,但是面临事情却突然忘记了该怎么做的,都是这种道理。哪里只是画竹子会这样呢!

子由写了《墨竹赋》送给文与可说:"庖丁是解牛的人,而养生的人却从他那里悟出道理;轮扁是斫轮子的工匠,而读书的人赞美他。现在您把道理寄托在画竹中,我就认为您是悟道的人,难道不是这样吗?"子由没有画过,他只是明白其中的道理而已。像我呢,岂止是明白了绘画理由,一并还得到了文与可作画的方法。

文与可画竹子,起初自己并不看重。四面八方拿着白绢来请他作画的人,在他家门多到脚踩脚的程度。文与可很厌烦,把这些白绢丢到地上,骂着说:"我要拿它当作做袜子的材料。"士大夫们互相传说,作为话柄。等到文与可从洋州回来,我正做徐州知州。文与可写信给我说:"最近我告诉士大夫们,'我们画墨竹的一派传人,近在徐州,你们可以去找他',袜子的材料应该要聚集到你那里了。"信的末尾又附了一首诗,大略是说:"打算拿一段鹅溪的白绢,画万尺的竹子。"我对文与可说:"竹长万尺,那画起来要用绢二百五十匹。知道你不愿意动笔,那我希望得到这么多的绢。"文与可无法回答,就说:"我是乱说的,世上哪有万尺长的竹子呢?"我于是又坐实"万尺",回答他的诗说:"世间也有千寻的竹子,月落时分,庭院空寂,竹影就有万尺长。"文与可笑着说:"苏轼你确实善于辩论,但是如果我真有二百五十匹绢,我就要用来买田回家养老啦。"他就拿自己所画的筼筜谷偃竹送给我,说:"这个竹子只有数尺长,但是却有万尺的气势。"筼筜谷在洋州,文与可曾

---

① 畴昔:昔日,过去。
② 见(xiàn):同"现",表现。

经让我写《洋州三十咏》的组诗,《筼筜谷》是其中一首。我的诗说:"汉水边修长的竹子长得像蓬草,斧子什么时候饶过竹笋了?料想作为贫穷又嘴馋的太守,渭水边的千亩竹子都在你肚子里了。"文与可这一天和他的妻子在谷里游玩,烧了竹笋吃晚饭,打开信函,看到了这首诗,笑出声来,饭喷了满桌。

  元丰二年正月二十日,文与可在陈州去世。这年七月七日,我在湖州晒书画,看到了这幅竹子图,丢下画卷哭出声来。以前曹操的祭桥公文,有"车过"、"腹痛"的话。而现在我也记录文与可以前开玩笑的话,来显示我和他就是这样亲密无间啊。

【简析】

  对于绘画艺术,文中首先指出要"胸有成竹",也就是说在创作之前,心中先有艺术构想。这一构想要有整体性,不是枝节的简单堆砌。作画的过程是将胸中之竹呈现到纸上的过程,需要抓住稍纵即逝的灵感。作画需要长时间的练习,才能心手相应。文与可与苏轼关于"万尺竹"的辩论,涉及到了艺术创作的虚实问题。现实生活中自然没有万尺长的竹子,但是绘画艺术并非照搬生活,可以虚写其神,允许适度的夸张变形,所以能够用数尺来表达万尺的气势。此外,本文又呈现了作者苏轼与文与可的深厚情谊,这种情谊基于亲戚关系,又基于共同的艺术爱好,并非是势利之交,而是高山流水式的知己之谊。

【思辨】

1. 如何看待文与可厌烦士大夫求画而将白绢丢在地上的行为?
2. 艺术对现实世界的反映,是如实再现,还是主观表现?

四、龙仲房学画①

贺贻孙

【原文】

吾友龙仲房,少以画牛得名。尝裸逐牛队②,学其斗角磨痒,啮③草眠云④之势,居然⑤牛也。人皆知剧场⑥非真境,画牛非真牛矣,而不知优人⑦不真则戏不成,画牛不真则似⑧不显。天下极假之事,必以极真之功力为之,岂可以读书作文极真之事,反视以为假,藐⑨以为易乎?

吾友龙仲房,闻雪湖⑩有《梅谱》,游湖涉越⑪而求之。至则雪湖死已久矣。询于吴人曰:"雪湖画梅有谱,在乎?"吴人误听以为画眉也,对曰:"然,有之。西湖李四娘画眉标新出异,为谱十种,三吴⑫所共赏也。"

仲房大喜,即往西湖寻访李四娘,沿门遍叩⑬,三日不见。忽见湖上竹门自启,有妪出迎,曰:"妾在是矣。"及入,问之。笑曰:"妾乃官媒李四娘,有求媒者即与话媒,不知梅也。"

仲房丧志⑭归家。岁云暮矣,闷坐中庭。值庭梅初放,雪月交映⑮,梅

---

① 节选自贺贻孙《水田居全集》,道光至同治间敕书楼刊本,题目为编者所加。作者贺贻孙(1606—1686),字子翼,江西永新人,明末清初文学家。
② 牛队:牛群。
③ 啮(niè):啃吃。
④ 眠云:在云下睡眠,即露天卧眠。
⑤ 居然:俨然,很像。
⑥ 剧场:演戏的场所。
⑦ 优人:艺人,指演员。
⑧ 似:所画事物的外形和神韵和原物相似。
⑨ 藐:藐视,瞧不起。
⑩ 雪湖:刘世儒,字继相,号雪湖,山阴(今浙江绍兴)人,明代画家,善画梅花。
⑪ 游湖涉越:经过西湖去越地。
⑫ 三吴:泛指长江下游一带。
⑬ 叩:敲。
⑭ 丧志:失望。
⑮ 交映:交相辉映。

影在地。幽特拗崛①,清白简傲②,横斜倾倒之态,宛然③如画。坐卧其下,忽跃起大呼,伸纸振笔,一挥数幅,曰:"得之矣!"

于是仲房之梅遂冠江右④。

【释义】

我的朋友龙仲房,年轻时靠画牛得名。他曾经光着身子追着牛群,学着牛以角相斗和磨痒的样子,又学着牛吃草和在白云下躺卧的姿势,很像是一只牛。人们都知道戏场所演的不是真实的世界,画的牛不是真实的牛,却不知道演员不当真,戏就演不成功,画牛不当真,画就显不出与现实中牛的相像。天下极假的事,都必须用极真的功夫去做,怎能把读书作文这种极真的事,反而看成是假的,轻蔑地觉得是容易的呢?

我的朋友龙仲房,听说刘雪湖有本《梅谱》,经过西湖去吴越一带访求。到后却发现雪湖已经去世很久了。他问吴地的人说:"雪湖画梅花有《梅谱》传下来吗?"吴地的人听错了,认为是在说"画眉",就回答说:"是的,有。西湖李四娘画眉标新立异,作了十种谱,是三吴地方的人所共同欣赏的。"

龙仲房非常高兴,就去西湖寻访李四娘,沿路一家家敲门,三天都没找到。忽然见到湖上有一处竹门自己开了,有位老太太出来迎接,说:"我在这里。"等到龙仲房进了屋子,问她《梅谱》的事,她笑着说:"我是官媒李四娘,有需要说媒的人,我就给他'话媒',不懂画梅花。"

龙仲房失望地回到家里。当时正值年末,他闷闷不乐地坐在庭院里。恰逢院里的梅花刚刚开放,雪光和月光交相辉映,花的影子映在地上。梅花显得幽雅奇特,盘曲突出,清白高傲,那横着、斜着、倾侧、倒伏的样子,活像一幅画。龙仲房在花下坐着躺着,忽然跳起来大叫,铺开纸挥动笔,一挥而就画了好几幅,说:"我得到画梅的方法了!"

此后龙仲房画梅的水平,在长江下游以西的地区就数第一了。

【简析】

龙仲房学画牛,学画梅,都有一股"痴"劲儿。他要画牛,就光着身子追逐牛群,把自己当成一只牛,模仿牛的动作神态。他要画梅,就先跑到越地,又跑到西

---

① 幽特拗(ǎo)崛(jué):幽雅奇特,盘曲突出。拗,弯折。崛,突出。
② 简傲:高傲,这里形容梅花清高的样子。
③ 宛然:仿佛,很像。
④ 江右:长江下游以西的地区。

湖,一门心思想要找到《梅谱》。他领悟画梅花的方法,看上去"得来全不费工夫",实则是以抱定一个目的进行"踏破铁鞋"的寻觅为前提的。此外,他去寻找别人的《梅谱》,结果由梅而眉,由眉而媒,越离越远。最后看到庭中梅花,才突然领悟。这说明艺术创作重在自己找出方法,而不是苦苦追求学习别人的方法,也说明艺术是从生活中来,而不是从纸上得来的。

【思辨】
1. 如果生活是一出戏剧,该用什么样的态度去扮演自己的角色?
2. 龙仲房为何能找到画梅的方法?

五、蔡邕闻琴[①]

《后汉书》

【原文】

吴人有烧桐以爨[②]者,邕闻火烈[③]之声,知其良木,因请而裁[④]为琴,果有美音。而其尾犹焦,故时人名[⑤]曰"焦尾琴"焉。

初,邕在陈留[⑥]也,其邻人有以酒食召邕者,比[⑦]往而酒以酣焉。客有弹琴于屏,邕至门试潜[⑧]听之,曰:"僖[⑨]!以乐召我而有杀心,何也?"遂反。将命者[⑩]告主人曰:"蔡君向[⑪]来,至门而去。"邕素[⑫]为邦乡所宗[⑬],主人遽[⑭]自追而问其故。邕具[⑮]以告,莫不怃然[⑯]。弹琴者曰:"我向鼓弦,见螳螂[⑰]方向[⑱]鸣蝉,蝉将去而未飞,螳螂为之一前一却[⑲]。吾心耸然[⑳],惟恐螳螂之

---

① 选自《后汉书·蔡邕(yōng)列传》,中华书局1965年版。题目为编者所加。蔡邕(133—192),字伯喈(jiē),陈留圉(今河南杞县)人,东汉文学家、书法家、音乐家。
② 爨(cuàn):烧饭。
③ 烈:同"裂",桐木因火烧而裂开。
④ 裁:制作。
⑤ 名:命名。
⑥ 陈留:地名,今属河南开封。
⑦ 比:等到。
⑧ 潜:偷偷地。
⑨ 僖(xī):叹词,表示惊讶。
⑩ 将命者:管事的侍从仆役。
⑪ 向:刚才。
⑫ 素:一向,向来。
⑬ 宗:敬重。
⑭ 遽(jù):急忙。
⑮ 具:详细地。
⑯ 怃(wǔ)然:惊愕的样子。
⑰ 螳(táng)螂(láng):亦作"螳螂",一种肉食性昆虫。
⑱ 向:对着。
⑲ 却:退。
⑳ 耸然:惊动的样子。

失之也,此岂为^①杀心而形于声者乎?"邕莞然^②而笑曰:"此足以当之^③矣。"

【释义】
　　吴地有个人烧桐木做饭。蔡邕听到火中传来木头爆裂的声音,觉得是非常好的木材,就要过来,把它做成琴。弹奏起来果然发出美妙的琴音。而琴的尾部还留着被火烧出的焦痕,所以当时的人称它为"焦尾琴"。
　　起初蔡邕在陈留的时候,他的一个邻居准备了酒席请他赴宴。等蔡邕到时,他们饮酒正酣。有一个人在屏风后面弹琴,蔡邕走到门口,试着偷偷倾听,说:"呀!用音乐叫我来而琴声中却有杀心,这是怎么回事?"于是就返回。管事的人赶紧报告主人说:"蔡邕刚才已经来了,但是到了门口又走了。"蔡邕向来被当地的人敬重,主人赶紧追上他,问到底是什么缘故。蔡邕详细地告诉了主人,所有人没有不惊讶的。弹琴的人说:"我刚才弹琴,见到有一只螳螂面对一只鸣叫的蝉,蝉将飞未飞,螳螂为此一会儿进一会儿退。我心里惊动,只怕螳螂失手。难不成这就表现为琴音的杀心了?"蔡邕微笑着说:"这足够称得上杀心了!"

【简析】
　　蔡邕对于音律的精通到了这样的程度:他仅凭木柴爆裂的声音,就能判断出这是做琴的好材料;他能从琴音中听出弹琴者的杀意,而这杀意仅仅是看到螳螂捕蝉而发的极微弱的一缕。蔡邕对自己的判断非常有信心,所以才当机立断,或抢出烧焦了一端的桐木,或赴宴时已经到了主人家门却掉头离开。"操千曲而后晓声,观千剑而后识器",这种自信绝对不是一朝一夕能养成的,只有付出艰苦卓绝的努力,才会对琴的材料以及琴声的意蕴熟悉到这种程度吧?

【思辨】
　　你相信弹琴人的情绪变化会反映在琴音中吗?为什么?

---

① 此岂为:这难道是。
② 莞(wǎn)然:微笑的样子。
③ 当之:称得上。当,承受。

六、琵琶行并序①

白居易

【原文】

　　元和十年②,予左迁③九江郡司马④。明年⑤秋,送客湓浦口⑥,闻舟中夜弹琵琶者,听其音,铮铮然有京都声⑦。问其人,本长安倡女⑧,尝学琵琶于穆、曹二善才⑨,年长色衰,委身⑩为贾人⑪妇。遂命酒⑫,使快弹⑬数曲。曲罢悯⑭然,自叙少小时欢乐事,今漂沦⑮憔悴,转徙⑯于江湖间。予出官⑰二年,恬然⑱自安,感斯人言,是夕始觉有迁谪⑲意。因为长句⑳,歌以赠之,凡㉑六百一十二言㉒,命㉓曰《琵琶行》。

---

① 选自《白居易集笺校》,上海古籍出版社 1988 年版。白居易(772—846),字乐天,晚号香山居士,下邽(今陕西渭南)人,唐代诗人。
② 元和十年:即 815 年。元和,唐宪宗年号。
③ 左迁:贬官,降职。白居易此前任太子左赞善大夫,因越职言事被贬为江州司马。
④ 九江郡司马:即江州司马。隋代设九江郡,唐代改为江州。治所在今江西九江。司马是州刺史的属官。
⑤ 明年:第二年。
⑥ 湓(pén)浦口:湓江汇入长江的地方。
⑦ 京都声:京都长安流行的曲调。
⑧ 倡女:歌女。
⑨ 善才:唐代对琵琶师的称呼。
⑩ 委身:托身,指嫁人。
⑪ 贾(gǔ)人:商人。
⑫ 命酒:命人摆酒。
⑬ 快弹:畅快地弹奏。
⑭ 悯:忧郁,忧伤。
⑮ 漂沦:漂泊沦落。
⑯ 转徙(xǐ):辗转迁移。
⑰ 出官:京官调到地方任职。
⑱ 恬然:安静不在意的样子。
⑲ 迁谪:贬谪。
⑳ 因为(wéi)长句:于是创作了七言诗。长句,指七言诗。
㉑ 凡:总共。
㉒ 言:字。
㉓ 命:题名。

浔阳江①头夜送客,枫叶荻②花秋瑟瑟③。主人④下马客在船,举酒欲饮无管弦⑤。醉不成欢惨将别,别时茫茫江浸月。

忽闻水上琵琶声,主人忘归客不发。寻声暗问⑥弹者谁?琵琶声停欲语迟⑦。移船相近邀相见,添酒回灯⑧重开宴。千呼万唤始出来,犹抱琵琶半遮面。转轴⑨拨弦三两声,未成曲调先有情。弦弦掩抑⑩声声思⑪,似诉平生不得志。低眉信手⑫续续弹⑬,说尽心中无限事。轻拢慢捻抹复挑⑭,初为《霓裳》⑮后《六幺》。大弦⑯嘈嘈⑰如急雨,小弦⑱切切⑲如私语。嘈嘈切切错杂弹,大珠小珠落玉盘。间关⑳莺语花底滑,幽咽㉑泉流冰下难。冰泉冷涩弦凝绝,凝绝不通声暂歇。别有幽愁暗恨㉒生,此时无声胜有声。银瓶乍㉓破水浆迸,铁骑突出刀枪鸣。曲终收拨当心㉔画,四弦一声㉕如裂帛。东船西舫㉖悄无言,唯见江心秋月白。

沉吟放拨插弦中,整顿衣裳起敛容㉗。自言本是京城女,家在虾蟆陵㉘

---

① 浔(xún)阳江:长江流经江西九江市北的一段。
② 荻(dí):生长在水边的多年生草本植物,样子像芦苇。
③ 瑟瑟:风吹枫叶荻花发出的声音。
④ 主人:作者自称。
⑤ 管弦:箫笛之类的管乐器与琴瑟之类的弦乐器,代指音乐。
⑥ 暗问:低声询问。
⑦ 迟:迟疑。
⑧ 回灯:重新掌灯。一作"移灯"。
⑨ 转轴:拧转弦轴来调弦校音。
⑩ 掩抑:声调低沉。
⑪ 思:深长的情思。
⑫ 信手:随手。
⑬ 续续弹:连续弹奏。
⑭ 轻拢(lǒng)慢捻(niǎn)抹(mò)复挑(tiāo):轻轻地拢弦,慢慢地揉弦,一会儿顺手下拨,一会儿反手回拨。
⑮ 《霓裳》:即《霓裳羽衣曲》,与下文的《六幺》都是唐代乐曲名。
⑯ 大弦:琵琶的粗弦。
⑰ 嘈嘈:声音沉重舒长。
⑱ 小弦:细弦。
⑲ 切切:声音细碎急切。
⑳ 间(jiàn)关:形容鸟鸣婉转。
㉑ 幽咽(yè):形容声音梗塞不流畅。
㉒ 幽愁暗恨:隐藏在心底的愁苦和怨恨。
㉓ 乍:突然。
㉔ 当心:对着中心。
㉕ 一声:同时发声。
㉖ 舫(fǎng):船。
㉗ 敛容:显出端庄的脸色。
㉘ 虾(há)蟆(ma)陵:地名,在长安东南。

下住。十三学得琵琶成,名属教坊①第一部②。曲罢曾教善才服,妆成每被秋娘③妒。五陵④年少争缠头⑤,一曲红绡⑥不知数。钿头银篦⑦击节碎,血色罗裙翻酒污。今年欢笑复明年,秋月春风等闲⑧度。弟走从军阿姨死,暮去朝来颜色故⑨。门前冷落鞍马稀,老大⑩嫁作商人妇。商人重利轻别离,前月浮梁⑪买茶去。去来⑫江口守空船,绕船月明江水寒。夜深忽梦少年事,梦啼妆泪红阑干⑬。

　　我闻琵琶已叹息,又闻此语重唧唧⑭。同是天涯沦落人,相逢何必曾相识!我从去年辞帝京,谪居卧病浔阳城。浔阳地僻无音乐,终岁⑮不闻丝竹声。住近湓江地低湿,黄芦苦竹绕宅生。其间旦暮闻何物?杜鹃啼血⑯猿哀鸣。春江花朝秋月夜,往往取酒还独倾。岂无山歌与村笛?呕哑嘲哳⑰难为听。今夜闻君琵琶语⑱,如听仙乐耳暂⑲明。莫辞更坐⑳弹一曲,为君翻㉑作《琵琶行》。

　　感我此言良久㉒立,却坐㉓促弦㉔弦转急。凄凄不似向前㉕声,满座重闻

---

① 教坊:古代管理宫廷音乐、舞蹈、百戏相关事务的官署。
② 第一部:第一队,最优秀的一队。
③ 秋娘:唐代歌舞伎常用名。代指艺高美貌的歌伎。
④ 五陵:在长安附近,指长陵、安陵、阳陵、茂陵、平陵五个汉代皇帝陵墓所在地,是当时富家豪族居住的地方。
⑤ 缠头:古代打赏歌舞伎的布帛等物。
⑥ 绡(xiāo):一种丝织品。
⑦ 钿(diàn)头银篦(bì):上端镶花的银质发篦。钿,金银等制成的花朵形状的首饰。篦,一种比梳子密的梳头用具。
⑧ 等闲:寻常,随随便便。
⑨ 颜色故:容貌衰老。
⑩ 老大:年龄大了。
⑪ 浮梁:地名,今江西景德镇市,唐代的大茶市。
⑫ 来:语气助词。
⑬ 阑干:交错杂乱的样子。
⑭ 唧唧:叹息声。
⑮ 终岁:整年。
⑯ 杜鹃啼血:杜鹃悲切的叫声。杜鹃鸟口为红色,古人误传其悲啼至口中出血才停止。
⑰ 呕(ōu)哑(yā)嘲(zhāo)哳(zhā):形容声音嘈杂刺耳。
⑱ 琵琶语:琵琶声,指琵琶弹奏的曲子。
⑲ 暂:突然,一下子。
⑳ 更坐:再坐下。
㉑ 翻:按曲调写歌词。
㉒ 良久:很久。
㉓ 却坐:退回原处坐下。
㉔ 促弦:把弦拧紧。
㉕ 向前:先前。

皆掩泣①。座中泣下谁最多？江州司马青衫②湿。

【释义】

元和十年，我被贬为九江郡司马。第二年秋天，在湓浦口与客人送别，听到船上有人在夜晚弹奏琵琶，铮铮的声音中有着京都长安流行曲调的风味。问问那个弹奏者，她原本是长安的歌女，曾经跟穆、曹两位琵琶师学艺，年纪大了容颜衰老，嫁给商人为妻。于是我命人摆酒，请她畅快地弹几支曲子。她弹奏完毕，神情忧郁，自己叙说年青时欢乐的往事，如今漂泊沦落，困顿憔悴，在江湖之间辗转迁移。我从京城调到地方两年，一向心态安然平和，有感于这位歌女的话，这天晚上才有了被贬谪的感受。于是创作了这首七言诗，作为歌词来送给她，总共六百一十六字，题名为《琵琶行》。

浔阳江边的夜晚我送别客人，枫叶和荻花在秋风中发出瑟瑟的声音。主人和客人一起下马上了船，端期酒杯要喝可惜没有助兴的管弦。喝到醉也没有欢乐就要凄凉地离别，离别的时候只看见茫茫的江水映着明月。

忽然听到水上传来琵琶声，主人忘掉了要回去，客人也不再出发。顺着声音追寻低声问弹琵琶的是谁，琵琶声停了那人想要回答却又迟疑。挪动船只靠近她在的船邀她相见，添上酒重新掌灯再摆酒宴。千呼万唤她才出来，怀里还抱着琵琶遮着半边脸面。拧转弦轴拨动琴轴试弹两三声，还不成曲调就先能传情。弦弦低沉声声含着深长情思，好像在诉说着平生的不如意。低着头随手连续弹奏，琵琶声说尽了心中无限的事。轻轻地拢弦，慢慢地揉弦，一会儿顺手下拨，一会儿反手回拨，开始弹的是《霓裳羽衣曲》，后面弹的是《六幺》。粗弦的嘈嘈声沉重如同疾风骤雨，细弦的切切声轻细如同窃窃私语。嘈嘈切切交错混杂着弹，就像大珠小珠掉落玉盘。间关的黄莺叫声在花底顺滑婉转，幽咽的泉水流声在冰下流得艰难。就像冰下泉水一样冷涩炫音凝结，凝结不再通畅声音暂时停歇。另有隐藏心底的愁苦怨恨滋生，这时无声的效果胜过有声。就像银瓶突然破裂水浆四溅，又好像铁骑突然冲出刀枪齐鸣。乐曲终了收了拨子对着琵琶中心一划，四根弦同时发出声音如同绢帛撕裂。东边西边船中都悄无声息，只见到江心映照着秋月一片皎洁。

她沉吟着放下拨子插在琴弦中，整顿衣裳显出端庄的面容。她自称本是京城的歌女，就在虾蟆陵一代居住。十三岁琵琶就已经学成，名字列在教坊最优秀的一部。一曲弹罢曾经让教琵琶的乐师都佩服，梳妆完毕常常被艺高貌美的歌伎们嫉妒。家住五陵的豪富子弟争着来打赏，一曲弹完收到的红绡不计其数。上端镶

---

① 掩泣：掩面哭泣。
② 青衫：唐代八品、九品低级文官的服色。

花的银质发篦打节拍的时候被敲碎,血红色的罗裙因为泼翻了酒而被玷污。今年欢笑明年又如此,伴随着秋月春风青春年华就这样随随便便虚度。兄弟从军了阿姨去世,随着暮去朝来的时间流逝我的容颜老去。家门前变得冷落,顾客的车马日渐稀少,年龄大了我只得嫁给商人为妻。商人看重利润看轻别离,上个月到浮梁买茶叶做生意。他去了后我在江口守着空船,围绕船边的月光和江水一片凄寒。夜深忽然梦见年轻时欢乐的清醒,从梦里哭醒化了妆的脸上红色的胭脂随着泪水交错杂乱。

  我听到琵琶声已经叹气,又听到这番话再次叹息。同样是流落漂泊天涯的人,相逢又何必一定曾经相识!我从去年离开京城,被贬谪居住在浔阳江又不幸卧病。浔阳地方荒僻没有音乐,整年听不到丝竹管弦之声。住处靠近溢江地势低洼潮湿,黄芦和苦竹缭绕住宅丛生。在这里早晚听到的是什么?只有杜鹃悲啼猿猴哀鸣。春天江花盛开的早上,秋天有月的夜里,常常拿酒自己斟满把自己劝请。难道就没有山歌和村笛?只是那种嘈杂刺耳的呕哑嘲哳声实在没法听。今夜我听了你的琵琶曲,就像听到仙乐耳中突然变得清明。不要推辞再坐下弹奏一曲,我为你按曲调作词写一首《琵琶行》。

  被我这些话感动她久久站立,退回原处坐下把弦拧紧后音调更急。凄凄切切不再像先前的琵琶声,满座的人重听后都掩面哭泣。座中谁流的眼泪最多?江州司马的青衫都已经被泪水打湿。

【简析】

  在这首长篇乐府诗中,"同是天涯沦落人"的白居易和琵琶女通过音乐产生了情感的共鸣。秋江夜送客,说不尽的萧瑟凄凉,此时仙乐一般的琵琶声给了主、客以艺术的享受,也冲淡了离别的愁绪。等到琵琶女自述身世,诗人念及自身的坎坷仕途,又听到琵琶女促弦新奏的凄凉的乐曲,忍不住潸然泪下,至此情感到达高潮。人生境遇的相似让诗人情不自禁地为琵琶女写出了这样一首千古流传的《琵琶行》。全诗写景、叙事、抒情有机结合,特别是写琵琶声的部分大量使用比喻以及拟声词,向来为人称道。

【思辨】

  1. 琵琶女的遭遇具有必然性吗?

  2. 白居易是新乐府运动的倡导者,这首诗和他著名的《卖炭翁》等乐府诗是否属于同一风格?查阅资料并具体分析。

  3. 音乐对琵琶女和白居易的人生起到了什么作用?

七、《世说新语》二则①

刘义庆

【原文】

　　刘道真②少时,常渔草泽③,善歌啸④,闻者莫不留连⑤。有一老妪,识其非常人⑥,甚乐其歌啸,乃杀豚⑦进⑧之。道真食豚尽,了不⑨谢。妪见不饱,又进一豚。食半余半,乃还之。后为吏部郎⑩,妪儿为小令史⑪,道真超用⑫之。不知所由,问母,母告之。于是赍⑬牛酒诣道真,道真曰:"去,去!无可复用相报。"

　　王子猷⑭出都⑮,尚在渚下⑯。旧闻桓子野⑰善吹笛,而不相识。遇桓于岸上过,王在船中,客有识之者云:"是桓子野。"王便令人与相闻⑱,云:"闻君善吹笛,试为我一奏。"桓时已贵显,素闻王名,即便回下车,踞胡床⑲,为

---

① 两则均选自《世说新语·任诞》,见余嘉锡《世说新语笺疏》,中华书局 1983 年版。《世说新语》,南朝刘义庆撰写的笔记小说集,分德行、言语、政事等三十六门,记载了汉末到东晋士族的言行轶事,风格简洁,语言隽永。刘义庆(403—444),南朝宋宗室,袭封临川王,性喜文学,门下招纳了不少文人,除《世说新语》外,还撰有《幽明录》等。
② 刘道真:晋朝人刘沈,字道真。
③ 草泽:野草丛生的水洼。
④ 歌啸:带有旋律和音节的啸。
⑤ 留连:留恋,舍不得离开。
⑥ 常人:一般人。
⑦ 豚(tún):猪。
⑧ 进:献。
⑨ 了不:一点不。
⑩ 吏部郎:官名,主管选拔的官员。
⑪ 小令史:属官的一种,身份低下。
⑫ 超用:越级任用。
⑬ 赍(jī):带着。
⑭ 王子猷:王徽之,字子猷,是王羲之的第五子。
⑮ 都:东晋都城建康(今南京)。
⑯ 渚(zhǔ)下:水边。
⑰ 桓子野:桓伊,字子野,东晋军事将领。
⑱ 相闻:相告,让他知道。
⑲ 胡床:西域传入的一种可以折叠的坐具。

作三调。弄毕，便上车去。客主不交一言。

【释义】

  刘道真年轻的时候常常在野草丛生的水洼处捕鱼。他很擅长歌啸，听到的人无不流连忘返。有一个老太太，知道刘道真不是一般人，非常喜欢他的歌啸，就杀了一头猪献上。刘道真吃完了，一点儿都不表示感谢。老太太见他没吃饱，就又献上了一只猪。刘道真吃了一半，剩下了一半，就把剩下的还给老太太。后来刘道真做吏部郎，老太太的儿子做小令史，刘道真越级任用他。他不知道是怎么回事，问自己母亲，母亲就告知原因。于是他带上牛和酒去拜访刘道真。刘道真说："走，走！我没有什么可报答你的了。"

  王子猷出了建康，还在水边的船上。他以前就听说桓子野擅长吹笛子，但是不认识。正遇到桓子野从岸上路过，当时王子猷在船中，有认识的人说："这人就是桓子野。"王子猷就派人和桓子野说："听说你擅长吹笛，试着为我演奏一下吧。"桓子野当时已经地位显贵，不过也向来听说王子猷的大名，就回身下车，坐在胡床上，为王子猷吹了三首曲子。一吹完就上车离开，主客二人一句话都没说。

【简析】

  这里选的两则故事都与音乐有关。啸是撮口出声，分为歌啸、吹啸、呼啸，其中音乐性最强的是歌啸。刘道真的歌啸人人爱听，甚至到了为之流连忘返的程度。故事中的老太太为了表示自己的欣赏之意，听了歌啸就献上小猪。刘道真毫不见外，坦然接受。后来他做了吏部郎，就越级提拔老太太的儿子。老太太对他歌啸的欣赏是真诚的，礼物只是表达自己的心意，并没有功利的考虑。刘道真的回报固然是世俗层面的，但是回报的是艺术上的知己之情，也没有太多功利的色彩。后来老太太的儿子去送礼，就明显有巴结的意思了，所以刘道真要赶他走。王子猷与桓子野并不相识，仅仅是神交。而桓子野答应为王子猷演奏，也仅仅是演奏者与倾听者之间通过音乐而进行的一场超越世俗的交流。认识不认识，身份地位如何都不重要，所以二人都不屑说一些毫无意义的社交用语。艺术也正是在功利与非功利的边界之处，呈现出了超越世俗的审美价值。

【思辨】

1. 为何刘道真吃猪肉时"了不谢"，而后来却要越级任用老太太的儿子？
2. 王子猷听桓子野吹笛的故事虽不合于人之常情，却能为人称道，原因是什么？

八、观公孙大娘弟子舞剑器行(并序)①

杜 甫

【原文】

　　大历二年②十月十九日,夔府别驾③元持宅,见临颍④李十二娘舞剑器,壮其蔚跂⑤,问其所师,曰:"余公孙大娘弟子也。"开元五载⑥,余尚童稚,记于郾城⑦观公孙氏舞剑器浑脱⑧,浏漓⑨顿挫,独出冠时⑩。自高头⑪宜春、梨园二伎坊内人⑫,洎⑬外供奉舞女,晓是舞者,圣文神武皇帝⑭初,公孙一人而已。玉貌锦衣,况余白首。今兹弟子,亦匪盛颜⑮。既辨其由来⑯,知波澜莫二⑰,抚事慷慨⑱,聊为《剑器行》。昔者吴人张旭,善草书书帖,数尝于邺县见公孙大娘舞西河剑器⑲,自此草书长进,豪荡感激⑳,即公孙可知㉑矣。

---

① 选自仇兆鳌《杜诗详注》,中华书局 1979 年版。公孙大娘,玄宗开元年间著名的舞伎,以擅长执剑而舞的剑器舞著称。
② 大历二年:767 年,大历是唐代宗李豫年号。
③ 夔(kuí)府别驾:夔州都督府的别驾。别驾,官名。
④ 临颍(yǐng):地名,今河南临颍县。
⑤ 蔚跂(qí):雄浑多姿。
⑥ 开元五载:717 年,开元是唐玄宗李隆基的年号。
⑦ 郾城:地名,今属河南漯(luò)河市。
⑧ 剑器浑脱:舞蹈的种类。
⑨ 浏漓:流利飘逸的样子。
⑩ 冠时:是当代的第一。
⑪ 高头:前头。教坊的歌舞艺人常在皇帝面前表演,所以称为"前头人"。
⑫ 伎坊内人:教坊的歌舞伎。伎坊即教坊,是宫廷教练音乐舞蹈的机构,宜春、梨园都是指教坊。内人,即"前头人",宫廷中的歌舞伎,与下文的"外供奉"相对。外供奉舞女住在宫外,随时应诏入宫廷表演。
⑬ 洎(jì):到。
⑭ 圣文神武皇帝:指唐玄宗。
⑮ 匪盛颜:不再有年轻时的容貌。匪,同"非",不是。
⑯ 由来:李十二娘剑器舞的师承来历。
⑰ 波澜莫二:舞蹈的节奏神韵和公孙大娘是一样的。
⑱ 慷慨:情绪激荡。
⑲ 西河剑器:剑器舞的一种。
⑳ 感激:情感激动。
㉑ 可知:公孙大娘舞蹈的艺术魅力可想而知。

昔有佳人公孙氏，一舞剑器动四方。观者如山色沮丧①，天地为之久低昂。㸌②如羿③射九日落，矫如群帝骖龙翔④。来如雷霆收震怒，罢如江海凝清光。绛唇珠袖⑤两寂寞，晚有弟子传芬芳⑥。临颍美人在白帝，妙舞此曲神扬扬。与余问答既有以⑦，感时抚事增惋伤。先帝⑧侍女八千人，公孙剑器初第一。五十年间似反掌⑨，风尘澒洞⑩昏王室。梨园弟子散如烟，女乐⑪余姿映寒日。金粟堆⑫前木已拱⑬，瞿塘石城⑭草萧瑟。玳筵⑮急管曲复终，乐极哀来月东出。老夫⑯不知其⑰所往，足茧⑱荒山转愁疾。

【释义】

《序》：大历二年十月十九日，我在夔州都督府的别驾元持宅中见到了临颍李十二娘舞剑器，深感她的舞蹈雄浑多姿，问她师从何人，她说："我是公孙大娘的弟子。"开元五年的时候，我年龄还小，记得在郾城看过公孙大娘舞《剑器》和《浑脱》，流利飘逸又沉着有力，是当代第一人。从宫廷宜春、梨园两个教坊的舞伎，到宫外供奉舞女，通晓这种舞蹈的，在玄宗初年，也就只有公孙大娘一个人罢了。她美丽的容颜和锦绣的舞衣，如今又在哪里呢？连我现在都已经白头了！她的弟子，如今也已经不再有年轻时的容貌。明白了李十二娘剑器舞的师承来历，就意识到李十二娘舞蹈的节奏神韵和当初公孙大娘是一样的。追思往事，心中无限感慨，姑且写下这么一首《剑器行》。以前吴地人张旭，善于写草书，曾经多次在邺县观看公孙大娘舞《西河剑器》，从此草书大有进步，豪气振荡，情感激动，公孙大娘舞技的高超可想而知。

---

① 沮丧：失色发呆。
② 㸌：闪光的样子。
③ 羿(yì)：神话传说中善于射箭的英雄，十日并出，羿射落了九日。
④ 骖(cān)龙翔：乘着龙飞翔。
⑤ 绛唇珠袖：红唇和舞袖，代指公孙大娘的歌舞。
⑥ 芬芳：指高超的技艺。
⑦ 有以：有原因。
⑧ 先帝：已死的皇帝，指唐玄宗。
⑨ 反掌：手掌反覆之间，形容时光流逝很快。
⑩ 澒(hòng)洞：弥漫的样子。
⑪ 女乐：女性艺人，这里指李十二娘。
⑫ 金粟堆：金粟山，玄宗死后葬在这里。
⑬ 拱：两手合抱。
⑭ 瞿(qú)塘石城：瞿塘峡和白帝城，指夔州一带。
⑮ 玳(dài)筵：豪华的宴席。
⑯ 老夫：杜甫自称。
⑰ 其：代指自己。
⑱ 足茧：脚底磨出了茧子。

正文：以前有位姓公孙的美人，跳起剑舞惊动四方。观众多得像能堆成山，全都变了脸色，惊心动魄。连天地都久久地随着舞蹈的高低而浮沉。剑气闪耀，就像是后羿射落了九个太阳。舞姿矫健，就像是众位神帝驾着飞龙在空中翱翔。舞蹈开始，鼓声停止，如同雷霆收起了自己的震怒。舞蹈结束，动作停止，如同江海凝结，泛着清冷的光芒。唱出乐歌的红唇，翩翩舞动的珠袖，同归于寂寞，好在晚年有弟子传承了这种高超的技艺。临颍美人李十二娘在白帝城，又神采飞扬地按曲调跳起了这种舞蹈。她和我的问答交代了缘由，感怀时事，回忆往昔，只是增加了哀伤。当年玄宗皇上，约有八千侍女，那时公孙大娘的剑器舞在里面排第一。如同手掌反覆之间，五十年就过去了，连年战乱烽烟弥漫，朝政昏暗无常。教坊的艺人们像云烟一样消散，只有今天寒冬的太阳照耀着李十二娘的舞姿。玄宗墓地前的树都已经长到两手合抱粗细了，夔州的瞿塘峡、白帝城只剩一片萧瑟的衰草。豪华宴席中的曲子奏完了，快乐到极点，悲哀生起，月亮东升。我不知道自己要往何处，奔走在荒山，脚底生了茧子，越来越觉得愁苦。

【简析】
　　开元之际，四海升平，正处盛世，宫廷乐坊蓄养了大量的歌舞艺人。其中公孙大娘的剑器舞为当世第一。她表演时观者如山，剑光闪耀如同后羿射日坠落，舞姿矫健如同众神驾龙飞翔，起时鼓点喧闹如雷霆震怒，收时动作休止如江海凝光。这一景象给幼年的杜甫留下了深刻的印象。五十年后，杜甫又在元持家中欣赏到公孙大娘弟子李十二娘的舞姿，感受到了盛唐的余韵。而此时经过安史之乱，教坊艺人们早已四散。李十二娘已经不再年轻，杜甫也已五十有余。作者由剑器舞想到自身的遭际，想到国家由盛及衰的历程，不由百感交集，"感时抚事增惋伤"。

【思辨】
　　国家兴衰对音乐舞蹈的影响如何？

九、评《棋鬼》①

但明伦

【原文】

　　天下最迷人②者,无如博弈③。博固不足言。弈则雅矣,然见有长夏炎天,相对一枰④,藉为消夏⑤之计,乃自晨至暮,心力俱竭,目无旁睇,耳无他闻,汗湿津津⑥,相持不下,且夜以继日,废寝忘餐。其艰苦如是,是亦不可以已⑦乎?此鬼以嗜弈而促寿⑧,复以贪弈而忘生⑨,乃一局即负,其癖而死,亦枉耳。窃以为天下事皆不可癖:癖者必愚,而其业终不能精。学问之道亦然。每⑩见嗜古之士,皓首穷经⑪,物而不化⑫,而于经济⑬心性,懵然⑭无觉,且有并⑮世故而不知者,至于矻矻⑯以死,而不自知其一无所得,亦可哀矣。

【释义】

　　天下最能使人沉迷的,没有能比得上博戏和弈棋的。博戏确实不值得一谈,

---

① 选自朱一玄编《〈聊斋志异〉资料汇编》,南开大学出版社2012年版。但明伦,生卒年不详,字云湖,广顺(今贵阳)人,清代学者,著有《聊斋志异评注》。本文是对《聊斋志异》中《棋鬼》一篇的评论。
② 迷人:使人沉迷。
③ 博弈:博戏和弈棋。博戏是一种赌输赢的游戏。
④ 枰(píng):棋盘,棋局。
⑤ 消夏:避暑。
⑥ 津津:渗出的样子。
⑦ 已:停止。
⑧ 促寿:缩短寿命。
⑨ 忘生:忘掉转生阳世的事情。
⑩ 每:常常。
⑪ 皓首穷经:头发都白了还在一门心思研究经书。
⑫ 物而不化:被外物控制,不懂变通。
⑬ 经济:治理国家。
⑭ 懵(měng)然:稀里糊涂的样子。
⑮ 并:连。
⑯ 矻(kū)矻:辛勤劳作的样子。

弈棋却是高雅的事情。但是，也能见到这样的人：在漫长炎热的夏天，对着一个棋盘，把下棋作为避暑的方法，于是从早到晚，心力都用尽，眼睛不看别的，耳朵不听别的，大汗淋漓，互相争持不休，而且夜以继日，废寝忘食。艰苦到了这种程度，不是应该罢手吗？这个棋鬼因为痴迷下棋而减寿，又因为贪恋下棋而忘掉关系到转生阳世的事情，然而每次下棋都输，为了这种癖好而死，这也够冤枉的。我认为天下的事都不能痴好成癖。成癖必然导致愚笨，而技艺最终也不能精进。学习的道理也是这样。常常看到嗜好古书的人，头发都白了还在一门心思研究经书，被外物控制，不懂变通，对于治理国家以及尽心知性的学问，都稀里糊涂全不懂得。况且还有人连人情世故都不知道，以至于虽然一直到死都勤勤恳恳，却不明白自己其实什么都没获得，也真是可悲啊。

【简析】

《棋鬼》是蒲松龄《聊斋志异》中的一篇，写一个书生嗜棋成癖，家产都耗尽了，父亲被气死了，阎王认为他不孝，就缩短他的寿命，在饿鬼狱里关了他七年。之后东岳大帝造凤楼，征召文人写碑文，阎王让他应召来赎罪。他在去的路上碰到人下棋，先是观看，后来应邀对弈，愈输愈不肯放手，从早晨下到傍晚。因此又误了期限，被罚永远不能转生阳世。

《棋鬼》中的书生因为下棋缩短阳寿而死，死之后又因为下棋忘掉了关系到自己转生阳世的工作任务，可以说对棋痴迷到了极点。然而他的棋艺却很糟糕，一输再输。其实，夜以继日，废寝忘食，忘掉了其他事情，是一种"物而不化"的状态。也就是说，被自己痴迷的对象劫持了，失去了清醒的理性，这就是但明伦所说的"愚"。这种"痴"不但对于技艺的增进无益，而且会让人忘记更加重要的事情，比如个体的生存发展和治国安邦，甚至会使人忘掉正常生活所需的技能，变得不通人情世故。

【思辨】

蒲松龄曾赞美"痴"，说："性痴则其志凝，故书痴者文必工，艺痴者技必良。"而但明伦则认为"痴者必愚"。你对这一问题的看法是什么？

十、核工记

宋起凤

【原文】

　　季弟②获桃坠③一枚,长五分许④,横广四分。全核向背⑤皆山。山坳插一城,雉⑥历历可数⑦。城巅具层楼,楼门洞敞⑧。中有人,类司更卒⑨,执桴鼓⑩,若寒冻不胜⑪者。枕山麓⑫一寺,老松隐蔽三章⑬。松下凿双户,可开阖⑭。户内一僧,侧首倾听;户虚掩,如应门;洞开,如延纳⑮状,左右度⑯之无不宜。松外东来一衲⑰,负卷帙⑱踉跄⑲行,若为佛事夜归者。对林一小陀⑳,似闻足音仆仆㉑前。核侧出浮屠㉒七级,距滩半黍㉓。近滩维㉔一小舟。

---

① 选自张潮编《虞初新志》,文学古籍刊行社 1954 年版。《虞初新志》是清代张潮编写的一部文言短篇小说集,所收文章的作者都是明末清初时人。宋起凤,生卒年不详,字来仪,号紫庭,沧州(今属河北)人,清代散文家,著有《大茂山房合稿》。
② 季弟:小弟。古人以伯、仲、叔、季排行,季是最小的。
③ 桃坠:桃核做的坠子。
④ 许:左右。
⑤ 向背:正面和背面。
⑥ 雉(zhì):城墙垛子。
⑦ 历历可数:清清楚楚到可以一个个数出来。
⑧ 洞敞:敞开。
⑨ 司更卒:掌管打更报时的兵卒。
⑩ 桴(fú)鼓:鼓槌子。
⑪ 不胜:不能承受。
⑫ 枕山麓(lù):靠着山脚。
⑬ 章:棵。
⑭ 阖(hé):关。
⑮ 延纳:接纳,请进来。
⑯ 度(duó):估计。
⑰ 衲(nà):代指和尚,原指和尚穿的衲衣。
⑱ 卷帙(zhì):指经书。卷,卷成一卷的书。帙,书套。
⑲ 踉跄(liàng qiàng):跌跌撞撞,走路不稳。
⑳ 陀(tuó):头陀,指行脚乞食的僧人。
㉑ 仆仆:走路的声音。
㉒ 浮屠:佛塔。
㉓ 半黍:半分长。
㉔ 维:拴着。

篷窗短舷间,有客凭几假寐①,形若渐寤②然。舟尾一小童,拥炉嘘③火,盖供客茗饮④也。舣⑤舟处当寺阴⑥,高阜⑦钟阁踞⑧焉。叩钟者貌爽爽⑨自得,睡足徐兴⑩乃尔⑪。山顶月晦⑫半规,杂疏星数点。下则波纹涨起,作潮来候⑬。取诗"姑苏城外寒山寺,夜半钟声到客船"之句。

计人凡⑭七:僧四,客一,童一,卒一。宫室器具凡九:城一,楼一,招提⑮一,浮屠一,舟一,阁一,炉灶一,钟鼓各一。景凡七:山、水、林木、滩石四,星、月、灯火三。而人事⑯如传更、报晓、候门、夜归、隐几⑰、煎茶,统为六,各殊⑱致殊意,且并其愁苦、寒惧、凝思诸态,俱一一肖⑲之。

语云:"纳须弥⑳于芥子㉑。"殆谓是欤!然闻之:"尺绡绣经㉒而唐微,水戏荐酒㉓而隋替。"器之淫㉔也,吾滋惧矣!先王著《考工》㉕,盖早辨之焉。

【释义】

我的小弟得到了一枚桃核做的坠子,长五分左右,宽四分。桃核的正面背面全都是山。山的低洼处矗立着一座城,城墙垛子清清楚楚,可以一个个数出来。

---

① 假寐(mèi):打瞌睡。
② 寤(wù):睡醒。
③ 嘘:吹。
④ 茗饮:喝茶。
⑤ 舣(yǐ):靠。
⑥ 寺阴:寺后。
⑦ 阜(fù):土山。
⑧ 踞:蹲。
⑨ 爽爽:轻松的样子。
⑩ 徐兴:缓缓起身。
⑪ 乃尔:像这样。
⑫ 晦:暗。
⑬ 候:征兆。
⑭ 凡:总共。
⑮ 招提:寺。本义是四方,寺为四方僧所住处,故称。
⑯ 人事:人的动作行为。
⑰ 隐几:靠着几案。
⑱ 殊:不一样。
⑲ 肖:像。
⑳ 须弥:须弥山,佛经中的高山名。
㉑ 芥子:芥菜子,比喻极微小的东西。
㉒ 尺绡绣经:用丝织品来刺绣经书和佛图,指唐代后期耽于巧艺。
㉓ 水戏荐酒:水上劝酒游戏。指隋炀帝通运河,耽于饮酒歌舞。
㉔ 器之淫:沉溺于玩赏器物。
㉕ 《考工》:即《考工记》,我国最早的手工艺专著,记载了先秦时期的兵器制作、水利、木工建筑等技术,涉及天文、数学、物理等知识。《考工记》作者不详,本文作者宋起凤认为是古代贤王所作,所以称"先王"。

城顶有高楼,楼门敞开着。中间有人像掌管打更的兵卒,拿着鼓槌子,像是冷得受不了的样子。靠着山脚有一个寺庙,隐蔽着三棵老松树。松树下面凿了两扇门,可以开关。门内有一个和尚,侧着头倾听。门虚掩着,好像要应声开门一样。门敞开的时候,又好像是要请人进来。估计一下上面的两种情况,没有不合适的。松树东边来了一个和尚,背着经书跌跌撞撞地走,像是因为做佛事夜里才回来的样子。对面树林中有一个小和尚,似乎能听到他正向前走,发出扑扑的脚步声。桃核的一侧刻出了七级佛塔,与河滩间有半分的距离。靠近河滩的地方拴着一条小船。船窗和短短的船舷中间,有一个船客靠着几案打瞌睡,看样子就要醒了。船尾有一个小童,抱着炉子吹火,大概是在给客人煮茶。船停靠的地方是在寺庙背后,高高的土山上有钟楼蹲在那里。敲钟的人一副轻松自得的样子,像是睡饱了缓缓起身才会这样。山顶上半圆形的月亮光色昏暗,夹杂着几点稀疏的星星。山下的波浪涨起,显出潮水就要来的征兆。这个坠子是取了"姑苏城外寒山寺,夜半钟声到客船"的意境来雕刻的。

  整个桃核上雕刻的人物有七个:四个和尚,一个船客,一个小童,一个士兵。宫殿房屋器具总共有九个:一座城,一座楼,一个佛塔,一座寺庙,一条船,一个阁楼,一个炉灶,钟和鼓分别有一个。景物总共有七种:山、水、林木、滩石是四种,星星、月亮、灯火是三种。而人的动作,比如打更,报晓,等着开门,夜里回来,靠着几案,烧茶,总共有六种,各自有各自不一样的情致意境,而且连愁眉苦脸,害怕寒冷,凝神思考等神态全都一一雕刻得很惟妙惟肖。

  佛教中有句话说:"在芥子里容纳着须弥山。"大概说的就是这种吧。但是我听说:"用丝织品刺绣经书,唐朝就衰微了;在水上游戏劝酒,隋朝就被唐朝取代了。"对于沉溺于玩赏器物的行为,我就更加担忧恐惧了。先王写《考工记》,早就明辨了这一道理啊。

【简析】

  微雕是在竹管、核桃等事物上雕刻山水人物、花鸟虫鱼、诗词文字等的传统工艺。文中描写的这件作品,在一个小小的桃核上刻有山水林石、星月灯火,还有七个动作情态不一的人物,又有城、楼、寺庙、舟阁等,连寺内的钟鼓和舟中的炉灶都历历分明。景、人有机组合,呈现了唐代诗人张继《枫桥夜泊》最后两句的诗意。正可谓"纳须弥于芥子",技艺令人惊叹。文章的描述井然有序,点面结合,抓住寒山寺和客船两个重点,由城而寺而舟,由描写而议论,显示出作者高超的写作技巧。

【思辨】

1. 这件微雕是如何表达"夜半钟声到客船"的诗意的?"夜半"体现在哪里?"钟声"又体现在哪里?

2. 作者既写出了微雕的精细传神,又在篇末担忧这种"奇技淫巧"会有害于社会,如何理解这种矛盾的态度?

【内容概要】

在中国传统文化中,艺术与人生的关系非常紧密。特别是古代的文人士大夫,往往具有深厚的艺术修养,他们的生活是艺术化的。精通以"琴棋书画"为代表的才艺,在某种意义上也就成为一个高雅的人的身份标识。

这种对艺术的重视与儒家的思想有关。《论语·述而》对君子的要求是"志于道、据于德、依于仁、游于艺"。这里的"艺"是"礼、乐、射、御、书、数"六艺。后世士大夫扩展了"艺"的范围,用"游于艺"来论证爱好书、画、琴等艺术的正当性,认为学习这些可以修身养性,辅助对道的追求。

从艺术对人生的实际作用来看,首先是作用于人的心灵,引发美的体验,从而扩展了生活的空间。公孙大娘的舞蹈能使天地变色,让杜甫在五十年后仍旧记忆犹新。艺术作品给人留下的是这样深刻的体验,使人插上了想象的翅膀,这种享受无与伦比,难以表达。

艺术作品本身又可以饱含感情,引发欣赏者的情感体验。苏轼的《文与可画筼筜谷偃竹记》,由文与可的一幅画,引发了对绘画艺术的探讨,倾注了对亡友的深厚情谊。琵琶女弹奏的《霓裳羽衣曲》、《六幺》让白居易想起京城长安,引发了他的贬谪之思,这种情感不断酝酿、强化,终于在个人遭际相似的共鸣中喷涌而出,让他泪湿青衫。杜甫看了李十二娘的剑器舞,想起幼时观公孙大娘剑器舞的难忘经历,充满对盛世的缅怀和对当前时事的感伤。这些情感都由艺术引起,进而激荡、强化、衍生。

以上都是从欣赏者的角度来说的。从创作者的角度来看,艺术可以成为人的追求。王羲之效法张芝,练习书法而使池水变成黑色;张旭观察挑夫争夺道路,借鉴音乐与舞蹈来增进书法的技艺;龙仲房为学画牛混入牛群,为学画梅不惜长途跋涉。他们通过勤苦的练习提升自我,最终达到高超技艺的过程,能够给人启发与鼓舞。张旭喝醉之后,下笔如神;顾恺之画人精妙传神;蔡邕能够从桐木爆裂的声音中辨认出材质的优劣,又能从琴音中听出杀心;雕刻家可以在一个桃核上展现《枫桥夜泊》的诗意。技艺高超到这种程度,让我们看到了人所具有的无限创造力。

不管是对创作者还是对欣赏者来说,艺术都增加了人生的趣味,使平庸繁琐的日常生活变得富有诗意。艺术家们行事往往洒脱不拘,甚至让人无法理解。王羲之可以写《道德经》换鹅,可以兴致大发把字写在几案上,可以帮素不相识的老婆婆卖扇子。张旭可以喝醉后拿头发蘸墨写字；顾恺之画人物像却不肯点睛；桓子野可以和王子猷不发一言而完成以笛声为媒介的交流。而一旦与功利和庸常搭界，艺术家们往往就显出拒绝的姿态。因此当老婆婆再让王羲之在自己扇子上写字时，这种以谋利为目的利用艺术的行为就遭到艺术家的拒绝。也因此，当曾听刘道真歌啸后献上小猪致敬的老太太的儿子，带上礼物出现在刘道真面前时，这种世俗的干谒姿态就遭到刘道真的鄙视。这种对日常生活的超越和对功利的拒绝，使无论是创作者还是欣赏者，都能够提升自己的精神境界，让生活的单调乏味和庸俗无趣得到消弭。

实际上，对于艺术，从古至今，人们难免都有一种矛盾心理：一方面，基于审美的需求，常常被高超的技艺征服，被美的作品吸引；另一方面，基于现实考虑，又深怕自己沉溺其中，玩物丧志。北齐时期颜之推在《颜氏家训》中，就把书法、绘画、琴瑟看作"杂艺"。他认为书法只要"微须留意"，但是"此艺不须过精"；绘画虽然"玩阅古今，特可宝爱"，琴瑟"足以畅神情"，但是都不能作为从事的职业；至于围棋，虽然号称"雅戏"，但"令人就慢，废丧实多"。这是具有代表性的看法。艺术固然对人生有如此的作用，但是一旦爱好与追求超过限度，也可能导致整个人生的异化。《聊斋志异》的《棋鬼》就塑造了一个痴迷于棋艺而不顾一切的人物形象，但明伦的评论指出了这是一种"愚"的状态。

要想避免这种危险，我们需要清醒地认识到，人生是丰富的、立体的，艺术修养是一个健全的自我的组成部分。人生的各个层面需要协调发展。只要爱好而不沉溺，艺术能够帮助我们在当前这样一个感情和审美能力都普遍萎缩的时代放慢脚步，让我们的人生变得兴味盎然。

【文化链接】

18世纪德国著名文学家席勒在《审美教育书简》中讨论了艺术的作用。他认为艺术可以让人恢复失去的丰富感受力与审美力，完成从感性人到理性人的转变，使人变得高尚。他认为一切教育中，只有审美的训练会把人带入没有任何限制的境界。他说："惟独审美状态是自成一体，因为它把它的起源以及得以延续的一切条件都统一在自身之中。只是在审美状态中,我们才觉得我们像是脱开了时间,我们的人性纯洁地、完整地表现了出来,仿佛它还没有由于外在力的影响而受到任何损害。"①审美给人们带来了精神的宁静,使人重获自由,所以自然是人的第一创作者,而美则是人的第二创作者。

近代著名教育家蔡元培重视美育,提出"以美育代宗教"。他在《美育与人生》一文中说:"吾人固不可不有一种普通职业,以应利用厚生的需要;而于工作的余暇,又不可不读文学,听音乐,参观美术馆,以谋知识与感情的调和,这样,才算是认识人生的价值了。"②

随着科学技术的进步,新技术手段不断出现,对传统艺术样式造成了冲击。照相技术出现后,单论逼真,绘画艺术无论如何也比不上摄影,这就引发了画家还能画什么的疑问。西方有的画家甚至感叹绘画已经死亡。法国著名诗人、美学批评家波德莱尔在《1859年的沙龙:现代公众与摄影术》一文中把摄影看作"艺术的最不共戴天的敌人",他说:"诗意和进步像两个彼此深恶痛绝的野心家,当他们在同一条路上相遇时,其中的一个必须让路。如果允许摄影在某些功能上补充艺术,在作为它的自然盟友的大众的愚蠢帮助下,摄影很快就会取代艺术,或索性毁掉艺术。"③而实际上西方绘画并没有灭亡,只是发生了转向,从写实的领域转向追求表现性,催生了印象主义的画风。至于中国传统绘画,特别是水墨画,本就注重表现,追求神似而非形似,并没有受到太大的冲击。

面对录音、照相复制、电影等新技术,德国文艺批评家瓦尔特·本雅明于1936年写成《机械复制时代的艺术作品》,认为这些技术导致了时代艺术的裂变。

---

① (德)席勒. 审美教育书简[M]. 冯至、范大灿,译. 上海:上海人民出版社,2003:172.
② 蔡元培. 美育与人生[M]//高平叔编. 蔡元培全集(第6卷). 北京:中华书局,1988:158.
③ (法)夏尔·波德莱尔. 1859年的沙龙:现代公众与摄影术[M]//弗兰西斯·弗兰契娜,等. 编. 现代艺术和现代主义. 上海:上海人民美术出版社,1988:28.

他认为传统的艺术具有独一无二的满足感和踏实感的"光韵",具有精神上的"膜拜价值",而复制技术使这些特性都不复存在。机械复制时代的代表艺术形式是电影,观众对于这种艺术的接受是消遣性的。他说:"电影抑制了膜拜价值,这不仅是由于它使观众采取了一种鉴赏态度,而且还由于这种鉴赏态度在电影院中并不包括凝神专注,观众成了一位主考官,但这是一位心不在焉的主考官。"[①]

【思考探究】

1. 艺术对人生有何作用?谈谈你的理解。
2. 在科技发达的机械复制的时代,绘画等传统艺术形式还有存在的必要吗?

[①] (德)本雅明. 机械复制时代的艺术作品[M]. 王才勇,译. 中国城市出版社,2001:128.

第五单元

日常生活与人生

RI CHANG SHENG HUO YU REN SHENG

【人生故事】

从古至今,酒都在人们的日常生活中扮演着重要的角色。人与神沟通要以酒祭祀,人与人社交要以酒为媒。历朝历代,都有若干以酒闻名的奇人。魏晋时期的文学家阮籍便是其中的一个。

阮籍是"竹林七贤"之一,以放任不羁闻名。他生性嗜好喝酒,擅长弹琴。他听说步兵伙房的人善于酿酒,存了三百壶好酒,就请求做步兵校尉,所以他又被称为"阮步兵"。

对于阮籍来说,喝醉酒是他免祸的法宝。当时处在司马氏取代曹氏的敏感时期,政治混乱,名士很少能够保全性命。司马昭曾经想让自己的儿子司马炎(即后来的晋武帝)娶阮籍的女儿,便向阮籍求婚。阮籍既不想与司马氏扯上亲戚关系,又不敢得罪司马氏惹来杀身之祸,所以干脆纵情喝酒,大醉六十多天。司马昭始终找不到开口的机会,只好作罢。

当时有个叫钟会的人,一直想抓住阮籍的把柄,就故意问一些政治问题,期望在阮籍的回答中找出罪证。但是阮籍总是醉到无法回答的程度,这才没有遭到陷害。

阮籍还以嗜酒体现了自己放旷的名士风范。母亲去世的时候,生性孝敬的他正和人下棋,对方要求停手,他坚持留住对方一决高下。棋局完成后,他喝了两斗酒,开始放声大哭,吐了好几升血。母亲下葬时,他又吃了一只蒸小猪,喝了两斗酒,放声一哭,又吐了几升血,哀伤到了形销骨立的程度,几乎死去。有个叫裴楷的人前来吊丧,阮籍头发披散,盘腿坐着,喝得醉醺醺的,直瞪着眼睛,然而不哭。裴楷按礼节哭着吊唁后离开。有人觉得奇怪,问裴楷:"按常规来说,去吊丧,总是主人哭,客人也随着哭。阮籍自己都不哭,你为什么要哭?"裴楷说:"阮籍超凡脱俗,所以可以不管礼节。我是个俗人,所以必须遵守礼仪。"

阮籍邻居家有一个年轻女人长得很漂亮,在酒店里卖酒。阮籍曾经去喝酒,喝醉了以后,就躺在少妇的身边。阮籍自己没什么顾忌,少妇的丈夫看到了,知道他的品性,也不猜疑他。

阮籍的嫂子回娘家,阮籍不避嫌,和她说话告别。别人讥讽他,他回答说:"礼教难道是为我设置的吗?"这句话表达了他不肯被当时的俗礼束缚的性格。这是因为"礼"原本就应该基于真情,否则就会变成虚伪的俗套。阮籍在母亲去世时喝酒吃肉,喝醉躺在邻居少妇旁边,和嫂子告别,这些都不合"礼"。但是他对母亲、对嫂子的感情是真挚的,对邻居少妇的欣赏是无邪的,他的性情至真至纯。

阮籍还会做青眼和白眼,谁要是固守俗礼,他就拿白眼来看。嵇喜来吊唁,阮籍做白眼,嵇喜很不高兴地走了。嵇喜的弟弟嵇康听说这事,就带着酒和琴来拜访,阮籍非常高兴,就换成了青眼。

阮籍纵酒放旷,固然有嵇康这样的朋友,但是不拘礼仪使他成为一些礼教卫道士的眼中钉,而最终他也未能完全摆脱政治。当时曹魏的皇帝曹奂是个傀儡皇帝,朝政由司马昭把持。蜀国灭亡后,司马昭被封为晋公,又加"九锡",就是皇帝赐予的代表最高礼遇的九种器物。按惯例,司马昭要假惺惺地再三谦让,经过公卿大夫的"劝进",最后才能接受官爵,而写劝进文的任务落在了阮籍身上。这个时候,嵇康已经被杀,政治形势愈加严酷。阮籍故伎重演,又喝醉酒趴在桌上睡觉。但是最终仍旧无法逃脱,只能接受。他干脆顺势写在桌子上,再由人誊抄。也正是在这一年,身处乱世因而济世理想无法实现,只能酣饮沉醉的阮籍抑郁而终,留下了充满苦闷彷徨之情的八十二首《咏怀诗》。

【文化原典】

一、笋①

李　渔

【原文】

　　论蔬食之美者,曰清,曰洁,曰芳馥②,曰松脆而已矣。不知其至美所在,能居肉食之上者,只在一字之鲜。《记》③曰:"甘受和,白受采④。"鲜即甘之所从出也。此种供奉,惟山僧野老躬⑤治园圃⑥者,得以有之,城市之人向卖菜佣⑦求活者,不得与⑧焉。然他种蔬食,不论城市山林,凡宅旁有圃者,旋摘旋烹⑨,亦能时⑩有其乐。至于笋之一物,则断断⑪宜在山林,城市所产者,任尔芳鲜,终是笋之剩义⑫。此蔬食中第一品也,肥羊嫩豕⑬,何足比肩⑭。但将笋肉齐烹,合盛一簋⑮,人止食笋而遗肉,则肉为鱼而笋为熊掌⑯可知矣。购于市者且然,况山中之旋掘者乎?

---

① 节选自《闲情偶寄》,中华书局2007年版。李渔(1611—1680),原名仙侣,字谪凡,号笠翁,兰溪(今浙江兰溪市)人,清初戏曲作家、戏曲理论家。其著作《闲情偶寄》包括了戏曲理论、饮食、园艺、养生等内容,被誉为古代生活艺术全书。
② 芳馥(fù):芳香。
③ 《记》:《礼记》。
④ 甘受和,白受采:甘味能调和各种滋味,白色能调和各种色彩。甘是指鲜美的滋味,不是一般所谓的甜味。
⑤ 躬:亲自。
⑥ 圃(pǔ):菜园。
⑦ 卖菜佣:卖蔬菜的人。
⑧ 与:参与这种享受。
⑨ 旋摘旋烹:随时采摘随时烹调。
⑩ 时:时常,时时。
⑪ 断断:绝对。
⑫ 剩义:本指不成系统的片段余义,这里指次品。
⑬ 嫩豕(shǐ):乳猪。
⑭ 比肩:并列。
⑮ 簋(guǐ):古代用来盛食物的器具,圆口,两耳。
⑯ 肉为鱼而笋为熊掌:指选择笋而放弃肉,化用《孟子·告子》:"鱼,我所欲也;熊掌,亦我所欲也。二者不可得兼,舍鱼而取熊掌者也。"

食笋之法多端，不能悉纪①，请以两言概之，曰："素宜白水，荤用肥猪。"茹斋者②食笋，若以他物伴之，香油和之，则陈味夺鲜，而笋之真趣没矣。白煮俟熟，略加酱油，从来至美之物，皆利于孤行，此类是也。以之伴荤，则牛羊鸡鸭等物皆非所宜，独宜于豕，又独宜于肥。肥非欲其腻也，肉之肥者能甘，甘味入笋，则不见其甘，但觉其鲜之至也。烹之既熟，肥肉尽当去之，即汁亦不宜多存，存其半而益以清汤。调和之物，惟醋与酒。此制荤笋之大凡③也。

　　《本草》④中所载诸食物，益人者不尽可口，可口者未必益人，求能两擅⑤其长者，莫过于此。东坡云："宁可食无肉，不可居无竹。无肉令人瘦，无竹令人俗。"不知能医俗者，亦能医瘦，但有已成竹未成竹之分耳。

【释义】

　　要说到蔬菜的美味，不过就是清淡、洁净、芳香、松脆罢了。人们不知道它最美的地方，能让它处于肉食之上的，只是一个"鲜"字。《礼记》中说："甘味能调和各种滋味，白色能调和各种色彩。"甘味就是从鲜中生出的。这种享受，只有山中的和尚、乡野的老人和这些亲自管菜园子的人才能有。城市里面要向卖菜的人购买蔬菜的人，是无法享受到的。但是别的蔬菜，不管是城市还是山林，只要是房子旁边有菜园，随时摘了随时烹饪，也能时常有这种乐趣。只有笋这个东西，是绝对只适合在山林中挖的。城市中的，任凭你再怎么芳香鲜美，终究只是笋中的次品。这是蔬菜中第一品阶的东西。肥羊乳猪，怎么能够跟它并列呢？只要将笋和肉一起烹饪，放在同一个锅中煮，人只吃笋，留下肉，那么肉就像鱼一样该舍弃，笋就像熊掌一样该选择，就可以理解了。在市集上买的尚且这样，何况是山里刚刚挖出来的呢？

　　吃笋的方法有多种，不能记录周全。请让我用两句话来概括："素食适合白水煮，荤食适合配肥猪肉。"素食者吃笋，如果拿别的东西来拌，拿香油来调味，这些东西的陈味就会盖过笋的鲜味，笋的真正味道就丧失了。应该用白水煮熟，略微加点酱油。从来最鲜美的东西，都适合单独烹饪，笋就属于这一种。如果拿它配合荤菜，那么牛羊鸡鸭等都不合适，只有猪肉合适，又唯独适合肥猪肉。用肥猪肉

---

① 悉纪：全部记录。
② 茹斋者：吃素的人。
③ 大凡：概要。
④ 《本草》：古有《神农本草经》，原书早佚，明代李时珍删补成《本草纲目》。
⑤ 擅：占有，据有。

不是用它的腻,是因为肥肉有甘味,甘味进到笋里,那就觉不出甘,只觉得鲜到极点。煮熟以后,肥肉应该全部去掉,就算是肉汁也不应该多留,只需要留一半,再加上清汤。调和的东西只用醋和酒。这是烹制荤笋的大致方法。

《本草》中提到的各种食材,对人有益的不全好吃,好吃的未必对人有益。想要两全其美的,没有超过笋的。苏东坡说:"宁可吃饭没有肉,不可住的地方没有竹。没肉让人瘦,没竹让人俗。"却不晓得能治庸俗的东西也能治瘦弱,这只不过是已经长成竹子和没有长成竹子的区别罢了。

【简析】

在李渔看来,蔬菜是上等的美食,"肉不如蔬",而笋又是"蔬食中第一品"。人们只知道强调蔬菜的清淡、洁净、芳香、松脆,却不知道最重要的是它的"鲜"。李渔认为笋的理想食用方法,就在于保留笋的这种天然的鲜味。所以吃笋最好是山林中随挖随煮。而素笋应该白煮,略微加点酱油即可。如果是荤笋,只要用肥猪肉入味,吃的时候再丢掉肥肉,拿醋和酒调和即可。苏轼认为赏竹是风雅的,可以治疗庸俗。而在李渔的笔下,能治疗瘦弱的竹笋,也带上了雅致的色彩。

【思辨】

1. 为何李渔认为吃笋"素宜白水"?
2. "医瘦"与"医俗"的区别是什么?

二、饮中八仙歌①

杜 甫

【原文】

知章②骑马似乘船,眼花落井水底眠。

汝阳③三斗始朝天④,道逢麴车⑤口流涎⑥,恨不移封⑦向酒泉⑧。

左相⑨日兴费万钱,饮如长鲸吸百川,衔杯乐圣称避贤⑩。

宗之⑪潇洒美少年,举觞⑫白眼望青天,皎如玉树临风前。

苏晋⑬长斋绣佛⑭前,醉中往往爱逃禅⑮。

李白一斗诗百篇,长安市上酒家眠。天子呼来不上船,自称臣是酒中仙。

张旭三杯草圣传,脱帽露顶王公前,挥毫落纸如云烟。

焦遂⑯五斗方卓然,高谈雄辩惊四筵。

【释义】

贺知章骑马晃晃悠悠像乘船,两眼昏花掉到井里在井底酣眠。

---

① 选自仇兆鳌《杜诗详注》,中华书局1979年版。
② 知章:贺知章,唐朝诗人。
③ 汝阳:汝阳王李琎(jìn),唐玄宗的侄子,传说他总是先痛饮再朝见皇帝。
④ 朝天:朝见天子。
⑤ 麴(qū)车:载酒的车子。
⑥ 涎(xián):口水。
⑦ 移封:改换封地。
⑧ 酒泉:地名,今甘肃酒泉市。据说城下有泉水,味道如酒。
⑨ 左相:指李适之,他曾任左丞相。
⑩ 乐圣称避贤:出自李适之的诗句"避贤初罢相,乐圣且衔杯"。
⑪ 宗之:崔宗之,吏部尚书崔日用的儿子,袭父封为齐国公。
⑫ 觞(shāng):酒杯。
⑬ 苏晋:开元间进士。
⑭ 绣佛:佛像。
⑮ 逃禅:不守佛教的酒戒。
⑯ 焦遂:人名,生平不详。

李琎喝三斗酒才去朝见天子，路上碰到酒车口水直流，恨不得把封地改到酒泉。

　　李适之每天宴饮耗费万钱，喝起来像是鲸鱼吞下百川，拿着杯子作诗说是"乐圣""避贤"。

　　崔宗之是个潇洒的美少年，拿着酒杯傲视青天，俊美之姿有如玉树临风。

　　苏晋在佛像前长期斋戒，然而不守戒律喝醉酒，要算作"逃禅"。

　　李白喝一斗酒能作百首诗，喝醉了睡在长安酒家，皇帝命他朝见他都不肯动身，自称"我是酒中神仙"。

　　张旭喝了三杯后书法写得很好，被誉为"草圣"，在王公前脱下帽子露出脑袋，挥毫写出的草书飘逸如同云烟。

　　焦遂喝完五斗酒后精神振奋，高谈阔论惊动四座，显示出他的卓尔不凡。

【简析】

　　这首诗是杜甫天宝年间在长安时所写的，描述了贺知章、李琎、李适之等八位洒脱不羁的饮者风采。作者善于抓住人物最有表现力的动作神态来展开描写。例如贺知章骑马歪歪扭扭，眼花掉到了井里，干脆就在水井底睡下了；李适之宴饮每天耗费万钱，喝起酒来简直像鲸鱼吸水；崔宗之举着酒杯效法阮籍白眼向天……寥寥数语就勾勒出人物的性情。酒使这些特异之士呈现出傲然、潇洒的风采，又让他们展现出过人的诗才、辩才、书法技艺。

【思辨】

　　醉后的狂态，可以可爱，可以可恨。联系生活实际，探讨醉酒对人的影响。

三、煎茶七类[①]

陆树声

【原文】

一人品

煎茶非漫浪[②],要须[③]其人与茶品相得[④]。故其法每传于高流隐逸,有云霞泉石、磊块胸次[⑤]间者。

二品泉

泉水以山水为上,次江水,井水次之。井取汲多者,多则水活。然须旋汲旋烹[⑥],汲久宿贮者,味减鲜冽。

三烹点

煎用活火,候汤眼鳞鳞起,沫饽[⑦]鼓泛,投茗器中。初入汤少许,俟汤茗相投,即满注。云脚[⑧]渐开,乳花[⑨]浮面,则味全。盖古茶用团饼,碾屑味易出。叶茶骤则乏味,过熟味昏底滞。

四尝茶

茶入口先灌漱[⑩],须徐啜[⑪]。俟甘津潮舌,则得真味。杂他果则香味俱夺。

---

① 选自陆树声《茶寮记》,丛书集成初编影印本。陆树声(1509—1605),字与吉,号平泉,松江华亭(今属上海)人。陆树声是明代嘉靖年间进士,官至礼部尚书,著有《陆文定公书》等。《茶寮记》写于1570年,是陆树声辞官归田后,与僧人明亮共同讨论茶道,漫记而成。
② 漫浪:放纵不受约束。
③ 要须:必须。
④ 相得:相配,相称。
⑤ 磊块胸次:堆积于胸中。磊块,石块。胸次,胸怀。
⑥ 旋汲旋烹:随时打水随时烹茶。
⑦ 沫饽(bō):煮水泛起的浮沫。
⑧ 云脚:茶的别称。
⑨ 乳花:煮茶时的乳白色泡沫。
⑩ 灌漱:含着茶水润一下口。
⑪ 徐啜(chuò):慢慢品尝。

五茶候

凉台静室,明窗曲几,僧寮①道院,松风竹月,晏坐②行吟,清谭③把卷。

六茶侣

翰卿④墨客,缁流羽士⑤,逸老⑥散人,或轩冕之徒⑦,超轶⑧世味。

七茶勋

除烦雪滞⑨,涤醒⑩破睡,谭渴书倦,是时茗碗策勋⑪,不减凌烟⑫。

【释义】

一人品

煎茶不是随意不受约束的事,必须和煎茶者的人品和茶品相配。所以煎茶的方法常常传给高洁的隐士和胸怀中有着云霞泉石的人。

二品泉

泉水以山间的水为上等,江水次之,井水又次之。井水要选取打水比较频繁的,打水频繁水就活。但是要随时打水随时烹煮,打上来的水放久了,味道就不再鲜美清冽。

三烹点

煎茶要用活火,等着沸腾的水眼泛出鱼鳞一样的波纹,浮沫泛起,这时候把茶叶放进去。开始少放一点,等到水和茶混合了,就全部放入。茶叶泡开了,乳白色的泡沫浮在水面上,这样味道就足。古时候用茶团茶饼,碾碎了味道容易散出。而叶茶泡急了没有味道,熟过头了味道模糊。

四尝茶

茶水入口,要先含着润一下,慢慢品尝,等到甜美的汁液打湿了舌头,就品到真正的滋味了。如果掺杂别的果品,那么茶的香气和味道就都失掉了。

---

① 寮:小屋。
② 晏坐:安坐。
③ 清谭:即清谈,谈论玄妙的哲理。
④ 翰卿:通晓文辞的人。
⑤ 缁(zī)流羽士:僧人和道士。僧尼多穿黑衣,所以称缁流。
⑥ 逸老:隐居的老人。
⑦ 轩冕之徒:显贵的人。
⑧ 超轶:超越。
⑨ 雪滞:洗刷掉郁结的心情。
⑩ 涤醒(chéng):解酒。醒,酒醉神志不清。
⑪ 策勋:将功劳记在简策上。
⑫ 凌烟:凌烟阁,唐代绘有二十四位开国功臣图像的高阁。唐太宗亲自为之作赞。这些人被称为"凌烟阁二十四功臣"。

五茶候

清凉的亭台,安静的居室,明净的窗户,弯曲的案几,僧人的寮房,道人的宫观;松风中,竹月下,安然静坐,且行且吟,清谈玄理,手展书卷。

六茶侣

文人墨客,僧人道人,隐居老者,闲散之人,或者是能超越世俗品味的显贵之人。

七茶勋

除掉烦恼,洗去郁结,能解酒醉,能去睡意,谈论口渴了,写字倦乏了,这时候该给茶碗记的功劳,不比凌烟阁上的功臣少。

【简析】

在陆树声看来,茶对人生的功效很大,然而喝茶却不是一件随随便便的事。煎茶的人与茶必须相得益彰,一同喝茶的人必须有着超俗的品味。就连喝茶的环境,都应该洁净幽雅;喝茶要配合静坐、行吟、玄谈、笔耕等风雅之事。喝茶的一套程序要专门训练:烹茶要用活水随汲随烹;煮茶要用活火,注意火候;放茶要讲究时机;喝茶要慢慢品尝。显然,品茶绝不仅仅是为了解渴。

【思辨】

喝茶向来被视为雅事,联系全文,说说这种"雅"体现在哪些方面。

四、王子猷爱竹[①]

《世说新语》

【原文】

王子猷尝暂寄[②]人空宅住,便令种竹。或问:"暂住何烦尔?"王啸咏良久,直指竹曰:"何可一日无此君?"(《任诞》)

王子猷尝行过[③]吴中,见一士大夫家极有好竹。主已知子猷当往,乃洒扫施设,在听事[④]坐相待。王肩舆[⑤]径造[⑥]竹下,讽啸良久。主已失望,犹冀还当通[⑦]。遂直欲出门。主人大不堪,便令左右闭门,不听出。王更以此赏主人,乃留坐,尽欢而去。(《简傲》)

【释义】

王子猷曾经暂时借住别人的空房子,就命令人种上竹子。有人问:"暂时住一下,何必这么麻烦?"王子猷啸歌吟咏了很长时间,直指着竹子说:"怎么能一天没有此君呢?"(《任诞》)

王子猷曾经路经吴地,见到一个士大夫家中有非常好的竹子。主人已经预料到王子猷会来,于是就洒扫庭院,布置安排,在大厅中坐着等。王子猷乘着轿子径直来到竹下,吟咏了很长时间。主人已经失望了,但还是指望着王子猷回去时会过来问候致意一下。王子猷看完了就要直接出门。主人实在忍受不了,就命令侍从把门关上,不让王子猷离开。王子猷反而因为这个很欣赏主人,就留下来入座,尽欢之后才离开。(《简傲》)

---

① 选自《世说新语·任诞》,见余嘉锡《世说新语笺疏》,中华书局1983年版。题目为编者所加。
② 暂寄:暂时借住。
③ 行过:路过。
④ 听事:大厅。
⑤ 肩舆:乘轿子。
⑥ 造:到。
⑦ 通:通问,问候致意。

【简析】

　　王子猷对竹子爱到极致,以至于一天看不到都难以忍受,所以不惮辛劳,命人在暂住的宅子中种竹。当他看到人家有好竹子,便径直闯入,旁若无人。他的眼里只有竹,至于那位被忽略的主人,他甚至连招呼都懒得打一声。勤于种竹,懒于通问,这种对比显出了他的率性不羁。等到主人发怒,王子猷反倒起了惺惺相惜之意,和主人尽欢而散。王维有诗云:"看竹何须问主人",用的就是这个典故。

　　这个故事在《世说新语》中被归入《简傲》,也许王子猷喜欢看竹,是因为他的简傲与竹的傲然挺立产生了共鸣。不问主人,当然是简傲。对不顾礼节率性而为的主人,他表达欣赏之意,这其实也体现了他对俗礼的傲慢态度。从这个意义上说,与主人尽欢,也是简傲。

【思辨】

1. 王子猷何以如此不怕麻烦?
2. 主人命令关门,王子猷为何反而赏识主人?

五、养兰说①

陶望龄

【原文】

会稽多兰,而闽②产者贵。养之之法,喜润而忌湿,喜燥而畏日,喜风而避寒,如富家娇小儿女,特多态③难奉。

予旧尝闻之曰,他花皆嗜秽而溉,闽兰独用茗汁④。以为草树香清者无如兰,味清者无如茗,气类⑤相合宜也。休园⑥中有兰二盆,溉之如法⑦,然叶日短,色日瘁⑧,无何⑨其一槁矣。而他家所植者茂而多花。予就问故,且告以闻。客叹曰:"误哉,子之术也。夫以甘食人者,百谷也;以芳悦人者,百卉也。其所谓甘与芳,子识之乎?臭腐之极,复为神奇,物皆然矣。昔人有捕得龟者,曰龟之灵,不食也。箧⑩藏之,旬而启之,龟已饥死。由此言之,凡谓物之有不食者,与草木之有不嗜秽者,皆妄也。子固而溺所闻⑪,子之兰槁亦后矣。"

予既归,不怿⑫,犹谓闻之不妄,术之不谬⑬。既而疑曰:物固有久而易其嗜,丧其故⑭,密化⑮而不可知者。《离骚》曰:"兰芷⑯变而不芳兮,荃蕙⑰

---

① 选自陶望龄《歇庵集》,上海古籍出版社《续修四库全书》本。陶望龄(1562—1609),字周望,号石篑,会稽(今浙江绍兴市)人,明代学者,著有《歇庵集》等。
② 闽:福建一带。
③ 多态:态度多变。
④ 茗汁:茶水。
⑤ 气类:气质同类。
⑥ 休园:作者园名。
⑦ 如法:按照这种方法。
⑧ 瘁(cuì):憔悴。
⑨ 无何:没过多久。
⑩ 箧(qiè):箱子,此处作动词用,装在箱子里。
⑪ 溺所闻:沉迷于所听到的方法。
⑫ 不怿(yì):不高兴。
⑬ 谬(miù):错误。
⑭ 故:原有的本性。
⑮ 密化:暗中变化。
⑯ 兰芷(zhǐ):兰草和白芷,都是香草。
⑰ 荃(quán)蕙(huì):荃和蕙都是香草名。

化而为茅。"夫其脆弱骄蹇①，炫芳以自贵②，余固以忧其难养，而不虞③其易变也。嗟夫！于是使童子剔槁④沃⑤枯，运粪而渍之，遂盛。万历甲午⑥五月廿五日。

【释义】

　　会稽盛产兰花，而闽地出产的名贵。养护的方法，要考虑到兰花喜欢湿润又不能过湿，喜欢干燥又怕太阳，喜欢通风又要避开寒冷的特性，就像富人家娇贵的小儿女，态度多变，特别难伺候。

　　我以前曾经听说过，别的花都喜欢用污秽的东西浇灌，唯独闽地产的兰花要用茶水浇灌。认为草树当中论到香气清没有比得上兰的，味道清没有比得上茶的，它们气质接近，配在一起很合适。我的休园中有两盆兰，于是就用这种方法来浇灌，可是叶子一天比一天短，色泽一天比一天憔悴，没过多久，其中一盆枯了。而别人家种的却很茂盛而且开很多花。我就前去请教原因，并告知自己听到的养兰的方法。那人说："你的方法是错的。以美味来养育人的，是各种粮食，以芳香来愉悦人的，是各种花卉。这里所说的美味与芬芳，你懂其中道理吗？腐臭到极点，就反过来变为神奇，万物都是这样。以前有个人捉到了一只乌龟，认为乌龟有灵性，是不进食的。装在箱子里藏着，十天后打开一看，乌龟已经饿死了。这样说来，凡是声称有的动物不进食，有的草木不喜欢污秽的，都是乱说。你很固执，沉迷于所听到的方法，你的兰花会枯干，这种结果也就随之而来了。"

　　我回来以后，觉得不高兴，还是认为以前听到的没错，方法没问题。之后又怀疑：原本就有这样一些东西，时间长了会改变它的嗜好，丧失原有的本性，暗中变化了，人却无法知道。《离骚》说："兰草和白芷变得不再芬芳，荃和蕙变成了茅草。"兰花脆弱骄纵，炫耀美丽抬高自己，所以我一直担忧它们难养，而没有料想它们容易改变习性。唉！我于是让小童除去枯叶再浇灌，运来粪水浸渍它们，兰花于是就长得茂盛了。万历甲午年五月二十五日。

【简析】

　　作者心中先存在一个高洁脱俗的兰花形象，才会相信兰花要用香茶浇灌的理

---

① 骄蹇（jiǎn）：骄纵傲慢。
② 自贵：抬高自己。
③ 不虞：没有料想。
④ 剔槁：除去枯叶。
⑤ 沃：浇灌。
⑥ 万历甲午：1594年。万历是明神宗朱翊钧的年号。

论。事实上草木都需要肥料,兰花用粪水浇灌才会茂盛。所谓香茶与香兰气质相和,只是想当然的误解。兰花的高洁是文人士大夫人为的认定,是一种文化意义上的品格,并非兰花本性如此。然而作者即使认识到了问题所在,仍旧不愿意毁坏心目中兰花不食人间烟火的丽姿,因此只好用兰花的本性发生了改变进行解释。

【思辨】
兰花真的是因为本性改变了,才喜欢污秽吗?

六、 梅妻鹤子①

【原文】

一、 林逋传②

林逋,字君复,杭州钱塘人。少孤③,力学④,不为章句⑤。性恬淡好古,弗趋荣利。家贫衣食不足,晏如⑥也。初,放游⑦江、淮间,久之归杭州,结庐⑧西湖之孤山,二十年足不及城市。真宗⑨闻其名,赐粟帛,诏长吏岁时⑩劳问。薛映、李及在杭州,每⑪造其庐,清谈终日而去。尝自为墓⑫于其庐侧。临终为诗,有"茂陵他日求遗稿,犹喜曾无《封禅书》"⑬之句。既卒,州为上闻⑭,仁宗⑮嗟悼,赐谥和靖先生,赙⑯粟帛。

二、 林逋种梅⑰

《孤山旧志》称和靖种梅三百六十余株,花既可观,实亦可售,每售梅

---

① 梅妻鹤子:把梅花当作妻子,把鹤当作孩子。林逋(967—1028),字君复,北宋诗人,终生未仕,隐居于西湖孤山。他未曾娶妻生子,以种梅养鹤为乐,被称为"梅妻鹤子",著有《林和靖诗集》。
② 选自《宋史·隐逸传》,中华书局 1977 年版。《宋史》是元脱脱等编写的官修纪传体史书,记载了宋代的历史。
③ 少孤:年少丧父。
④ 力学:学习勤奋。
⑤ 章句:分析章句解释经籍的学问。
⑥ 晏如:安然的样子。
⑦ 放游:漫游。
⑧ 结庐:建造房屋。
⑨ 真宗:宋真宗赵恒。
⑩ 岁时:每年一定的时间。
⑪ 每:经常。
⑫ 为墓:造坟墓。
⑬ 茂陵他日求遗稿,犹喜曾无《封禅书》:将来有一天朝廷寻找我留下的诗稿,我要庆幸没有像司马相如一样留下歌功颂德的《封禅书》之类的作品。茂陵,汉武帝刘彻的坟墓,此指朝廷。《封禅书》,据《汉书·司马相如传》载,汉武帝在司马相如死后取到歌功颂德的《封禅书》遗稿。
⑭ 上闻:向朝廷呈报。
⑮ 仁宗:宋仁宗,真宗的第六子,初名受益,后改名为赵祯。
⑯ 赙(fù):给财物帮助办丧事。
⑰ 选自张其昀《西湖风景史》,载《东方杂志》1929 年第 26 卷第 10 号。

实①一株,可供一日之需。其咏梅花诗云:"疏影横斜水清浅,暗香浮动月黄昏。"评诗者谓世咏梅多矣,未有此句②也。"疏影""暗香"之联,欧阳文忠公③极赏之,而王晋卿④顾谓此二句杏与桃李皆可用,苏东坡云:"可则可,但恐杏桃李不敢承当耳。"

三、林逋隐居⑤

林逋隐居杭州孤山,常畜⑥两鹤,纵之则飞入云霄,盘旋久之,复入笼中。逋常泛小艇游西湖诸寺,有客至逋所居,则一童子出应门⑦,延⑧客坐,为开笼纵鹤。良久,逋必棹⑨小船而归,盖常以鹤飞为验⑩也。

【释义】

一、林逋传

林逋,字君复,杭州钱塘人。年少丧父,学习勤奋,不做分析章句解释经籍的学问。生性恬淡好古,不追求功名利禄。家里很贫穷,连穿衣吃饭都不丰足,他却安然处之。起初在江、淮一带漫游,很久以后回到杭州,在西湖孤山上筑舍居住。二十年来足迹没有到过城市。宋真宗听到他的名声,赏赐给他粮食和布帛,下诏命令地方长官逢年过节去慰问他。薛映、李及在杭州,常常去他家拜访,清谈一整天才离开。他曾在自己房屋旁边建造坟墓,临终的时候写诗,有"将来有一天朝廷寻找我留下的诗稿,我要庆幸没有像司马相如一样留下歌功颂德的《封禅书》之类作品"这样的句子。他死后,州郡把情况呈报到朝廷,宋仁宗叹息哀悼,赐给他谥号"和靖先生",又赐给粮食布帛,帮助办理丧事。

二、林逋种梅

《孤山旧志》称林和靖种梅花三百六十多棵,不但梅花可以观赏,梅树的果实也可以卖。每卖一棵的果实,得到的钱可以供给一天的生活所需。他咏梅花的诗说:"疏淡的影子横斜在清浅的水中,幽幽的香气浮动在黄昏的月下。"有评诗的人认为,世上咏梅的多了,没有比这更好的句子。"疏影""暗香"这一联,欧阳修非常

---

① 梅实:梅树的果实。
② 未有此句:没有比这更好的句子。
③ 欧阳文忠公:欧阳修,北宋文学家。
④ 王晋卿:北宋画家,与苏轼交好。
⑤ 选自沈括《梦溪笔谈》,四部丛刊续编本。
⑥ 畜:养。
⑦ 应门:开门接待。
⑧ 延:请。
⑨ 棹(zhào):划船。
⑩ 验:征象,征兆。

欣赏。而王晋卿却说，这两句换成咏杏和桃李也都适用，苏轼就回应说："可以是可以，只怕杏桃李承担不起。"

三、林逋隐居

林逋隐居在杭州孤山，常常养两只鹤，一放飞就升到云霄，盘旋很长时间，再回到笼子里。林逋常常乘着小船到西湖各个寺里游玩，如果有客人来到他住的地方，那么就会有一个小童开门接待，为此打开笼子放出鹤。很长时间后，林逋一定划着小船回来。原来他常常把飞着的鹤作为有客人来的象征。

【简析】

在林逋这位著名的隐士看来，做官是一种拖累，所以终生未仕。根据《宋史》可知，他对自己的诗文作品也不重视，往往随手抛掉，表示"不欲以诗名一时，况后世乎"。看来名声对他来说也是一种拖累。甚至连世俗中正常的家庭生活，大概对他来说也是一种拖累。所以他无妻无子，终日养鹤赏梅。他有傲骨，以不阿谀奉承、歌功颂德为荣。他过的是潇洒的日子，简直可以说是做到了"出六合，绝浮尘"。对于这种人来说，鹤和梅，恐怕不仅仅是外在的生灵，而是变成了可以心灵相通的朋友了吧。

【思辨】

1. 梅为妻，鹤为子，这种生活与世俗生活的本质区别是什么？
2. 为何苏轼要说杏桃李配不上"疏影"、"暗香"两句诗？

七、看花听鸟①

李 渔

【原文】

　　花鸟二物,造物②生之以媚人者也。既产娇花嫩蕊以代美人,又病③其不能解语④,复生群鸟以佐之。此段心机,竟与购觅红妆⑤,习成歌舞,饮之食之,教之诲之以媚人者,同一周旋之至⑥也。而世人不知,目为蠢然⑦一物,常有奇花过目而莫之睹⑧,鸣禽悦耳而莫之闻者。至其捐资⑨所购之姬妾,色不及花之万一,声仅窃鸟之绪余⑩,然而睹貌即惊,闻歌辄⑪喜,为其貌似花而声似鸟也。噫!贵似贱真,与叶公之好龙⑫何异?

　　予则不然,每值花柳争妍⑬之日,飞鸣斗巧之时,必致谢洪钧⑭,归功造物,无饮不奠⑮,有食必陈⑯,若善士信妪之佞佛⑰者。夜则后花而眠,朝则先鸟而起,惟恐一声一色之偶遗⑱也。及至莺老花残,辄怏怏⑲如有所

---

① 选自《闲情偶寄》,中华书局2007年版。
② 造物:造物主,上天。
③ 病:不满。
④ 解语:会说话。
⑤ 红妆:指女子。
⑥ 周旋之至:费尽心思极力做到周全。
⑦ 蠢然:笨拙迟钝的样子。
⑧ 莫之睹:不去看它,"莫睹之"的倒装。
⑨ 捐资:花钱。
⑩ 绪余:抽丝后留在蚕茧上的蚕丝,借指主体外的不重要的残余。
⑪ 辄(zhé):就。
⑫ 叶公之好龙:典出汉代刘向《新序》,叶公子高好龙,家里到处都画着龙,等到真龙到来,叶公却吓得失魂落魄,掉头就跑。比喻口头上说爱好某物,实际并不是真正喜好。
⑬ 妍:美丽。
⑭ 洪钧(jūn):指上天。
⑮ 奠(diàn):奠酒,把酒洒在地上祭神。
⑯ 陈:指陈列祭天。
⑰ 佞(nìng)佛:迷信佛教。
⑱ 偶遗:偶然遗漏。
⑲ 怏(yàng)怏:闷闷不乐的样子。

失。是我之一生，可谓不负①花鸟；而花鸟得予，亦所称"一人知己，死可无恨②"者乎！

【释义】

　　花和鸟两种东西，是上天创造了用来取悦人的。造出娇嫩的花蕊来代替美人，又嫌它不会说话，就又造出了各种鸟来辅助它。造物主的这种用心，竟然跟购买美女，教她们练习歌舞，供她们吃喝，教会她们技艺来取悦人的做法，是一样地费尽心思极力做到了周全。世人却不懂，把花和鸟看作笨拙迟钝的东西，常常有人眼前有奇花却不看它，耳边有鸟鸣却不听它。至于他花钱买的侍妾，美色比不上花的万分之一，声音简直就像偷来了鸟鸣的残余，然而看到她的容貌就惊叹，听到了她的歌声就喜悦，为的就是她的容貌像花，声音像鸟。唉！看重相似的，却瞧不起真实的东西，这跟叶公好龙有什么区别？

　　我却不是这样的。每当花柳争着展现美丽，鸟儿啼鸣着表现巧声的时候，我一定会感谢上天，把功劳归于造物主，没有一次喝酒而不祭奠的，有了食物一定摆出来祭天，就像善男信女拜佛一样。晚上比花睡得晚，早上比鸟起得早，生怕一声鸟鸣和一朵花开被偶然遗漏。等到黄莺老去，花儿凋谢，我就闷闷不乐若有所失。这么说来，我这一辈子可以说是没有辜负花鸟。而花鸟得到了我，也算是所谓的"有一个知己，死也没有遗憾了"吧？

【简析】

　　李渔指出了世人的愚妄：把女子的美色比作花，美声比作鸟，却不爱花鸟只爱美人，这简直是叶公好龙。花和鸟有着自然的美，造物主赋予它们以天然的色和声，不同于美人因后天训练而能歌舞。李渔还描述了自己是如何看花听鸟的：对造出花鸟的上天充满感恩之情；早起迟眠，生怕错过花开鸟鸣；花谢莺老，内心便充满忧伤。总之，要看花听鸟，就应该把它们当作有灵性的事物，施以欣赏、呵护、同情，成为它们的知己。

【思辨】

1. 世人爱美女的声色，与之比较，看花听鸟的高明之处在哪里？
2. 李渔认为花、鸟、美女都是用来讨好取悦人的，试评析这种思想。

---

① 负：辜负，对不起。
② 恨：遗憾。

八、幼时记趣①

沈 复

【原文】

余忆童稚时，能张目对日，明察秋毫②，见藐小③之物必细察其纹理，故时有物外④之趣。

夏蚊成雷，私拟作群鹤舞于空中，心之所向，则或千或百，果然鹤也；昂首观之，项⑤为之强⑥。又留蚊于素帐中，徐喷以烟，使之冲烟而飞鸣，作青云白鹤观，果如鹤唳⑦云端，为之怡然称快。

余常于土墙凹凸⑧处，花台小草丛杂处，蹲其⑨身，使与台齐。定神细视，以丛草为林，以虫蚁为兽，以土砾凸者为丘，凹者为壑，神游⑩其中，怡然自得。

一日，见二虫斗草间，观之，兴正浓，忽有庞然大物，拔山倒树而来，盖一癞虾蟆，舌一吐而二虫尽为所吞。余年幼，方出神，不觉呀然一惊。神定，捉虾蟆，鞭数十，驱之别院。

【释义】

我回忆儿童时，能够张开眼睛对着太阳看，能够看清极细微的东西，见了微小的东西，也一定会仔细观察它的纹理，所以常常能获得事物本身之外的趣味。

---

① 选自《浮生六记》，上海古籍出版社2000年版。题目为编者所加。沈复（1763—?），字三白，号梅逸，清代文学家，著有《浮生六记》。
② 秋毫：鸟兽在秋天新长出的细毛，形容即细微的东西。
③ 藐小：细小。
④ 物外：事物本身之外的。
⑤ 项：脖子。
⑥ 强：通"僵"，僵硬。
⑦ 唳(lì)：鸣叫。
⑧ 凹(āo)凸(tū)：高低不平。
⑨ 其：代指自己。
⑩ 神游：在想象中游历。

夏天成群结队的蚊子叫着就像雷鸣一样，我暗自把它们比作一群鹤在空中飞舞，心里朝这个方向想，那么成千成百的蚊子，果然变成了鹤；我抬着头看它们，脖子都僵硬了。又在白色的蚊帐中留住蚊子，慢慢地拿烟来喷，让它们冲着烟边叫边飞，把这看作青云白鹤图，果然就像是白鹤在云中鸣叫，我因此非常高兴，拍手称快。

我常常在土墙凹凸不平的地方，花台小草丛杂的地方，蹲下自己的身子，高度跟花台平齐。聚精会神地仔细观察，把草丛当成树林，把虫蚁当成野兽，把土块沙砾凸起的地方看作山丘，凹下的地方看作山谷，凭借想象在其中游历，怡然自得。

有一天我看到两只虫在草间争斗，就观察它们，兴致正浓的时候，忽然有一个庞然大物拔起了山推倒了树而来，原来是一只癞蛤蟆，舌头一吐，两个虫就被它吞掉了。我那时年纪小，正看得出神，不由吃惊地"呀"了一声。等到神色平定，抓住癞蛤蟆，鞭打几十下，把它赶到别的院子去了。

【简析】

沈复幼时的趣事，告诉我们想象力能化平庸为神奇。在最普通的土墙花台处，作者看到了高山深谷中的林木怪兽。癞蛤蟆成了拔山倒树的庞然大物，又因为吞掉两虫，遭到作者的鞭打驱逐。成群结队的蚊子，不再是恼人的害虫，而成了飞鸣的白鹤，再加上作者喷的白烟，蚊帐里居然成了青云白鹤飞舞的仙境。这种"物外之趣"，是作者基于对生活的热爱和对万物的新鲜感。

【思辨】

1. 回忆一下，你自己幼时有哪些趣事？
2. 儿童对世界的无尽兴趣是怎样一点点被磨灭的？

九、可楼记①

高攀龙

【原文】

水居一室耳,高其左偏②为楼。楼可方丈③,窗疏四辟④。其南则湖山,北则田舍,东则九陆⑤,西则九龙峙⑥焉。

楼成,高子⑦登而望之,曰:"可矣!吾于山有穆然⑧之思焉,于水有悠然之旨焉,可以被⑨风之爽,可以负日之暄⑩,可以宾⑪月之来而饯⑫其往,优哉游哉,可以卒岁⑬矣。"于是名之曰"可楼",谓吾意之所可也。

曩⑭吾少时,慨然欲游五岳名山,思得丘壑之最奇如桃花源⑮者,托而栖焉。北抵燕赵,南至闽粤,中逾齐鲁殷周之墟,观览所及,无足可吾意⑯者。今乃可斯楼耶?噫,是予之惑矣。

凡人之大患,生于有所不足;意所不足,生于有所不可。无所不可焉,斯⑰无所不足矣,斯无所不乐矣。今人极力以营⑱其口腹,而所得止于一

---

① 选自《高子遗书》,文渊阁四库全书本。高攀龙(1562—1626),字存之,无锡(今江苏无锡市)人,明代文学家,有《高子遗书》。
② 偏:侧。
③ 方丈:一丈见方。
④ 辟:开。
⑤ 九陆:地名。下文的"九龙"是山名。
⑥ 峙(zhì):耸立。
⑦ 高子:作者自称。
⑧ 穆然:静思的样子。
⑨ 被:承受。
⑩ 暄:暖。
⑪ 宾:作为宾客接待。
⑫ 饯(jiàn):送行。
⑬ 卒岁:度过余生。
⑭ 曩(nǎng):以前。
⑮ 桃花源:晋代文学家陶渊明《桃花源记》中描述的理想乐土。
⑯ 可吾意:合我的心意。
⑰ 斯:那么就。
⑱ 营:谋求。

饱。极力以营居处,而所安①止几席之地。极力以营苑囿②,而止于岁时十一③之游观耳,将焉用之!且天下之佳山水多矣,吾不能日涉④也,取其可以寄吾之意而止。凡为山水者一致也,则吾之于兹楼也,可矣。虽然,有所可则有所不可,是犹与物为耦⑤也。吾将由兹忘乎可,忘乎不可,则斯楼又其赘⑥矣。

【释义】

　　水上有一座居室,左侧建起了一座高楼。楼大约一丈见方,四面都开了窗户。它的南边是湖和山,北边是农田,东边是九陆,西边有九龙山耸立着。

　　楼建成后,我登上去看,说:"可以了!我对于山可以作静穆的思考,对于水可以有悠然的意趣,可以享受风的清爽,可以承受太阳的温暖,可以把月亮当成宾客,在它来时接待,在它走时送行。悠闲啊,自在啊,可以度过我的余生啦。"于是命名为"可楼",意思是我内心认可了。

　　以前我年轻时,情绪高昂地立志游遍五岳名山,想要找到山岳沟壑之中最奇特的,比如像桃花源那样的地方,栖居在那里。于是向北抵达燕赵地区,向南来到闽粤一带,中原跨过了齐鲁商周的故地,所看到的地方,没有符合我心意的。现在竟然觉得这座楼可意了?唉,这是我的疑惑所在啊。

　　人的最大忧患,产生于不满足的心态;不满足的心态,产生于对已有的东西不能可意。如果没有什么不能可意的,那么就没有什么不满足的,那么就没有什么不快乐的。现在的人极力谋求口腹的享受,而所得到的只不过是吃饱。极力营造居室,而所能安享的,只不过是几席那么大的地方。极力经营园林,而所能做到的只不过是花费一年中十分之一的时间去游玩罢了。这又有什么用呢!何况天下的好山水多了,我不能够每天去游玩,所以选择可以寄托我心意的就满足了。凡是成为山水的,都有一致之处,那么我对于这个楼就觉得可以了。虽然这样,"有所可"就意味着一定存在"有所不可",这还是相对而言的,像万物都有正反一样。我将要由这忘掉"可",再忘掉"不可",到了那种程度,那么这个楼也是多余的了。

---

① 安:安享。
② 苑囿(yòu):园林。
③ 十一:十分之一。
④ 涉:游玩。
⑤ 耦(ǒu):成双成对,指事物有正有反。
⑥ 赘(zhuì):多余的东西。

【简析】

　　作者在文中提出了三重不同的境界：第一重是"无所可"，被欲望驱使，不断追求，又无法满足。文中极力谋求口腹之欲，建造居室和园林的世人以及年轻时的作者，都是如此。"无所可"的结果是"无所乐"。第二重是"无所不可，无所不乐"，很容易就满足了，也就很容易得到快乐。所以作者建了"可楼"，就觉得满足了。第三重是"无可无不可"，根本就没有想到可与不可的问题，一切事物都"可"，又都"不可"。这其实是庄子齐物的理论。如果已经达到这种境界，那么连建这样一座楼都显得多余。最后这一重是作者未能体会到的，所以他用"将"字来表示这是努力的方向。

【思辨】

1. 你是否同意"人之大患，生于有所不足"的说法？为什么？
2. "无所不可"在现实中有可行性吗？

十、岁时节令

【原文】

元日①

王安石

爆竹声中一岁除,春风送暖入屠苏②。
千门万户曈曈③日,总把新桃④换旧符。

正月十五夜⑤

苏味道

火树银花合⑥,星桥⑦铁锁开⑧。
暗尘⑨随马去,明月逐人来。
游伎皆秾李⑩,行歌尽落梅⑪。
金吾⑫不禁夜,玉漏⑬莫相催。

---

① 选自《临川先生文集》,中华书局1959年版。王安石(1021—1086),字介甫,晚号半山,抚州临川(今属江西抚州市),北宋政治家,文学家,有《临川先生文集》等。
② 屠苏:用屠苏草浸泡的酒,古人认为可以驱邪。
③ 曈(tóng)曈:太阳初升明亮的样子。
④ 新桃:新桃符。古人在桃木板画上门神肖像或写上门神名字,挂在大门旁,以驱鬼避邪,称为桃符。
⑤ 选自《李峤诗注 苏味道诗注》,上海古籍出版社1995年版。苏味道(648—705),赵州栾城(今河北栾城)人,唐代诗人。
⑥ 火树银花合:树上挂着灯笼,像是火树,灯光像是银花,连成一片。合,灯光相连。
⑦ 星桥:护城河的桥。河中映着灯光如同星星,所以称上面的桥为"星桥"。
⑧ 铁锁开:指这天取消宵禁。唐代京城入夜各门上锁,禁止通行,称为宵禁。
⑨ 暗尘:夜间的尘土看不分明,所以称"暗尘"。
⑩ 秾(nóng)李:艳如桃李。典出《诗经·何彼秾矣》:"何彼秾矣,花如桃李。"
⑪ 落梅:《梅花落》,曲调名。
⑫ 金吾:掌管宵禁的官。
⑬ 玉漏:计时的漏壶。

清明①

王禹偁

无花无酒过清明,兴味萧然②似野僧。
昨日邻家乞新火③,晓窗分与读书灯。

端阳④

李静山

樱桃桑椹与菖蒲,更买雄黄酒一壶。
门外高悬黄纸帖⑤,却疑账主⑥怕灵符。

七夕⑦

杨朴

未会⑧牵牛意如何,须邀织女弄金梭。
年年乞与人间巧,不道⑨人间巧已多。

水调歌头⑩

苏轼

丙辰⑪中秋,欢饮达旦⑫,大醉,作此篇,兼怀子由⑬。

明月几时有?把酒问青天。不知天上宫阙⑭,今夕是何年。我欲乘风归去,又恐琼楼玉宇⑮,高处不胜寒。起舞弄⑯清影,何似⑰在人间。

---

① 选自《小畜集》,四部丛刊本。王禹偁(chēng)(954—1001),字元之,济州巨野(今山东巨野县)人,北宋文学家,有《小畜集》《小畜外集》。
② 萧然:萧索冷清的样子。
③ 新火:清明前一天是寒食节,吃冷食不生火,到清明节再起火,称为"新火"。
④ 选自李静山《增补都门杂咏》,见路工编选《清代北京竹枝词》(十三种),北京古籍出版社 1982 年版。李静山,生卒年不详,晚清诗人。
⑤ 黄纸帖:画着灵符的黄纸。
⑥ 账主:债主。
⑦ 选自《千家诗》,中华书局 2011 年版。杨朴(921?—1003?),字契元,自号东野逸民,新郑(今河南新郑市)人,北宋初诗人。
⑧ 未会:不理解,不能领会。
⑨ 不道:难道不知。
⑩ 选自《东坡乐府》,上海古籍出版社 1979 年版。
⑪ 丙辰:此指 1071 年。
⑫ 达旦:到天亮。
⑬ 子由:苏轼的弟弟苏辙,字子由。
⑭ 宫阙(què):宫殿。
⑮ 琼楼玉宇:天上白玉砌成的宫殿。
⑯ 弄:玩赏。
⑰ 何似:何如,这里的意思是不如。

转朱阁,低绮户①,照无眠②。不应有恨,何事长③向别时圆?人有悲欢离合,月有阴晴圆缺,此事古难全。但愿人长久,千里共婵娟④。

九日齐山登高⑤

杜　牧

江涵秋影雁初飞,与客携壶上翠微⑥。
尘世难逢开口笑⑦,菊花须插满头归。
但将酩酊⑧酬佳节,不用登临⑨恨落晖⑩。
古往今来只如此,牛山⑪何必独沾衣?

冬至⑫

朱淑真

黄钟应律⑬好风催,阴伏阳升⑭淑气⑮回。
葵影便移长至⑯日,梅花先趁小寒⑰开。
八神⑱表日占和岁⑲,六管飞葭⑳动细灰。

---

① 绮户:彩绘雕花的门。
② 无眠:不能入睡的人。
③ 长:总是。
④ 婵娟:美好的样子,这里指月亮。
⑤ 选自《樊川文集》,上海古籍出版社 1978 年版。杜牧(803—852),字牧之,京兆万年(今陕西西安)人,唐代诗人。万年居长安城南樊川别墅,后世因称杜樊川。此诗是杜牧在 845 年任池州刺史时和诗人张祜重阳登高所作。齐山,在今安徽省池州市贵池区东南。
⑥ 翠微:亭名。杜牧在齐山山顶建亭,用李白《赠秋浦柳少府》"开帘当翠微"句意,取名"翠微"。
⑦ 尘世难逢开口笑:此句出自《庄子·盗跖》:"人上寿百年,中寿八十,下寿六十,除病瘦死丧忧患,其中开口而笑者,一月之中,不过四五日而已矣。"
⑧ 酩(mǐng)酊(dǐng):大醉的样子。这里暗用晋朝陶渊明典故。据《艺文类聚》记载,陶渊明曾经九月九日没有酒喝,就在宅子边菊花丛中摘了满把的菊花,坐在旁边望着远方,很久后看见有白衣人来,原来是王弘送酒,于是就喝醉了才回去。
⑨ 登临:登山临水,泛指游览山水。
⑩ 落晖:落日余晖。
⑪ 牛山:据《晏子春秋》记载,齐景公在牛山游玩,北望齐国美景,想到人终有一死,不由得感伤不已,泪下沾衣。
⑫ 选自《后村千家诗》,丙戌扬州使院本。朱淑真,生卒年不详,约生活在北宋至南宋间,号幽栖居士,钱塘(今浙江杭州)人。善诗词,被称为一代才女。有《断肠诗集》《断肠词》等。
⑬ 黄钟应律:黄钟律管应和冬至历象。黄钟,古乐十二律之一。古人将苇膜烧成灰放在律管中,到某个节气,对应律管内的灰就会飞出来,用此来预测节气。黄钟律是十一月,对应冬至。
⑭ 阴伏阳升:阴气下降,阳气上升。
⑮ 淑气:温和之气。
⑯ 长至:冬至。冬至后白昼一天比一天长,所以又称为"长至"。
⑰ 小寒:二十四节气之一。
⑱ 八神:据《汉书·郊祀志》,为天主、地主、兵主、阴主、阳主、月主、日主、时主。
⑲ 和岁:四时和顺的好年成。
⑳ 飞葭(jiā):指芦苇中薄膜烧成的灰飞出。

已有岸傍迎腊柳，参差又欲领春来。

除夕①

刘克庄

忆昔都城值岁除②，高楼张烛戏呼卢③。
久依净社④参尊宿⑤，难向新丰⑥认酒徒。
天子未知工草赋⑦，邻人或倩⑧写桃符。
夜寒别有穷生活，点勘⑨《离骚》拥地炉⑩。

【释义】

元日

王安石

爆竹声中一年过去了，春风吹拂着，连屠苏酒都仿佛被吹得暖融融的。太阳初升，光辉明亮。千家万家都用新桃符换掉旧桃符。

正月十五夜

苏味道

树上挂着灯笼，像是火树，灯光像是银花，连成一片。护城河如同星河，上面的桥因为开了宵禁而自由通行。昏暗中尘土随着马蹄离去，明亮的月光追着人到来。歌妓游女都艳丽得如同桃李，唱的歌儿尽是《梅花落》之类。金吾不再严守宵禁的职责，玉漏也不因时间已晚而催促人。

清明

王禹偁

我过的是没有花也没酒的清明，如同漂泊的僧人过的日子一样，兴致冷清萧索。昨天到邻居家讨来了新火种，破晓的时候分给窗边读书用的灯盏。

---

① 选自《后村千家诗》，丙戌扬州使院本。刘克庄（1187—1269），字潜夫，号后村，莆田（今福建莆田）人。南宋诗人，有《后村先生大全集》。
② 岁除：一年的最后一天。
③ 呼卢：代指赌博。卢、雉是古时赌具上的两种彩色。
④ 净社：指祭祀土地神的社宫。
⑤ 尊宿：有名望的前辈。
⑥ 新丰：地名，在今江苏省丹徒县，生产美酒，常用来代指美酒产地。
⑦ 草赋：创作诗赋。
⑧ 倩(qìng)：请人代做。
⑨ 点勘：校对勘正。
⑩ 地炉："御寒用的。

端阳

李静山

准备了樱桃、桑椹与菖蒲,再买上一壶雄黄酒。门外高高挂着画了符的黄纸帖,甚至要怀疑债主也害怕灵符因而不再上门了。

七夕

杨朴

真不明白牛郎是什么意思,一定要织女投梭织锦显示巧艺。年年人间的女子都乞巧,岂不知人间的奸巧已经太多。

水调歌头

苏轼

明月从什么时候就存在了?我端起酒杯问青天。不知道天上的宫殿,今天属于哪一年。我想驾着长风回到天上,又怕在高处的白玉宫殿中,难以忍受那种寒冷。我翩翩起舞,欣赏跟着起舞的影子。在月宫又哪里比得上在人间?

月光转过了朱红的楼阁,低斜地照进彩绘雕花的门,照着不能入睡的人。明月不应该有对人们的怨恨,那为什么总是在离别的时候才圆?人有悲欢离合,月有阴晴圆缺,这种事自古就难以完满。只希望挂念的人能平安健康,即使相隔千里,也能共同观赏这美好的月亮。

九日齐山登高

杜牧

江水蕴含着秋天的影子大雁初飞,我和客人一起携着酒壶来到齐山翠微亭。人在尘世就如《庄子》所说难得碰上能开口一笑的日子,今天应该把菊花插满头才归去。只有喝个酩酊大醉才对得起这重阳佳节,不必登山临水含恨日落只留余晖。从古至今,人都终有一死,又何必像齐景公那样在牛山那样流下眼泪。

冬至

朱淑真

黄钟律管应和着冬至的历象,和风催动着,阴气下降,阳气上升,温和之气又回归。冬至日白昼最短葵菜的影子也随之移动,小寒时节天寒地冻腊梅花趁时盛开。八神的占卜表征都预示着四时和顺的好年成,十二律的第六管黄钟内的苇膜细灰飞出,预示着冬至的到来。岸边的柳树已经迎接腊月,参差披拂又将引领春天到来。

除夕

刘克庄

我回忆以前都城的除夕夜,高楼上点了蜡烛赌博玩闹。长久呆在社宫中参访各位有名望的前辈,再难以到盛产美酒的地方认识酒徒。天子不知道我擅长写诗作赋,邻居有人请我为他家写桃符。寒冷的夜里我另有一种穷日子过,拥着火炕校对勘正《离骚》。

【简析】

上述诗词分别描述了本民族的重要节日春节、元宵、清明、端午、七夕、中秋。这些节日往往有特别的民俗活动,比如春节放爆竹换桃符,元宵观灯,寒食清明起新火、扫墓踏青,端午吃粽子、赛龙舟、喝雄黄酒、插菖蒲,中秋赏月等。这些诗词一方面写出了这些风俗,另一方面也写出了作者独特的感受。像王禹偁写自己在苦读中度过了寂寞的清明;李静山以调侃的口吻自嘲穷困;杨朴借乞巧的风俗讽刺人间多奸巧虚伪;而苏轼则在中秋怀念弟弟,既有兄弟亲情,又有对宇宙人生的哲学思考;杜牧借登高以旷达不羁对抗自己的失意;朱淑真写出了对春日的期待;刘克庄回忆往昔的热闹,以拥炉读《离骚》渡过岁末,可谓苦中作乐。

【思辨】

选择某个传统节日,查阅资料,探讨其由来,再结合自己的经历,谈谈节日对个体生活的影响。

【内容概要】

　　一个社会中的普通个体,大多数时间并非在做轰轰烈烈的大事,而是被衣食住行等日常琐事占满。甚至可以说,人最主要的状态就是日常状态,最值得经营的生活也就是自己的日常生活。然而人们偏偏又容易忽略其重要性,不明白这是使生活完满的关键所在。针对这一点,本单元所选的内容,也许能够给今天的我们以些许启发。

　　人的生活有很多层面,最基本的是先满足生存所需,食须果腹,衣要御寒,住所要能遮风挡雨保证安眠。但是仅仅生存不能使人们满意,人们不但想活着,还想活得好。什么是活得好,当然可以有许多不同的理解,但是无疑都指向超越生存的东西。

　　本单元所选的内容,都在试图将平常的生活变得新奇有趣,变得有情致有格调,这也可以看作是"活得好"的一种解释。比如吃饭本是为了填饱肚子,但是如果像李渔那样,吃竹笋要讲究"鲜",细致到要区别山林刚挖的和市井贩卖的,吃荤笋时要丢掉入味的猪肉,这恐怕已经不仅仅是满足生存所需了。高攀龙建"可楼",也绝不仅仅是为了自己有个居住的地方,而主要是供自己登楼四望,获得观赏的乐趣。至于酒和茶,从严格意义上说,并非是生存所需的食物。然而这两种东西不但在生活中不可或缺,而且走入唐诗宋词,成为文人雅生活的象征。杜甫《饮中八仙歌》就把酒写成了造就落拓不羁之才的"大功臣",陆树声《煎茶七类》则把茶描摹成解酒去睡、除烦去郁的灵药。至于像阮籍那样的人,酒简直成了他生命的寄托。而对于像陆树声那样的人,饮茶已经成为他生活的常态。

　　现代作家周作人曾说:"我们于日用必须的东西以外,必须还有一点无用的游戏与享乐,生活才觉得有意思。"花鸟鱼虫就是非必须的东西,仅仅作为爱好给人们提供乐趣。比如王子猷爱竹,到了一天看不到都难以忍受的程度;陶望龄养兰花,基于对兰花美好的想象,听信用茶水浇灌兰花的说法;林逋种梅养鹤,被人称为"梅妻鹤子";李渔把花鸟视为知己,要"后花而眠,先鸟而起",惟恐错过了一声一色。这些做法表面上看起来似乎异于常人,多少有点痴有点傻,然而背后都有深刻的文化意味。人们对山水、草木、鸟兽等外物,往往把自己的人格理想和审美心态投注其中,获得哲理的启迪或者审美的体验。比如梅兰竹菊被称为"四君子",是因为它们的自然属性被伦理化、人格化,成为孤傲、清幽、雅直、凌霜等人格美的象征。王子猷等人对竹、兰、梅的热爱,正是将人格投注其中,获得共鸣。这

第五单元　日常生活与人生

种对外物进行理想化处理的文化心理,甚至给陶望龄养兰带来了负面的影响。

在日常琐碎的生活之间,又有一些节日庆典。这些节日,欢宴和游乐常常是共有的内容,对于孩子来说,往往是充满期待的日子。对于大人来说,也常能生出一些岁月流逝的感慨。比如春节的走亲访友、清明的祭祖、中秋的家人团聚赏月、重阳的登高、除夕的守岁,这些也体现了本民族文化中重家庭、重人情、慎终追远等观念。每一个节日,都有着各种神话传说和历史掌故,都有着各种特别的禁忌和风俗。这些仪式性的活动,有着深深的民族烙印,也强化了个体对于本民族文化的认同感。

总的来说,传统中国的理想日常生活,呈现出一种将生活"雅化"的倾向。哪怕是生存所需的东西,也要附加一点兴味。将原本粗糙的日子,尽可能过得精细,过得有滋有味。概括地说,这是一种将生活艺术化的倾向。

那么如何才能将生活艺术化呢?现代作家林语堂在描写传统中国人的生活智慧时,把达观主义者看作是最高的理想人物,这些人能"丢开功名利禄,乐天知命地生活",自由与傲骨让他们能"深切热烈地享受快乐的人生"。这在苏轼、林逋、李渔、陆树声等人身上都能得到印证。像陆树声,因与严嵩不和而辞官归乡,张居正主政后请他复出,他坚决拒绝,在家里饮茶修禅,一直活到九十多岁。《煎茶七类》中弥漫着幽雅出世之意,是与人物的个人经历与秉性相符的。此外,沈复的《浮生六记》也启发我们如何给平淡的生活增添趣味。对于一个儿童来说,世界自然充满了各种神奇之处,最普通的事情可以让他惊讶无比,最简单的玩具也可以让他百玩不厌。而当他长大成人,生活往往变成了简单的重复,索然无味。假如我们能够始终像孩子一样以好奇的眼神观察世界,生活又怎么不会乐趣横生呢?

【文化链接】

2012年,由中央电视台制作的大型电视纪录片《舌尖上的中国》引起了轰动,创造了收视纪录。这部纪录片介绍了各地的美食情况,包括饮食习惯和具有代表性的美食。通过对传统饮食文化的展示,反映了中国人的生存状态,呈现了中国人的情感世界。例如,除夕夜吃饺子的画面,反映了对家庭观念的重视;讲究五味调和的烹饪技术,体现了对"中和"美学原则的追求;对食材的尊重,体现了人与自然的密切联系。据中央电视台的统计,《舌尖上的中国》平均收视率为0.48%,比同时段电视剧高30%。这部纪录片还引起了国际媒体的关注,新加坡《联合早报》、美国《华尔街日报》等纷纷报道。据新华网2015年底的报道,《舌尖上的中国》已经在100多个国家和地区播出,并且在印度、比利时、波兰、澳大利亚等国家的主流频道播出。一些外国观众看过节目后被深深吸引,专程来到中国品尝各种美食,品味中华文化。

阅读材料二

著名古代建筑研究专家林徽因在1932年发表的《论中国建筑之几个特征》一文中,指出中国建筑是渊源深远的独立系统,兼具实用性和美观性。她认为古代的建筑即使已经失去了实用功能,也仍旧保留着纯粹的美学价值。如果能考察中国建筑的源流变化,将有助于未来的建筑设计。她反对盲目抄袭古代宫殿或者完全遗弃传统特色的做法。

而当今社会,随着城市化的发展,如何处置现存的古代建筑是个难题。有的地方采取保留旧城,在旁边再造新城的办法,也有的地方采取重点修复迁移的办法,但是也有大量具有文化遗产性质的古代建筑遭到了破坏。

目前,在各旅游景点,仿古建筑非常盛行,往往可以见到古色古香的"一条街"。此外,有的建筑在设计的时候,也吸纳了传统元素。如2010年上海世博会的中国国家馆,就采取"斗冠"造型,以中国传统建筑中具有代表性的柱子与斗拱为主,融合多种中国元素,又采取现代工艺,具有古今结合的特点。

阅读材料三

随着中外文化交流的不断深入,西方的节日在中国流行起来,对传统节日造成了很大的冲击。年轻一代中有些人热衷于过圣诞节、情人节,甚至连万圣节、愚人节等都在都市中流行。商家在其中看到了商机,热热闹闹的宣传更是起到了推波助澜的作用。有人认为,中国的节日往往以吃为主,不像国外节日那样热闹好玩。

  2007年12月国务院通过决议,规定自2008年1月1日起,除了原有的春节之外,再增加清明节、端午节与中秋节三个传统节日作为法定节假日。

【思考探究】

1. 传统的饮食、建筑等,对你人生的影响是否在不断削弱?为什么?
2. 重视传统节日的意义何在?

第六单元

政治经济与人生

ZHENG ZHI JING JI YU REN SHENG

【人生故事】

在中国古代,商人被视为"士农工商"中的最低一等,往往不受人重视。但是司马迁的《史记》却独具眼光,有专门为商人立传的《货殖列传》,在其他的人物传记中,也出现了很多大商人的形象。其中,《越王勾践世家》所附的范蠡传记,让我们看到了范蠡在政界、商界的沉浮。

春秋时期,吴国和越国争霸。越王勾践兵败,在会稽被吴国的军队围住。勾践向吴国求和,自己去吴国做奴仆,给吴王喂马套车,三年才被放还。勾践回去后生怕自己耽于享乐忘记耻辱,就铺柴草睡觉,吃饭前先尝一尝苦胆,这就是著名的"卧薪尝胆"的典故。勾践重用两个有才华的大夫,即文种和范蠡,发愤图强,最终国家富强,一举灭掉吴国,成为霸主。

范蠡深知越王的为人,自己去了齐国,并且写了一封信给文种说:"飞鸟射光了,弓箭就要被藏起来;兔子死了,猎狗就要被杀了吃肉。越王这个人可以共患难,不可以同享乐。你为什么不赶紧走呢?"文种没有及时离开,果然被勾践逼迫自杀。

范蠡在齐国,改换姓名,自称"鸱夷①子皮",在海边辛勤耕种,治理产业,没过多久,就有了几十万的财富。齐国人听说他是贤才,让他做了国相。他却认为自己名声太过,不是好事情,于是辞掉丞相的职务,把钱财全部分发给朋友以及乡亲,从小路离去。他来到陶这个地方,自称为"陶朱公"。他全家一边耕种放牧,一边囤积转卖物资,经营商业。没过多久,又积累起万贯家产。

陶朱公的二儿子杀了人,被关押在楚国。他让小儿子带上千镒黄金去营救。大儿子却抢着要去,以自杀威胁,陶朱公只好答应。大儿子到了楚国,按父亲的吩咐找到一个叫庄生的人,呈上父亲的书信,并且献上千金。庄生于是去游说楚王,以天象有异为借口劝楚王大赦天下。陶朱公的大儿子得到将要大赦天下的消息,心疼送出去的千金,跑去找庄生,想把钱要回来。庄生本不贪图黄金,收下只是让对方安心,打算事成后再把黄金还回去。但是陶朱公的大儿子这样做,使他觉得受了侮辱。于是他又进宫见楚王,特别指出陶朱公的儿子不能放。楚王命令先杀掉陶朱公的儿子再下达赦免令。

陶朱公的大儿子带着弟弟的尸体回家。陶朱公说:"我早就知道事情一定会

---

① 鸱(chī)夷:意思是皮囊。

这样。他从小和我一起创业,历尽艰辛,深知谋生的艰难,所以把钱看得非常重。而他的小弟弟生下来时就是家境富裕的,整天就知道玩乐,把钱看得很轻。我想派小儿子去,就是因为他能舍弃钱财。大儿子舍不得钱财,所以害死自己的二弟了。"

　　陶朱公在官场两次激流勇退,生意成功,而又能散财的故事一直为人津津乐道。他儿子被杀的事件,还能让我们认识到经济状况会对个人性格以及行为方式造成巨大影响。

【文化原典】

一、渔父①

《楚辞》

【原文】

屈原既放②,游于江潭③,行吟泽畔,颜色憔悴,形容枯槁④。渔父见而问之曰:"子非三闾大夫⑤与?何故至于斯?"

屈原曰:"举世皆浊我独清,众人皆醉我独醒,是以见放⑥。"

渔父曰:"圣人不凝滞于物⑦,而能与世推移⑧。世人皆浊,何不淈⑨其泥而扬其波?众人皆醉,何不餔其糟⑩而歠其醨⑪?何故深思高举⑫,自令放为?"

屈原曰:"吾闻之,新沐⑬者必弹冠,新浴⑭者必振衣⑮;安能以身之察察⑯,

---

① 选自洪兴祖《楚辞补注》,中华书局1983年版。《楚辞》是屈原、宋玉及效仿屈原的西汉王褒等人的作品集,由西汉刘向编订。《渔父》的作者存在争议,刘向、东汉王逸《楚辞章句》等都认为是屈原所作,而近现代研究者则多认为是楚人为纪念屈原而作。屈原(约前340—约前278),名平,字灵均,战国后期楚国人,政治家、文学家。渔父,打鱼的老人。父,老年男子。
② 既放:被放逐后。
③ 江潭:泛指江边湖畔。
④ 形容枯槁:形体枯瘦,面色憔悴。
⑤ 三闾(lǘ)大夫:官名,掌管屈、昭、景三姓。
⑥ 见放:被放逐。顷襄王时代屈原被流放到沅湘一带。
⑦ 凝滞于物:执着于外物。
⑧ 与世推移:随着世道的改变而改变。
⑨ 淈(gǔ):搅浑。
⑩ 餔(bū)其糟:吃那酒糟。
⑪ 歠(chuò)其醨(lí):喝那薄酒。
⑫ 高举:高扬,指行为超出凡俗。
⑬ 沐:洗头发。
⑭ 浴:洗身体。
⑮ 振衣:抖动衣服。
⑯ 察察:清洁的样子。

受物之汶汶①者乎？宁赴湘流，葬于江鱼之腹中。安能以皓皓之白，而蒙世俗之尘埃乎？"

渔父莞尔②而笑，鼓枻③而去。乃歌曰："沧浪之水清兮，可以濯吾缨④；沧浪之水浊兮，可以濯吾足。"遂去，不复与言。

【释义】

屈原被放逐以后，在江边湖畔游荡，在水泽旁边走边吟唱，面容憔悴，形体消瘦。有位捕鱼的老人看见了，问他："你不是三闾大夫吗？怎么沦落到这种地步？"

屈原说："整个世界都是浑浊的，唯独我是干净的；众人都醉了，唯独我是清醒的，因此我被放逐。"

捕鱼老人说："圣人不会执着于外物，能随着世道的改变而改变。整个世界都是浑浊的，那为什么不把水搅浑，激扬水波？世人都醉，那为什么不吃点酒糟，喝点薄酒？为什么要想得那么深，让自己的行为超出凡俗，以致自己被放逐呢？"

屈原说："我听说，刚洗完头的人会弹掉帽子上的灰尘，刚洗完澡的人会抖抖衣服。我自己是清白洁净的，怎能去蒙受世俗的污垢？"宁可跳进湘水，葬在鱼腹中。怎能让高洁的品质，蒙上世俗的尘埃呢？

捕鱼老人微笑着划船离开，一边唱着这样的歌："沧浪之水清啊，可以用来洗我的帽带；沧浪之水浊啊，可以用来洗我的脚。"于是就远去了，不再和屈原说话。

【简析】

本篇采用对话的形式，呈现了两种不同的价值观念。渔父代表了全生避祸的人生观。在"举世皆浊""众人皆醉"的世道，隐藏自己的才能，随遇而安，这是庄子式避世的道路。而屈原则代表了舍生取义的人生观。他在自身遭流放，楚国国都郢又被秦将白起攻破的无力回天的情况下，选择以死明志。不管世道如何，始终坚持自己的信念，决不同流合污，这是屈原选择的人生道路。对比之下，屈原的选择充满了崇高的悲剧色彩，体现了他高峻的人格。

【思辨】

1. 渔父是不是放弃自我信念而与世界同流合污的一类人？
2. 屈原式道路的意义是什么？

---

① 汶(mén)汶：蒙尘垢的样子。
② 莞(wǎn)尔：微笑的样子。
③ 枻(yì)：船桨。
④ 濯(zhuó)吾缨：洗我的帽带。缨，系帽子的带子。

二、五羖大夫①

《史记》

【原文】

五年②,晋献公③灭虞、虢④,虏虞君与其大夫百里奚,以璧马赂于虞⑤故也。既虏百里奚,以为秦穆公夫人媵⑥于秦。百里奚亡秦走宛⑦,楚鄙人⑧执⑨之。穆公闻百里奚贤,欲重赎之,恐楚人不与,乃使人谓楚曰:"吾媵臣百里奚在焉,请以五羖⑩羊皮赎之。"楚人遂许与之。当是时,百里奚年已七十余。穆公释其囚,与语⑪国事。谢⑫曰:"臣亡国之臣,何足问!"穆公曰:"虞君不用子,故亡,非子罪也。"固问,语三日,穆公大说⑬,授之国政,号曰五羖大夫。

百里奚让曰:"臣不及臣友蹇叔⑭,蹇叔贤而世莫知。臣常⑮游困于齐而乞食铚⑯人,蹇叔收臣。臣因而欲事齐君无知⑰,蹇叔止臣,臣得脱齐难,

---

① 选自《史记·秦本纪》,中华书局 1959 年版。《史记》是西汉司马迁编写的通史,记载了上至传说中的黄帝下至汉武帝时期的历史,开创了纪传体的编写体例。司马迁(前 145 或前 135—?),字子长,夏阳(今陕西韩城南)人,西汉史学家、文学家。
② 五年:秦穆公五年,公元前 655 年。
③ 晋献公:春秋时晋国国君,姓姬,名诡诸。
④ 虢(guó):与虞都属周代诸侯国名。
⑤ 以璧马赂于虞:用美玉和马匹作为礼物送给虞国国君。晋献公想灭掉虢国,但是中间隔着虞国,就派人送美玉及马匹给虞君,提出借道。虞君贪图礼物,不顾大夫宫之奇的劝谏,答应了晋国。晋军灭掉虢国,回来时顺道灭了虞国。
⑥ 媵(yìng):陪嫁的臣仆。当时晋献公将女儿嫁给秦穆公,让百里奚作为臣仆陪嫁。
⑦ 宛:宛邑,楚国地名。
⑧ 鄙人:边境地区的人。
⑨ 执:抓捕。
⑩ 羖(gǔ):黑色的公羊。
⑪ 语(yù):谈论。
⑫ 谢:推辞。
⑬ 说(yuè):通"悦",高兴。
⑭ 蹇(jiǎn)叔:人名,春秋时著名政治家。
⑮ 常:通"尝",曾经。
⑯ 铚(zhì):地名,蹇叔居于此地。
⑰ 无知:齐僖公的侄子,齐襄公的堂弟,弑杀齐襄公,自立为君,后被大夫雍廪杀死。

遂之周。周王子颓①好牛,臣以养牛干②之。及颓欲用臣,蹇叔止臣,臣去,得不诛。事虞君,蹇叔止臣。臣知虞君不用臣,臣诚私利③禄爵,且留。再④用其言,得脱,一不用,及⑤虞君难:是以知其贤。"于是穆公使人厚币⑥迎蹇叔,以为上大夫。

【释义】

秦穆公五年,晋献公灭掉虞国、虢国,俘虏了虞国国君和他的大夫百里奚,这是因为拿美玉马匹送礼给虞君。晋献公俘虏了百里奚后,把他作为秦穆公夫人的奴仆陪嫁到秦国。百里奚从秦国逃跑到宛,楚国边境的人抓到了他。秦穆公听说百里奚有才能,想重金赎回他,怕楚国人不给,于是就派人对楚国人说:"我陪嫁的臣仆百里奚在你们那边,请允许我用五张黑公羊皮赎回他。"楚国人于是就答应把百里奚交回。这时百里奚年龄已经七十多岁了。秦穆公解开他的枷锁,和他谈论国家大事。他推辞说:"我是亡国的臣子,哪里值得询问。"秦穆公说:"虞国的国君不任用你,所以会灭亡,这不是你的罪责。"坚持要询问,谈了三天。秦穆公非常高兴,把国家的政事交给他,封他为五羖大夫。

百里奚谦让道:"我不如我的朋友蹇叔,蹇叔贤能而世人不知道。我曾经在齐地游历,陷入困境,向铚地的人讨饭,蹇叔收留了我。我因而想要侍奉齐君无知,蹇叔制止我,我得以逃脱齐国的内乱,于是又去了周的国都。周王子颓喜欢牛,我用养牛的技艺来求取任用。等到子颓想要任用我了,蹇叔制止我,我离开了,得以逃脱被杀的命运。我侍奉虞君,蹇叔制止我。我知道虞君不会重用我,但是我私下里确实贪图俸禄爵位,暂且留下了。两次采纳他的劝告,都得以逃脱灾祸;有一次没有采纳,就遇上了虞君的灾祸:因此我知道他有才能。"于是秦穆公派人用重礼迎接蹇叔,封为上大夫。

【简析】

百里奚出身寒微,在困境中得到了蹇叔的帮助。他之前三次试图求得任用,都没有碰上贤主。前两次听从蹇叔的劝告得以逃脱灾祸,后一次侍奉虞君,没有听从蹇叔的意见,结果虞国灭亡,他也做了俘虏。好在秦穆公赏识他的才能,让他

---

① 周王子颓:姬颓,周惠王的叔叔,曾发动叛乱驱逐周惠王,自立为天子,后被杀,周惠王复位。
② 干:求取任用。
③ 私利:私下贪图。
④ 再:两次。
⑤ 及:碰到,遇上。
⑥ 厚币:重礼。

做大夫。秦穆公用五张公羊皮向楚人换百里奚,本是出于策略考虑,却传为美谈,百里奚因此得了个"五羖大夫"的雅号。百里奚又推荐了蹇叔,使自己的朋友也得到重用。后来两个人都成为历史上赫赫有名的政治家。百里奚的故事告诉我们,在当时的社会中,一个人要想得到施展政治才能的机会,需要自身要贤能,需要合适的时机,还往往需要能推荐自己的朋友和能赏识贤才的用人者。百里奚戏剧化的经历,也显示出了政治生活的险恶。

【思辨】

1. 为何秦穆公怕用重金赎买百里奚而楚人不会放,就反而用五张公羊皮去赎?
2. 分析百里奚的人物形象。

三、梦游天姥吟留别①

李 白

【原文】

　　海客②谈瀛洲③,烟涛微茫④信难求⑤;越人语天姥,云霞明灭或可睹。天姥连天向天横⑥,势拔⑦五岳掩赤城⑧。天台⑨四万八千丈,对此欲倒⑩东南倾。

　　我欲因之⑪梦吴越,一夜飞度镜湖⑫月。湖月照我影,送我至剡溪⑬。谢公⑭宿处今尚在,渌⑮水荡漾清猿啼。脚著谢公屐⑯,身登青云梯。半壁见海日,空中闻天鸡⑰。千岩万转路不定,迷花倚石⑱忽已暝⑲。熊咆龙吟殷⑳岩泉,栗㉑深林兮惊层巅。云青青㉒兮欲雨,水澹澹㉓兮生烟。列缺㉔霹

---

① 选自瞿蜕园、朱金诚校注《李白集校注》,上海古籍出版社1980年版。李白(701—762),字太白,号青莲居士,祖籍陇西成纪(今甘肃天水附近),后随父迁居绵州(今四川江油),被誉为诗仙,有《李太白全集》。天姥(mǔ)山,在今浙江新昌县东,传说登山者能听到仙人天姥的歌声,因而得名。
② 海客:来往海上的人。
③ 瀛洲:传说中东海的三座仙山之一,其余两座为蓬莱和方丈。
④ 烟涛微茫:如烟的波涛隐约模糊。
⑤ 求:寻访。
⑥ 横:遮断。
⑦ 拔:超过。
⑧ 赤城:山名,在浙江天台县北。
⑨ 天台(tāi):山名,在浙江东部天台、宁海、奉化等县市之间。
⑩ 倒:向天姥山拜倒。
⑪ 因之:凭借前面越人的话。
⑫ 镜湖:湖名,在今浙江绍兴市南。
⑬ 剡(shàn)溪:水名,在今浙江嵊(shèng)州市南面。
⑭ 谢公:东晋诗人谢灵运,他曾在剡溪居住。
⑮ 渌(lù):清。
⑯ 谢公屐(jī):谢灵运特制的登山木屐。
⑰ 天鸡:传说东南有桃都山,山上有桃都大树,树上栖息着天鸡,太阳升起,天鸡鸣叫,天下的鸡就跟着叫。
⑱ 迷花倚石:迷恋着花,倚着石头。
⑲ 暝:天黑。
⑳ 殷(yǐn):震动。
㉑ 栗:使……战栗。
㉒ 青青:黑沉沉的。
㉓ 澹澹:水波动荡的样子。
㉔ 列缺:闪电。

雳,丘峦崩摧。洞天①石扉,訇然②中开。青冥③浩荡不见底,日月照耀金银台④。霓为衣兮风为马,云之君⑤兮纷纷而来下。虎鼓瑟兮鸾回⑥车,仙之人兮列如麻。忽魂悸⑦以魄动,恍惊起⑧而长嗟。惟觉时⑨之枕席,失向来之烟霞。

世间行乐亦如此,古来万事东流水。别君去兮何时还?且放白鹿青崖间。须行即骑访名山。安能摧眉折腰⑩事权贵,使我不得开心颜!

【释义】

来往海上的人谈论起瀛洲,都说波涛如烟,隐约模糊,难以寻访。越地的人说起天姥山,则说山在云霞中时隐时现,有时可以看得到。天姥山高耸入云,遮断了天空,山势超过了五岳,盖过了赤城山。天台山高四万八千丈,面对天姥山,却像要朝东南倾斜拜倒一样。

我想凭借越人的话在梦中来到吴越一带,一夜之间就飞过了月下的镜湖。湖中照着月亮也照着我的影子,送我来到剡溪。谢灵运居住的地方现在还在,清波荡漾,猿猴的啼声也凄清无比。我脚上穿着谢灵运当年特制的木屐,登上如同梯子一样直入青云的山路。在山半腰看到了从大海中升起的太阳,在半空中听到了天鸡鸣叫。山石千回万转,道路曲折不定,我迷恋着花,倚着石头,不知不觉中天就黑了。熊在咆哮,龙在吟鸣,震动了岩泉,使深林战栗,使层层叠叠的山峦惊动。云黑沉沉的,要下雨了,水波动荡,烟雾缭绕。电光闪闪,雷声隆隆,山峰崩裂。仙人洞府的石门轰的一声打开了。里面露出深不见底的天空,又有太阳月亮照着仙人居住的金银台。仙人们把霓裳当作衣服,把风当作马,纷纷降临而下。猛虎奏瑟,鸾鸟驾车,仙人们排列如麻。忽然间,我的魂魄惊动,猛然醒来,不由得长叹。只看到醒时的枕席,不见了刚才梦里的烟霞。

世间行乐的事情也是这样啊,自古以来,万事如同东流的水一去不回。我和诸君告别,什么时候才能回来呢?我暂且把白鹿放回到青崖之间,要走的时候就

---

① 洞天:神仙居住的洞府。
② 訇(hōng)然:轰的一声,形容声音大。
③ 青冥:青天。
④ 金银台:神仙居住的宫阙。
⑤ 云之君:神仙们。
⑥ 回:回旋,运转。
⑦ 悸:因害怕而心跳。
⑧ 恍惊起:猛然惊醒。
⑨ 觉(jué)时:醒时。
⑩ 摧眉折腰:低眉弯腰。

骑上它去寻访名山。怎么能低眉弯腰侍奉权贵,让我不能开心欢颜!

【简析】

　　天宝元年(742),李白奉诏入京,受到唐玄宗礼遇,命他供奉翰林。李白自己也非常得意,认为从此可以实现自己的政治抱负了。然而仅仅一年多,天宝三年(744)春,李白就遭受权贵排挤,被唐玄宗"赐金放还",离开了长安。天宝四年(745),李白从东鲁(今山东)南游吴越,写下这首诗告别在东鲁的朋友。诗作以记梦的形式,先写对天姥山的向往,再写游天姥山的经历,再写天门打开众仙降临的情形,最后以醒来的感慨作结,充满奇诡的想象、瑰丽的图景,格调昂扬,语言绚丽,是众口传颂的名篇。特别是"安能摧眉折腰事权贵,使我不得开心颜",抒发了李白政治失意的愤慨情绪,表现了他的傲骨与追求自由的精神。这两句也让我们明白了李白为何会被排挤出京:作为狂放不羁的天才诗人,他如何能够忍受宫廷中的种种束缚,屈身与权贵小人周旋?

【思辨】

　　李白描写的梦境与他现实中的遭遇有何关联?

四、赚得英雄尽白头①

王定保

【原文】

进士科始于隋大业②中,盛于贞观、永徽③之际;缙绅④虽位极人臣⑤,不由进士者,终不为美,以至岁贡常不减八九百人。其推重谓之"白衣公卿⑥",又曰"一品白衫";其艰难谓之"三十老明经,五十少进士";其负倜傥⑦之才,变通⑧之术,苏、张之辨说⑨,荆、聂⑩之胆气,仲由⑪之武勇,子房⑫之筹画,弘羊⑬之书计⑭,方朔⑮之诙谐,咸以是而晦⑯之,修身慎行,虽处子之不若;其有老死于文场者,亦所无恨。故有诗云:"太宗皇帝真长策,赚⑰得英雄尽白头!"

盖文皇帝⑱修文偃武⑲,天赞⑳神授。尝私幸端门㉑,见新进士

---

① 两则分别选自王定保《唐摭(zhí)言》的《散序进士》和《述进士下篇》,上海古籍出版社 1978 年版。题目为编者所加。《唐摭言》,五代王定保撰,记载唐代科举制度、诗人墨客的轶闻等。王定保(870—?),唐末五代南昌(今属江西)人。
② 大业:隋炀帝杨广年号。
③ 贞观、永徽:分别为唐太宗李世民、唐高宗李治年号。
④ 缙绅:指有官职或做过官的人。缙,插。绅,束在衣服外面的带子。插笏于带,是旧时官宦的装束。
⑤ 位极人臣:大臣中地位最高者。
⑥ 白衣公卿:意思是进士应试者现在穿白衣(平民的服装),将来要是考中了就可以做公卿。下文"一品白衫"意思相近。
⑦ 倜(tì)傥(tǎng):卓越,突出。
⑧ 变通:随机应变。
⑨ 苏、张:苏秦和张仪,战国时期的纵横家,善辩论。辨说:辩论说服的才能。辨,通"辩"。
⑩ 荆、聂:荆轲和聂政,战国时期著名的刺客。
⑪ 仲由:孔子的弟子子路,字仲由,是位勇士。
⑫ 子房:汉初功臣张良,字子房。
⑬ 弘羊:汉武帝时大臣桑弘羊,善于心算,精通理财。
⑭ 书计:文字及计算。
⑮ 方朔:东方朔,汉武帝时大臣,滑稽多智。
⑯ 晦:掩蔽,隐藏不露。
⑰ 赚(zuàn):诳骗。
⑱ 文皇帝:唐太宗李世民。
⑲ 修文偃(yǎn)武:兴办文化教育,停止扩军战备。
⑳ 赞:助。
㉑ 端门:宫廷大殿正门。

缀行①而出，喜曰："天下英雄，入吾彀中②矣。"若乃光宅四夷③，垂祚④三百，何莫由斯之道者也！

【释义】

进士考试开始于隋朝大业年间，兴盛于唐朝贞观、永徽年间。做官的人即使做到了最高的位置，不是进士出身，始终觉得不美满，以至于每年参加进士考试的常常不少于八九百人。说到人们推重的程度，应试者被称为"白衣公卿"，又被称为"一品白衫"。考中的艰难程度，可谓"三十岁考中明经算年老，五十岁考中进士算年轻"。那些具有特异才能，有随机应变谋略的人，比如具有像苏秦、张仪那样的辩才，荆轲、聂政那样的胆识，子路那样的勇猛，张良那样的谋略，桑弘羊那样的文字和算数能力，东方朔那样的诙谐智谋，却全都因为进士科考试而被掩蔽，不再受重视了。天下致力于进士科的士人，修养身心和谨言慎行的程度，连处女都不如他们。有沉溺于应试的文辞而老死的，也不觉得后悔。所以有诗句说："太宗皇帝真是想了个长远的政策，骗得天下英雄都为此白了头！"

太宗皇帝兴办文化教育，停止扩军战备，上天扶助，神灵护佑。他曾经偷偷在大殿正门观察，看到新科进士们连接成行出现，得意地说："天下英雄，都进了我的圈套了。"要论安定四方，使唐朝皇位传承三百年，怎能说不是这种政策的功劳呢！

【简析】

唐朝科举，最重要的是明经和进士二科。明经主要考察对儒家经典的记诵，比较容易，录取人数又多，所以在当时就不如进士科受重视。进士科很难，录取人数少，受到推重。唐代的进士科后来加试诗赋，这一做法历代多沿用，对文学的繁荣起到了推动作用。这一人才选拔制度，确立了文官集团的主导地位，为出身中下层的知识分子提供了进身的途径，稳定了统治秩序。然而，也造成了一些问题，如文中所提到的，科举制使得人才判断标准趋向于单一，使士人埋头于应试。

【思辨】

查阅资料，分析科举取士的功过。

---

① 缀行：连接成行。
② 彀（gòu）中：弓箭程之内，喻指牢笼圈套之中。
③ 光宅四夷：安定四方。光，广。宅，安。
④ 垂祚（zuò）：皇位传承。

五、孟郊诗三首①

【原文】

落第

晓月难为光,愁人难为肠。
谁言春物荣②,独见叶上霜。
雕鹗③失势病④,鹪鹩⑤假翼翔。
弃置⑥复弃置,情如刀剑伤。

再下第

一夕九起嗟,梦短不到家。
两度长安陌⑦,空将泪见花。

登科后

昔日龌龊⑧不足夸,今朝放荡⑨思无涯。
春风得意马蹄疾,一日看尽长安花。

【释义】

落第

拂晓的月亮难以有光芒,愁苦的人儿难以有心肠。谁说春天万物都欣欣向荣,我只看到了叶上的寒霜。有才华的人如同雕鹗失势一样处于困苦中,平庸之辈却如同鹪鹩借着翅膀高升飞翔。不被任用之后还是不被任用,我的心情如同被

---

① 选自《孟东野集》,四部备要本。孟郊(751—814),字东野,湖州武康(今浙江德清县)人,唐代诗人,有《孟东野集》。
② 荣:欣欣向荣。
③ 雕鹗(è):都是猛禽名,这里比喻有才华的人。
④ 病:困苦。
⑤ 鹪(jiāo)鹩(liáo):一种小鸟,这里比喻没有才华的平庸之辈。《晋书·郭璞传》:"鹪鹩不可与论云翼。"
⑥ 弃置:丢在一边不被任用。
⑦ 陌:街道。
⑧ 龌(wò)龊(chuò):指过去种种不如意的境况。
⑨ 放荡:自由自在。

刀剑刺伤。

再下第

一夜多次起来叹息，梦总是太短，还来不及到家就醒了。两次来到长安市街，看着花开，也只能泪流满面。

登科后

以前种种的不如意不值得夸说，今日我的思想自由自在，没有拘束。春风让我觉得适意，马儿跑得欢畅，一天之内我就赏遍了长安城中的春花。

【简析】

孟郊出身寒微，早年生活困顿，屡试不第。《落第》和《再下第》写出了落第后的不甘和哀愁。到了四十六岁时，孟郊终于中进士，于是有了《登科后》这首充满快意的诗，首两句直抒自己的得意之情，后两句又进一步说明了自己的兴奋。唐代进士考试在秋季举行，第二年春天放榜。这三首诗都写在春天，然而前两首却似在严冬，与后一首形成强烈的对比。这三首诗为我们呈现了孟郊的悲喜人生，这同时也是科举制度下无数士人人生的写照，只不过大多数人没有孟郊这么幸运，始终未能体会到登科的快意。

【思辨】

古代士子面对落第的挫折，通常有哪几种心理反应？

六、忧中有喜①

王定保

【原文】

公乘亿,魏②人也,以辞赋著名。咸通十三年③,垂④三十举矣。尝大病,乡人误传已死。其妻自河北来迎丧⑤,会亿送客至坡下,遇其妻。始夫妻阔别⑥十余岁,亿时在马上,见一妇人粗缞⑦跨驴,依稀⑧与妻类,因睨⑨之不已⑩,妻亦如是。乃令人诘⑪之,果亿也。亿与之相持⑫而泣,路人皆异之。后旬日⑬登第矣。

【释义】

公乘亿,是魏州人,因善写辞赋而闻名。到咸通十三年,他已经应举近三十次了。曾经有一次,他得了很重的病,家乡的人误传他已经病死了。他的妻子从河北赶来,想接回他的尸骨到家乡安葬。恰巧公乘亿送客人到山坡下,遇到了自己的妻子。从起初算起,夫妻二人久别已经有十多年了。当时公乘亿骑在马上,看见一个女子穿着粗麻布制成的丧服,骑着驴子,似乎和自己的妻子相似,因而斜着眼睛看个不停,他的妻子也一样。妻子让人询问,果然是公乘亿。公乘亿和妻子互相扶持着哭起来,路上的人看见了都觉得诧异。之后过了十天,公乘亿就中第了。

---

① 选自王定保《唐摭言》,上海古籍出版社1978年版。
② 魏:魏州,治所在今河北大名县。
③ 咸通十三年:即872年,咸通是唐懿宗李漼(cuī)的年号。
④ 垂:将近。
⑤ 迎丧:把客死异乡者的尸骨迎回家乡。
⑥ 阔别:长时间的分别。
⑦ 粗缞(cuī):穿着粗麻布制成的丧服。
⑧ 依稀:仿佛,不是很确定的样子。
⑨ 睨(nì):斜着眼看。
⑩ 不已:不停。
⑪ 诘(jié):问。
⑫ 相持:互相扶持、抱持。
⑬ 旬日:十天。

【简析】

虽然最后的登第之喜给了这个故事以光明的结尾,然而却消除不了那种浓重的悲哀。这个故事归根结底是辛酸的。首先,公乘亿这样一个以辞赋闻名的才子,竟然考了近三十次都没有考中。其次,公乘亿离家千余里应试,屡败屡战,竟然十几年没有回家。最后,他的妻子听信误传,以为他已死,千里迢迢来迎丧。如果家中有人照顾,何以让一个弱女子前来?既然家中无人照顾,他的妻子又是如何挨过这十几年光阴的?夫妻见面一时都不敢相认,随后相持而哭,这是怎样的悲剧!无怪乎他自己留下了这样的诗句:"十上十年皆落第,一家一半已成尘。"

公乘亿是幸运的,得以与妻子团聚,最后又考中,终于苦尽甘来。然而这个美好的结局,显然是具有偶然性的。可以推测,在漫长的科举考试史中,恐怕还出现过许多个公乘亿,既没有能够与家人团聚,也没有能够考中,默默无闻地客死异乡,不为人所知。

【思辨】

是什么导致公乘亿与妻子分别十多年?

七、请君入瓮①

《新唐书》

【原文】

兴，少学法律②，自尚书史③积迁秋官侍郎，屡决制狱④，文深峭⑤，妄杀数千人。武后夺政，拜尚书左丞⑥，上疏请去唐宗正属籍⑦。是时左史⑧江融有美名，兴指融与徐敬业⑨同谋，斩于市。临刑，请得召见，兴不许，融叱曰："吾死无状⑩，不赦汝。"遂斩之，尸奋而行⑪，刑者蹴⑫之，三仆三作⑬。

天授⑭中，人告子珣⑮、兴与丘神勣⑯谋反，诏来俊臣鞫状⑰。初，兴未知被告，方对俊臣食，俊臣曰："囚多不服⑱，奈何？"兴曰："易耳，内⑲之大瓮⑳，炽炭周之，何事不承。"俊臣曰："善。"命取瓮且炽火，徐谓兴曰："有诏按㉑

---

① 选自《新唐书·酷吏列传》，中华书局1975年版。题目为编者所加。
② 法律：刑法律令。
③ 尚书史：官名，尚书省中负责文案的小官。
④ 制狱：诏狱，奉旨办理的案件。
⑤ 文深峭：援引的法律条文苛细严峻。
⑥ 尚书左丞：官名，掌管六部官员仪礼。
⑦ 唐宗正属籍：唐朝李姓宗室的籍贯。
⑧ 左史：官名，掌管记录天子起居言行的官职，属于史官的一种。
⑨ 徐敬业：即李敬业，唐初大将李勣的孙子，起兵反对武则天，兵败后被部下杀死。
⑩ 无状：无缘无故。
⑪ 尸奋而行：尸体跳起来走路。
⑫ 蹴(cù)：用脚踢。
⑬ 三仆三作：三次被踢倒，三次又站起。
⑭ 天授：武则天的年号。
⑮ 子珣(xún)：来子珣，酷吏。
⑯ 丘神勣(jī)：时任左金吾将军。
⑰ 鞫(jū)状：审问罪状。
⑱ 服：服罪。
⑲ 内：通"纳"，放入。
⑳ 大瓮：大缸。
㉑ 按：查办。

君,请尝之。"兴骇汗①,叩头服罪。诏诛神勣而宥②兴岭表③,在道为仇人所杀。

【释义】

周兴,年轻时学习刑法律令,从尚书史的职位慢慢升为秋官侍郎,多次判决奉旨办理的案件,援引的法律条文苛细严峻,曾妄杀过几千人。武则天执政后,任命他为尚书左丞,他上疏请求除去李姓宗室的籍贯。那时左史江融有很好的名声,周兴指控江融和徐敬业同谋,判江融在闹市斩首。临刑时,江融请求让武后召见自己,周兴不答应,江融叱骂他说:"我无缘无故被你害死,死了也不会放过你。"于是斩了江融,尸体跳起来走路,行刑的人用脚踢,尸体三次被踢倒,三次又站起来。

天授年间有人告发来子珣、周兴与丘神勣谋反,武则天下诏让来俊臣去审问。起初,周兴不知道自己被告发,正与来俊臣相对着吃饭。来俊臣说:"很多囚犯不肯服罪,有什么办法?"周兴说:"这个容易,把犯人放在大瓮里,四周用炭火烧,还有什么事他会不承认?"来俊臣说:"好办法。"命人拿来大瓮,并且把炭火烧好,慢悠悠地对周兴说:"我奉诏令查办你,请你尝尝这种滋味吧。"周兴惊恐流汗,叩头认罪。武则天下诏诛杀丘神勣,而赦免周兴死罪,流放他到岭表,而他半路上被仇人所杀。

【简析】

武则天称帝时,怕天下人不服,重用酷吏来俊臣、周兴等人,以严刑酷法维持统治。这些人以罗织罪名陷害忠良为能事,刑罚残酷的程度骇人听闻,真可谓作恶多端。周兴想出把囚犯放在大瓮中烤的恶毒主意,却不想搬起石头砸了自己的脚,面临被请入瓮的境地。而审讯他的来俊臣,据史载,他的下场更加凄惨,被斩后,人们争着挖他的肉,又用马践踏他的尸骨。周兴等人的死是罪有应得,然而在此后的历史中,以高压和恐怖为特点的各种专制统治手段屡见不鲜,酷吏们也始终阴魂不散。

【思辨】

历史上酷吏不断出现的原因是什么?

---

① 骇汗:惊恐流汗。
② 宥(yòu):赦免死罪。
③ 岭表:五岭以南地区。

八、包拯传①

《宋史》

【原文】

包拯，字希仁，庐州合肥②人也。始举进士③，除大理评事④，出知⑤建昌县。以父母皆老，辞不就。得监和州税⑥，父母又不欲行，拯即解官归养。后数年，亲继⑦亡。拯庐墓⑧终丧，犹徘徊不忍去，里中父老数来劝勉。久之，赴调⑨，知天长县。有盗割人牛舌者，主来诉。拯曰："第⑩归，杀而鬻⑪之。"寻⑫复有来告私杀牛⑬者，拯曰："何为割牛舌而又告之？"盗惊服。

徙⑭知端州，迁殿中丞⑮。端土产砚，前守缘贡⑯，率⑰取数十倍以遗权贵。拯命制者才足贡数，岁满，不持一砚归。

召权⑱知开封府，迁右司郎中⑲。拯立朝刚毅⑳，贵戚宦官为之敛手㉑，

---

① 节选自《宋史·包拯传》，中华书局 1977 年版。
② 庐州合肥：地名，今属安徽。
③ 举进士：考中进士。
④ 除大理评事：被任命为大理评事。大理评事，官名，是大理寺的属官，掌管刑狱。
⑤ 知：做地方长官。
⑥ 监和州税：掌管和州税务的官。
⑦ 继：相继。
⑧ 庐墓：在墓旁搭草庐。古人在服丧期间搭盖小屋守护坟墓。
⑨ 赴调：听候朝廷的调动。
⑩ 第：只管。
⑪ 鬻（yù）：卖。
⑫ 寻：不久。
⑬ 私杀牛：为保护农耕，宋朝法律规定不许私自杀牛。
⑭ 徙：调职。
⑮ 迁殿中丞：升迁为殿中丞。殿中丞，掌管皇帝饮食、车马等事务的官职。
⑯ 缘贡：借着进贡的名义。
⑰ 率：大都。
⑱ 权：代理。
⑲ 右司郎中：官名，尚书省高级官员。
⑳ 刚毅：刚正果敢。
㉑ 敛手：缩手，表示不敢恣意妄为。

闻者皆惮之。人以包拯笑比黄河清。童稚妇女,亦知其名,呼曰"包待制①"。京师为之语曰:"关节②不到,有阎罗包老。"旧制,凡讼诉不得径造③庭下。拯开正门,使得至前陈曲直④,吏不敢欺。中官⑤势族筑园榭,侵惠民河,以故河塞不通,适京师大水,拯乃悉毁去。或持地券自言有伪增步数者,皆审验劾奏⑥之。

拯性峭直⑦,恶吏苛刻,务敦厚,虽甚嫉恶,而未尝不推以忠恕也。与人不苟合⑧,不伪⑨辞色悦人,平居无私书⑩,故人、亲党皆绝之。虽贵,衣服、器用、饮食如布衣⑪时。尝曰:"后世子孙仕宦,有犯赃者,不得放归本家,死不得葬大茔⑫中。不从吾志,非吾子若⑬孙也。"

【释义】

包拯,字希仁,是庐州合肥人。当初考中进士后,被任命为大理评事,又调离京城做建昌县的知县。因为父母年纪都大了,就推辞没有去赴任。又获得了监和州税的官职,父母又不愿意跟着上任,他就辞官回去奉养双亲。之后过了几年,双亲相继去世。包拯在坟边搭草庐守墓,直到守丧期满,仍徘徊不忍心离开,乡里的父老多次来劝他。过了很长时间,他才接受朝廷的调动,做了天长县的县令。有人偷割了别人家牛的舌头,牛的主人来告官。包拯说:"只管回去,杀了牛卖肉。"不久后有人来告发牛主私自杀牛。包拯说:"你为什么割了人家的牛舌头,现在又来告发人家私自杀牛?"这个盗贼听了大为吃惊,表示服罪。

调任端州知州,升迁为殿中丞。端地产砚台,之前的知州借着进贡的名义,大都索取几十倍于进贡数目的砚台,来给权贵送礼。包拯命令制作的工匠,只做刚好够进贡数目的砚台,到他任期满了离开,没有拿一方砚台回去。

包拯被召回京城,代理开封府知府,升迁为右司郎中。包拯在朝廷中行事刚

---

① 待制:皇帝的顾问官,包拯曾为龙图阁直学士,故称。
② 关节:以行贿、托人情等打通关系的行为。
③ 径造:直接到,指不通过属吏。
④ 曲直:是非,有理无理。
⑤ 中官:朝中官员。
⑥ 劾(hé)奏:上奏弹劾。
⑦ 峭直:严厉正直。
⑧ 苟合:苟且附和。
⑨ 伪:假作。
⑩ 私书:私下书信来往。
⑪ 布衣:指平民百姓。
⑫ 大茔(yíng):指祖坟。
⑬ 若:和。

直果敢,地位高贵的外戚宦官都因而收手不敢恣意妄为,听到他名声的人都害怕。人们把看到包拯笑比作看到黄河水变清那样难。连儿童妇女都知道他的名字,叫他"包待制"。京城里流传着一句话:"打通关节做不到,是因为有阎罗王一样的包老。"按旧例,凡是打官司的人不能直接来到公庭下。包拯打开正门,让他们直接来到自己面前陈说是非对错,手下的属吏因而再也不敢欺瞒。朝中官员和有势力的家族私筑园林台榭,侵占了惠民河道,以至于河道堵塞不通。正碰上京城发大水,包拯于是全部把这些建筑毁掉。有人拿着地契虚增田地数,包拯全都审查验证上奏弹劾。

包拯生性严厉正直,厌恶官吏苛刻,务求敦厚,虽然非常憎恨贪官,也一直用忠恕的原则待人。与人结交不苟且附和,不伪装言辞脸色取悦别人,平时没有私下的书信来往,老朋友、亲戚都断绝了来往。虽然地位很高,所穿的衣服,所用的东西以及日常饮食,都还像做平民百姓时那样。他曾说:"我的后代子孙做官,有犯贪赃罪的,不允许放他回本家,死了也不许葬在祖坟里。不遵从我的志愿,就不是我的子孙。"

【简析】

在历代公案小说戏曲中,包拯是个高度格式化的人物。人们称他为"包公"、"包青天",把各种巧妙的断案故事都堆砌在他身上,让他成为清正廉明、不畏权贵、断案如神的象征,在他身上寄托了对于清官的想象。而历史中的包拯确实具有这样的一些品质:他多谋善断,巧妙解决了盗割牛舌案;他生活朴素,为官清廉,在端州做知州,没有谋取一方端砚;他不结党营私,甚至疏远故人亲党,以避免人情影响到公义;更重要的是,他对于权贵毫不留情,使他们心惊胆战,不敢恣意妄为。

【思辨】

1. 包拯是如何找出盗割牛舌者的?
2. 为何中国百姓会有清官情结?

九、聂以道断钞

陶宗仪

【原文】

聂以道宰②江右③一邑。日有村人早出卖菜，拾得至元④钞十五锭，归以奉母。母怒曰："得非盗来而欺我乎？纵有遗失，亦不过三两张耳，宁有一束之理？况我家未尝有此，立当祸至。可急速送还，毋累我为也。"言之再，子弗从。母曰："必如是，我须诉之官。"子曰："拾得之物，送还何人？"母曰："但于原拾处俟⑤候，定有失主来矣。"

子遂依命携往。顷间⑥，果见寻钞者。村人本朴质，竟不诘其数，便以付还。傍观之人皆令分取为赏。失主靳⑦曰："我原三十锭，今才一半，安可赏之？"争闹不已。相持至厅事⑧下。

聂推⑨问村人，其辞实。又暗唤其母审之，合。乃俾⑩二人各具⑪失者实三十锭、得者实十五锭文状在官后，却谓失主曰："此非汝钞，必天赐贤母以养老者。若三十锭，则汝钞也。可自别寻去。"遂给付母子，闻者称快。

【释义】

聂以道做江西一邑的邑宰。有一天，有个村里人很早出去卖菜，捡到了十五

---

① 选自陶宗仪《南村辍耕录》，中华书局1959年版。题目为编者所加。《南村辍耕录》，是一部记载元代典章制度、社会风俗的笔记小说。陶宗仪（1316—？），字九成，号南村，浙江黄岩（今属浙江台州市）人，元末明初文学家。
② 宰：做邑宰。
③ 江右：江西。
④ 至元：元世祖忽必烈年号。
⑤ 俟(sì)：等。
⑥ 顷间：一会儿。
⑦ 靳(jìn)：吝惜，吝啬。
⑧ 厅事：官署问案的厅堂。
⑨ 推：推究，审问。
⑩ 俾(bǐ)：使。
⑪ 具：写下。

锭至元钱钞,回家后交给母亲。母亲生气地说:"莫非是偷来的却骗我说是拾到的吗?就算是有丢钱的,也不过丢三两张,哪里有丢一捆的道理?何况家里从来没有这么多钱,留着它祸患立刻就要到来了。赶紧送回去,不要连累了我。"再三地说,儿子不听。母亲说:"你一定要这样,我就要去告官。"儿子说:"拾到的东西,能送还给什么人?"母亲说:"只要在原本拾到的地方等着,一定会有失主来的。"

儿子于是就照母亲的吩咐带着钱去。一会儿,果然见到找钱的人。这个村里人本来就很质朴,竟然也没问对方丢的钱数,就把钱交还给了他。旁边看热闹的人都让失主分一点钱作为奖赏。失主吝啬,说:"我原来丢了三十锭,现在才拿到一半,怎么能够奖赏他呢?"争闹个不停。互相争持不让,到了官府大堂下。

聂以道审问村人,村人的话符合事实。又偷偷叫来他的母亲查问,母子二人的话合得起来。于是就让失主与村人各自写下丢的钱确实是三十锭,捡到的钱确实是十五锭这样的文书,存档在官府后,却对失主说:"这不是你的钱,一定是老天赐给贤德的母亲来养老的。如果是三十锭,才是你的钱。你可以到别的地方找去。"于是就把钱交给了母子二人,听到这个结果的人都声称很痛快。

【简析】

这个故事中的人物各具特点。母亲是被赞美的正面人物,她见儿子拾到钱钞不思归还,怒气顿生,先是严厉斥问儿子是否偷盗所得,继而晓之以理,命令儿子即刻寻找失主。一个"怒"字使一位拾金不昧、贫穷而又正直本分的农妇形象呼之欲出,如在眼前。儿子是个朴实的村人,虽然略有贪心,不愿将捡到的钱交还,但他是孝子,最后还是听从了母亲的话。而失主则人品低劣,不但吝啬,而且诡称自己丢了三十锭,让人以为捡钱的村人昧下了一半,简直是恩将仇报。邑宰聂以道机智过人,在仔细询问后,顺水推舟,做出赏罚分明的巧妙判决,使诚实善良的卖菜人母亲得到了奖赏,狡诈的失主受到了惩罚。虽然这一判决是基于伦理而非基于事实的,却使人拍手称快。

【思辨】

1. 聂以道是否真的以为钱不是那个失主的?
2. 聂以道这样判案的依据是什么?

十、黄英①

蒲松龄

【原文】

马子才,顺天②人。世好菊,至才尤甚。闻有佳种,必购之,千里不惮③。一日,有金陵客寓其家,自言其中表亲④有一二种,为北方所无。马欣动,即刻治装,从客至金陵。客多方为之营求,得两芽,裹藏如宝。归至中途,遇一少年,跨蹇⑤从油碧车⑥,丰姿洒落。渐近与语。少年自言:"陶姓。"谈言骚雅⑦。因问马所自来,实告之。少年曰:"种无不佳,培溉在人。"因与论艺⑧菊之法。马大悦,问:"将何往?"答云:"姊厌金陵,欲卜居⑨于河朔⑩耳。"马欣然曰:"仆虽固贫,茅庐可以寄榻。不嫌荒陋,无烦他适。"陶趋车前,向姊咨禀。车中人推帘语,乃二十许绝世美人也。顾弟言:"屋不厌卑,而院宜得广。"马代诺之,遂与俱归。

第⑪南有荒圃,仅小室三四椽⑫,陶喜,居之。日过北院,为马治菊,菊已枯,拔根再植之,无不活。然家清贫,陶日与马共饮食,而察其家似不举火。马妻吕,亦爱陶姊,不时以升斗馈恤⑬之。陶姊小字黄英,雅善谈,辄过

---

① 节选自《聊斋志异·黄英》,见张友鹤辑校《聊斋志异会校会注会评本》,上海古籍出版社1986年版。《聊斋志异》是一部文言短篇小说集,作者蒲松龄(1640—1715),字留仙,一字剑臣,别号柳泉居士,淄川(今山东淄博市)人,清代文学家。
② 顺天:顺天府,今北京一带。
③ 惮(dàn):怕。
④ 中表亲:姑家或姨家的表亲。
⑤ 蹇(jiǎn):驴子。
⑥ 油碧车:青油涂壁的车子。
⑦ 骚雅:文雅。
⑧ 艺:种植。
⑨ 卜居:择地居住。
⑩ 河朔:黄河以北。
⑪ 第:宅子。
⑫ 椽(chuán):间。
⑬ 馈(kuì)恤(xù):接济。馈,赠。恤,周济。

吕所,与共纫绩①。

陶一日谓马曰:"君家固不丰,仆日以口腹②累知交,胡可为常。为今计,卖菊亦足谋生。"马素介③,闻陶言,甚鄙之,曰:"仆以君风流高士,当能安贫;今作是论,则以东篱④为市井,有辱黄花矣。"陶笑曰:"自食其力不为贪,贩花为业不为俗。人固不可苟⑤求富,然亦不必务求贫也。"马不语,陶起而出。自是,马所弃残枝劣种,陶悉掇⑥拾而去。由此不复就马寝食,招之始一至。未几,菊将开,闻其门嚣喧如市。怪之,过而窥焉,见市人买花者,车载肩负,道相属⑦也。其花皆异种,目所未睹。心厌其贪,欲与绝;而又恨其私秘佳本⑧,遂款其扉,将就诮⑨让。陶出,握手曳入。见荒庭半亩皆菊畦,数椽之外无旷土。劚⑩去者,则折别枝插补之;其蓓蕾在畦者,罔不佳妙;而细认之,尽皆向所拔弃也。陶入屋,出酒馔,设席畦侧,曰:"仆贫不能守清戒,连朝幸得微资,颇足供醉。"少间,房中呼"三郎",陶诺而去。俄献佳肴,烹饪良精。因问:"贵姊胡以不字⑪?"答云:"时未至。"问:"何时?"曰:"四十三月。"又诘:"何说?"但笑不言。尽欢始散。过宿,又诣之,新插者已盈尺矣。大奇之,苦求其术。陶曰:"此固非可言传;且君不以谋生,焉用此?"

又数日,门庭略寂,陶乃以蒲席包菊,捆载数车而去。逾岁,春将半,始载南中异卉而归,于都中设花肆,十日尽售,复归艺菊。问之去年买花者,留其根,次年尽变而劣,乃复购于陶。陶由此日富:一年增舍,二年起夏屋⑫。兴作⑬从心,更不谋诸主人。渐而旧日花畦,尽为廊舍。更于墙外买田一区,筑墉⑭四周,悉种菊。至秋,载花去,春尽不归。而马妻病卒。意属⑮黄

---

① 纫绩:缝纫织作。绩,把麻搓成线。
② 口腹:指吃饭问题。
③ 素介:一向耿介。
④ 东篱:种菊的地方。语出陶渊明《饮酒》:"采菊东篱下,悠然见南山。"
⑤ 苟:苟且,用不正当的手段达到目的。
⑥ 掇(duō):拾取。
⑦ 属(zhǔ):连。
⑧ 私秘佳本:私下秘藏优良品种。
⑨ 将就诮(qiào)让:要去讥讽责备他。诮,讥讽。让,责备。
⑩ 劚(zhú):挖。
⑪ 字:嫁人。
⑫ 夏屋:大屋。
⑬ 兴作:兴建。
⑭ 墉(yōng):土墙。
⑮ 意属(zhǔ):属意,倾心于。

英,微①使人风示②之。黄英微笑,意似允许,惟专候陶归而已。年余,陶竟不至。黄英课③仆种菊,一如陶。得金益合商贾④,村外治膏田⑤二十顷,甲第益壮。忽有客自东粤来,寄陶生函信,发之,则嘱姊归⑥马。考其寄书之日,即妻死之日;回忆园中之饮,适四十三月也,大奇之。以书示英,请问"致聘⑦何所"。英辞不受采⑧。又以故居陋,欲使就南第居,若赘⑨焉。马不可,择日行亲迎礼。

　　黄英既适⑩马,于间壁开扉通南第,日过课其仆。马耻以妻富,恒嘱黄英作南北籍⑪,以防淆乱。而家所须,黄英辄取诸南第。不半岁,家中触类皆陶家物。马立遣人一一赍⑫还之,戒勿复取。未浃旬⑬,又杂之。凡数更,马不胜烦。黄英笑曰:"陈仲子⑭毋乃劳乎?"马惭,不复稽⑮,一切听诸黄英。鸠工庀料⑯,土木大作,马不能禁。经数月,楼舍连亘,两第竟合为一,不分疆界矣。然遵马教,闭门不复业菊,而享用过于世家。马不自安,曰:"仆三十年清德,为卿所累。今视息⑰人间,徒依裙带⑱而食,真无一毫丈夫气矣。人皆祝富,我但祝穷耳!"黄英曰:"妾非贪鄙;但不少致丰盈,遂令千载下人,谓渊明贫贱骨,百世不能发迹,故聊为我家彭泽⑲解嘲耳。然贫者愿富,为难;富者求贫,固亦甚易。床头金任君挥去之,妾不靳也。"马曰:"捐⑳他人之金,抑亦良丑。"黄英曰:"君不愿富,妾亦不能贫也。无已㉑,

---

① 微:暗中。
② 风示:用话暗示。
③ 课:督促。
④ 合商贾:集合资金做买卖。
⑤ 膏田:肥沃的田地。
⑥ 归:嫁给。
⑦ 致聘:送聘礼。
⑧ 采:聘礼。
⑨ 赘(zhuì):男子做上门女婿。
⑩ 适:嫁。
⑪ 南北籍:南北两家各自做账本。
⑫ 赍(jī):送。
⑬ 浃(jiá)旬:十天。
⑭ 陈仲子:战国时齐国人,《孟子》说他"以兄之禄为不义之禄而不食也,以兄之室为不义之室而不居也",这种过分的清高受到孟子的批评。这里黄英用来讽刺马子才。
⑮ 稽:计较。
⑯ 鸠工庀(pǐ)料:聚集工匠,备办建筑材料。庀,备办。
⑰ 视息:生存。视,看。息,呼吸。
⑱ 裙带:这里指妻子。
⑲ 彭泽:陶渊明,他曾任彭泽令。
⑳ 捐:耗费。
㉑ 无已:不得已。

析君居①：清者自清，浊者自浊，何害。"乃于园中筑茅茨②，择美婢往侍马。马安之。然过数日，苦念黄英。招之，不肯至；不得已，反就之。隔宿辄至，以为常。黄英笑曰："东食西宿③，廉者④当不如是。"马亦自笑，无以对，遂复合居如初。

【释义】

马子才，顺天人。马家世代好菊，到了马子才尤其喜爱。听到有好的品种一定要买到手，千里也不怕远。有一天，有个金陵来的客人住在他家，自己说表亲家里有一两个品种，是北方没有的。马子才高兴地动了心，立刻准备行装，跟着客人来到金陵。客人多方为他谋求，弄到了两棵幼芽，马子才把它包裹着藏起来，像对待宝贝一样。回来时走到半路，碰到一个少年，骑着驴子跟在一辆油碧车后，风采洒脱。马子才渐渐接近他，跟他搭话。少年自己说："我姓陶。"言谈举止很文雅。于是就问马子才从哪里来，马子才如实说了。少年说："品种没有不好的，全在于人的培养灌溉。"于是就和他讨论种菊的方法。马子才非常高兴，问："你们要到哪里去？"回答说："姐姐厌倦了金陵，想到黄河以北择地居住。"马子才欣然说："我虽然安守贫困，但是家里的茅屋足以放得下床榻。要是你不嫌简陋，就不用麻烦去别的地方了。"陶生快步走到车前，向姐姐询问商量。车里面的人推开帘子说话，是二十岁左右的绝世美人。她望着弟弟说："屋子不怕小，但是院子要宽敞。"马子才替陶生答应着，于是就和他们一起回家。

马子才的房子南面有块荒芜的苗圃，只有三四间小屋，陶生很喜欢，就住在了那里。陶生每天到北院，为马子才照料菊花。花已经枯萎的，拔出根来重新栽，没有不活的。但是马家清贫，陶生每天和他一起吃饭，马子才察觉陶家似乎不生火做饭。马子才的妻子吕氏，也喜欢陶生的姐姐，时不时拿一点粮食接济她家。陶生的姐姐小名叫黄英，平素很健谈，常到吕氏那里，一同缝纫纺织。

陶生有天对马子才说："你家原本就不富，我每天因为吃饭问题连累朋友，哪里是长久之计。为解决这种情况做打算，卖菊也足以谋生。"马子才向来耿介，听到陶生的话，非常鄙视，说："我还以为你是个风流清高的人，应当能安守贫困；现在你说出这种话，是要把种花的东篱变成做买卖的市场，侮辱了菊花。"陶生笑着

---

① 析君居：和你分居。
② 茅茨(cí)：茅屋。
③ 东食西宿：在东家吃饭，在西家住宿。汉代应邵《风俗通》中有"两祖"的故事：齐国有个女子，有两个男子向她求婚。东家富裕而男子丑陋，西家贫穷而男子俊美。父母问女儿的意见，让她想嫁哪家就露出哪边的胳膊。女子露出两边胳膊。父母很奇怪，她解释说："我想在东家吃饭，在西家住宿。"
④ 廉者：有节操的人。

说:"自食其力不是贪婪,卖花作为职业不是庸俗。一个人固然不能苟且谋求富裕,但是也不必一定要谋求贫穷。"马子才不说话,陶生起身走了出去。从这以后,马子才所丢弃的残枝劣种,陶生全部都拾走。从此也不再到马子才这里吃饭,叫他来才来一次。没过多久,菊花就要开了,马子才听到陶家门庭喧嚣得像市集一样。他觉得奇怪,过去偷偷看,只见买花的人车子载着,肩上挑着,路上一个接一个。那些花都是特异品种,以前从没见过。马子才心里厌恶陶生的贪婪,想跟他断绝关系;但又恨他私下里秘藏了优良品种,于是就敲他的门,想要去讥讽责备一番。陶生出来,握着马子才的手,拉他进去,只见原本荒芜的半亩庭院现在都变成了菊花畦,除了几间屋子之外,再没有空地了。花已经挖走的,就折了别的枝条插进去补上;那些畦中的花苞,没有不佳妙的:马子才仔细辨认之下,发现都是先前自己拔了丢掉的。陶生进入屋里,拿出酒菜,在菊畦旁摆下酒席,说:"我贫穷而做不到守清规,连日来有幸得到了一点儿钱,很可以供我们醉一场了。"一会儿,房里叫"三郎",陶生答应着离开。不久献上佳肴,烹饪的技术很高超。马子才于是就问:"你姐姐为什么不嫁人?"陶生回答说:"时候没到。"马子才问:"什么时候?"陶生回答说:"四十三个月之后。"马子才又问:"怎么说?"陶生只是笑,不肯再回答。两人直到尽兴才散席。过了一宿,马子才又去拜访,发现新插的花已经长到一尺多了。非常惊奇,苦苦请求学这种技术。陶生说:"这原本就不是可以用语言传达的,何况你不靠这谋生,哪里用得着?"

又过了几天,陶家门庭略微清静了,陶生于是拿蒲草编的席子包了菊花,捆载了几辆车离开。过了年,春天都要过去一半了,才载着南方的珍奇花卉回来,在城中设下花店,十天全部卖光了,又回来种菊花。问去年买花的人,留了根,第二年开的花全都变得不好看了,于是又到陶生这里买。陶家因此一天比一天地富起来:一年增盖房屋,两年建起了大屋。建造从心所欲,再也不跟马子才这个主人商量。渐渐地,从前的花畦全都变成了房屋。又在墙外买了一块田,四面筑起土墙,全部种上菊花。到了秋天,陶生载上花离开,第二年春天过完了还不回来。而马子才的妻子病死了。马子才倾心于黄英,暗暗让人用话来暗示她。黄英微笑,像是答应的意思,只是专门等着陶生回来罢了。一年多过去了,陶生最终没有回来。黄英督促仆人种菊,就像陶生一样。得了钱更加集合资金做买卖,村外买了二十顷肥田,宅子建得更加宏伟。忽然有一个从东粤来的客人,捎来了陶生的信,打开一看,原来是嘱咐姐姐嫁给马子才。马子才考察陶生寄信的那一天,就是自己妻子死的那天;回忆园中喝酒的时间,到这时恰恰四十三个月,马子才非常惊讶。把信给黄英看,问"聘礼送到什么地方"。黄英推辞,不受聘礼。又因为马子才的旧房子太简陋,想要让马子才住到南边陶家,好像入赘一样。马子才不答应,选择日子举行了迎亲的仪式。

黄英嫁给马子才后,在两家之间的墙上开了门,通到南边的宅子,每天过去督促陶家的仆人。马子才觉得靠妻子富裕很可耻,一直叮嘱黄英做好南北两家的账簿,以防混乱。但是凡是家里所需要的东西,黄英总是从南边陶家宅子中拿。没过半年,家里所碰到的全都是陶家的东西。马子才立刻派人一一送回去,告诫不要再拿了。没过十天,东西又掺杂了。这样总共来回多次,马子才受不了这种麻烦。黄英笑着说:"陈仲子,你难道不觉得太辛苦了吗?"马子才觉得惭愧,不再计较,一切听黄英的。黄英招集工匠,准备建筑材料,大兴土木,马子才没法禁止。过了几个月,两家的楼舍相连,最终变成一体,分不出疆界了。但是黄英听从马子才的意见,闭门不再种菊花卖,而享受用度超过世代做官的人家。马子才自己觉得不安,说:"我三十年清正的品德,被你连累了。现在活在世上,只是靠老婆吃饭,真没有一点大丈夫的气概。别人都希望变富,我只希望变穷。"黄英说:"我并不是贪婪鄙俗的人;只是如果不略微变得富裕一点,就会让千年之后的人都说陶渊明是贱骨头,一百代也发迹不了,所以我是姑且为我家陶彭泽解嘲罢了。但是贫穷的人希望变富,这很困难;富裕的人希望变穷,原本就很容易。床头的钱任凭你花掉,我不会吝惜的。"马子才说:"花别人的钱,那也很可耻。"黄英说:"你不愿意富,我也不愿穷。不得已,那就和你分居:让追求清的人自己清,追求浊的人自己浊,有什么妨害呢。"于是就在园子里面建了个茅屋,选择美貌的婢女去服侍马子才。马子才觉得很安逸。但是过了几天,苦苦思念黄英。叫她去,她不肯。不得已,马子才只好自己跑到黄英这里。隔一宿就来一次,习以为常。黄英笑着说:"在东家吃饭在西家住宿,有节操的人应该不会像这样。"马子才自己也笑了,无言以对,于是就又像当初那样和黄英合居。

【简析】

　　这个故事中的马子才清高耿介,安贫乐道,在传统价值观念中,是个值得赞美的人物。然而,在蒲松龄的笔下,黄英、陶生的"不苟求富,不务求贫"却更加高明。因为陶生种菊的神妙技艺,马子才在与陶生的交锋中以失败告终。又因为黄英的聪慧,马子才被戏称为"陈仲子",他的"清者自清"演变成了"东食西宿",又一次败下阵来。这虽是个虚拟的故事,却讨论了一个非常严肃的命题:安贫乐道,是否意味着排斥富裕,故意追求贫困?

【思辨】

1. 为何古人要提倡"安贫乐道"?
2. 本文提出"不苟求富,不务求贫",有何历史意义及现实意义?

【内容概要】

如果说上一单元的内容可以打上"闲情逸致"的标签,那么本单元所讨论的内容便是直接关系到个人生存发展的重要命题:国家的政治、经济、法律等方面的制度,社会的相关观念以及在这样的背景下个人的遭际和所能选择的道路。

对于卷入政治生活的个体,任用、升迁、贬谪、黜退、辞官,这些词语无疑将成为人生的关键词。只是对不同的人,排列的次序不同,组合的方式不一,由此便形成了各种悲喜交加的人生。

屈原的人生是先喜后悲的。他早年曾受到楚怀王信任,任三闾大夫、左徒,入则图议政事,出则监察群臣,这是他政治生活的黄金时期。然而好景不长,他遭到上官大夫等人的谗毁而被怀王疏远,离开郢都飘荡汉北。怀王客死秦国后,继位的顷襄王又一次将屈原流放江南。最终屈原抱着"伏清白以死直"(《离骚》)的信念,自投汨罗江而死。百里奚的人生是先悲后喜的,他出身寒微,生活困苦,甚至到了要讨饭的地步。他曾做虞国大夫,然而虞国被秦所灭,先做俘虏,再为媵臣,逃跑到宛又被楚人抓住,真是倒霉到了极点。好在秦穆公惜才,用五张黑公羊皮把他赎回。七十多岁的百里奚这才真正有了施展才华的机会,成为著名的贤臣。

这些事例同时也说明了政治生活的波谲云诡。随便翻开一部史书,就会发现政治始终与阴谋及血腥相伴。此外,在专制统治秩序之下,权力之争中的个体免不了要限制自我的精神自由。所以与屈原对话的渔父主张随遇而安,保全自我;范蠡清醒地看清了险恶的政治环境,功成身退,远离政治斗争的漩涡;而李白则拒付"摧眉折腰事权贵"的从政代价。

然而能避祸自保,超脱荣利的毕竟是少数,更多的人却在苦苦探索进入政治生活的门径。正如俗语所说:"有人辞官归故里,有人漏夜赶科场。"唐代完善了隋代开始的科举制度,为士人参政提供了相对稳定的进入通道。也因此应考成为士子们的头等大事,十年寒窗成为士子们的基本生活状态。孟郊的落第与登科,公乘亿的否极泰来,都具体说明了"赚得英雄尽白头"的人才选拔制度是怎样左右无数人命运的。

与政治生活关系密切的是士大夫们。他们之所以极力谋求政治的话语权,是因为政治以掌握和运用权力为核心。从现实的层面说,能否掌握权力,关系到个体以及所在集团的地位和利益。从价值观念的层面说,能否掌握权力,则关系到"兼济天下"的志向能否实现。

不过,对底层的百姓来说,"山高皇帝远",发生在权力核心的政治斗争陌生又遥远,多数只能在捕风捉影的传闻中满足一下自己的好奇心。而告状和断案则是贴近自己的现实生活的。在传统中国,司法和行政合一。法律制度可以为贯彻一时的政治目的服务。比如武则天时期,任用周兴等酷吏,推行严刑酷法,不过是为了铲除异己,消灭武氏王朝的潜在威胁而已。在地方上,行政长官也就是司法长官,负责升堂断案。由于断案常常考虑"刑不上大夫",维护统治阶层的特权,又常常以伦理道德判定代替事实的判定,所以余地非常大,断案者的心理倾向将直接关系到结果。比如聂以道断钞,虽然是起到了惩恶扬善的效果,也博得众人的赞扬,但确实也是罔顾事实的。既然好官可以忽略真相做出合情合理的判决,那么坏官自然也可以忽略真相做出悖逆情理的判决,这就是依人不依法的必然结果。官员的道德品质,对司法的影响太大,所以对百姓来说,只能祈祷高高在上的大老爷不是贪赃枉法的蠹虫,清官情结也就由此而生。明清时期大量的公案小说、戏剧中,以包拯为代表的清官,总是不畏权贵、清正廉明、公正无私,寄托着人们对司法公正的渴望之情。

最后,不管是底层的百姓,还是中上层的文人士夫,所有人的生活都离不了"钱"这种东西。财富的获取与使用是个体存在与发展的基础。但在儒家重义轻利和道家不慕荣利等思想的影响下,安贫乐道甚至以富为耻的观念颇有市场。据《世说新语》记载,西晋的玄学家王衍耻于谈"钱"字,甚至以"阿堵物"作为代称。历代淡泊名利的人物被目为高士,受人崇敬。另一方面,以谋利为人生追求,炫富斗富者自然也不乏其人,特别是明清时期商人地位上升,城市经济发展后更是如此。在这种情况下,蒲松龄在《黄英》中提出的财富观就显得特别有启发意义。"不为五斗米折腰"的陶渊明是安贫的典型,而蒲松龄却把陶渊明最爱的菊花化为黄英、陶生姐弟,让他们贩花谋利,还声称是为自家陶渊明争口气,既新奇有趣,又发人深省。"苟求利"固然可鄙,"务求贫"却也大可不必,因为无论是渴求财富,还是鄙弃财富,都是让财富奴役了自己,只有"不苟求富,不务求贫",才是真正做财富的主人。陶朱公范蠡屡次散财,也体现了这种主宰财富的潇洒态度。

虽然本单元选文呈现的是传统社会的制度、观念以及对人生的影响,但是古人的生活遭际以及个体在其中的选择,对当今社会中的我们也有参考价值。毕竟,如何平衡进与退、规则与人情,如何看待财富,是一切时代的人都必须考虑的问题。

【文化链接】

阅读材料一

社会学家费孝通在著作《乡土中国》中提到,中国的传统社会中,一说起帮助打官司的"讼师",普遍没有好印象,会觉得他们是一些挑拨是非的人。而在现代都市中,律师是令人羡慕的体面职业,人们也习惯有了问题咨询律师,打官司也属于正常的行为。

而在乡土社会中,打官司是一件丢人的事情。有了纠纷,往往是用调解的方式来解决。调解的方式则不外是按照情理以及传统的道德伦理观念判断是非。这和法律的方式非常不一样。

比如,有人因为妻子和别人通奸,就打伤了奸夫。按照传统的伦理,这种做法是理直气壮的。通奸是违背传统道德的,被打伤属于罪有应得。但是这个奸夫告上法庭,根据法律,通奸没有什么罪过,而且又没有保留证据,而打伤人却是有罪的。这样一来,按照法律判决,将会使违背伦理的行为得不到任何惩罚,这就构成了对传统礼治秩序的破坏。

阅读材料二

2006年11月20日,64岁的退休职工徐寿兰经过一辆公交车后门时,与下车的26岁小伙子彭宇发生碰撞。彭宇回头发现徐寿兰摔倒在地,将她扶起,与随后赶来的徐家人一起将她送往医院,并代付了200元医药费。经诊断,徐寿兰股骨骨折,需要手术治疗,费用数万元。双方无法在赔偿方面达成一致,先后报警。后来徐寿兰将彭宇告上法庭,索赔13.6万元。此后的开庭中,彭宇否认与徐寿兰相撞,称自己扶起对方是为了做好事。由于事发当日派出所的询问笔记丢失,缺少原始证据,加上一审判决中,法官的一些推理分析偏离主流价值观,引发公共舆论的质疑。彭宇案成了"司法不公"的象征,甚至引发了公众"老人倒地不能扶"、"好人不能做"等负面的认识。由于媒体的连续关注,彭宇、徐寿兰两家以及法官都不堪其扰。南京中级法院二审开庭前,两家达成和解协议,彭宇一次性补偿徐寿兰1万元,约定双方不得在媒体披露本案的相关信息。这导致公众舆论一直未能澄清真相。直到2012年1月,《瞭望》周刊记者经过双方同意,公开了此案的真相。

对于公共领域中的群体性信息传播现象,美国法学家桑斯坦提出了"社会流瀑效应"。他引用了大量的心理学实验,证明人们是如何被多数人的意见左右的。在信息传播中,观点会从一个人传播到另一个人,接受者在正确的情况下应该理性思考,判断正误。而事实上,一旦大多数人都相信了某一观点,形成像瀑布一样的潮流,很多人就会不假思索,直接把别人的想法拿来作为自己的观点。而一种言论一旦经过了群体的讨论,就会形成"群体极化",群体内的成员会交换和强化信息,甚至会坚持去维护一些严重偏离真相的谣言。桑斯坦把互联网称为"谣言滋生的土壤"。他说:"那些已经接受了虚假谣言的人不会轻易放弃相信谣言,特别是当人们对这种信仰有着强烈的情感依赖时,谣言就更加不容易被放弃。在这种情况下,要驱逐人们头脑中的固有想法,简直困难至极。即便是把事实真相呈现在人们面前,他们也很难相信。"①

【思考探究】

1. 在现代社会,如何看待伦理道德与法律的关系?
2. 在网络时代,很容易迅速形成一边倒的舆论,并且迅速发酵,甚至会对法律的判决造成干扰。如何看待这一现象?

---

① 桑斯坦.谣言[M].张楠,译.北京:中信出版社,2010:9.